权威·前沿·原创

皮书系列为
"十二五""十三五"国家重点图书出版规划项目

北京市体育局2017年委托项目
北京市科技创新服务能力建设–提升计划项目–北京市民体育健身组织、
健身参与和需求现状研究（PXM2016–2017_014206_000021）

北京体育蓝皮书
BLUE BOOK OF
SPORTS OF BEIJING

北京群众体育发展报告
（2016~2017）

ANNUAL REPORT ON DEVELOPMENT OF MASS SPORTS
IN BEIJING (2016-2017)

主　编／王凯珍
副主编／李　捷　郝晓岑　李骁天

社会科学文献出版社
SOCIAL SCIENCES ACADEMIC PRESS（CHINA）

图书在版编目（CIP）数据

北京群众体育发展报告 . 2016 - 2017 / 王凯珍主编
. -- 北京：社会科学文献出版社，2018.8
（北京体育蓝皮书）
ISBN 978 - 7 - 5201 - 2759 - 2

Ⅰ.①北… Ⅱ.①王… Ⅲ.①群众体育 - 研究报告 -
北京 - 2016 - 2017 Ⅳ.①G812.71

中国版本图书馆 CIP 数据核字（2018）第 103586 号

北京体育蓝皮书

北京群众体育发展报告（2016 ~ 2017）

主　　编 / 王凯珍
副 主 编 / 李　捷　郝晓岑　李骁天

出 版 人 / 谢寿光
项目统筹 / 邓泳红
责任编辑 / 郑庆寰

出　　版 / 社会科学文献出版社·皮书出版分社（010）59367127
　　　　　　地址：北京市北三环中路甲 29 号院华龙大厦　邮编：100029
　　　　　　网址：www.ssap.com.cn
发　　行 / 市场营销中心（010）59367081　59367018
印　　装 / 三河市龙林印务有限公司

规　　格 / 开　本：787mm × 1092mm　1/16
　　　　　　印　张：23　字　数：347 千字
版　　次 / 2018 年 8 月第 1 版　2018 年 8 月第 1 次印刷
书　　号 / ISBN 978 - 7 - 5201 - 2759 - 2
定　　价 / 99.00 元

皮书序列号 / PSN B - 2018 - 712 - 2/2

编　委　会

编 审 组

组　长　孙学才

副组长　王凯珍　杨海滨　卢宏泽

成　员　（按姓氏笔画排序）

　　　　　史江平　朱　宏　李　捷　杨　洋　张朝辉

　　　　　和树云　郝晓岑

主编简介

王凯珍　博士，教授，博士生导师，首都体育学院副校长，享受国务院特殊津贴专家。国家社会科学基金学科评审组专家，全国高等体育教育教学指导委员会委员兼技术学科组副组长，全国体育专业学位研究生教育指导委员会委员。体育学科首篇"全国优秀博士学位论文"（全国百篇）获得者。主要从事群众体育、体育教育管理等方面的研究。主持承担了国家社会科学基金项目，科技部科技支撑计划项目，国家体育总局、教育部和北京市科研项目20多项。7项科研成果获省部级一至三等奖。现兼任亚洲幼儿体育学会副主席，中国体育科学学会体育社会科学分会副主任委员，中国教育学会体育与卫生分会和中国高等教育学会体育专业委员会副理事长，中国健康促进基金会体医融合应用研究与推广专项基金管委会副主任委员，全国幼儿体育发展委员会副主席等职。

前　言

　　群众体育是我国体育事业发展的根本，也是实现体育大国向体育强国迈进的唯一路径。习近平总书记对体育工作十分重视，对群众体育工作更是寄予厚望，他在会见全国群众体育先进单位和先进个人时指出，"发展体育运动，增强人民体质，是我国体育工作的根本方针和任务。全民健身是全体人民增强体魄、健康生活的基础和保障，人民身体健康是全面建成小康社会的重要内涵，是每一个人成长和实现幸福生活的重要基础。我们要广泛开展全民健身运动，促进群众体育和竞技体育全面发展。各级党委和政府要高度重视体育工作，把体育工作放在重要位置，切实抓紧抓好"。习近平总书记的重要指示为我国的群众体育工作指明了前进方向。2014 年 10 月，国务院发布了《关于加快发展体育产业促进体育消费的若干意见》，将全民健身上升为国家战略。2016 年 8 月 26 日中共中央政治局会议审议通过"健康中国2030"规划纲要，会议强调，"健康中国 2030"规划纲要是今后 15 年推进健康中国建设的行动纲领。要从广泛的健康影响因素入手，以普及健康生活、优化健康服务、完善健康保障、建设健康环境、发展健康产业为重点，把健康融入所有政策，全方位、全周期保障人民健康，大幅提高健康水平，显著改善健康公平。全民健身与全民健康紧密相关，全民健身是全体人民增强体魄、健康生活的基础和保障。

　　近年来，围绕《全民健身条例》、《全民健身计划（2011～2015 年）》和《北京市全民健身实施计划（2011～2015 年）》的贯彻落实，在科学发展观的指导下，北京市群众体育工作稳步前进，成绩斐然。北京市的群众体育工作以构建覆盖城乡的全民健身公共服务体系为核心，以增强市民健身意识、改善市民体质为目标，在群众体育组织、活动、社会体育指导员培训、国民体质测试、全民健身宣传和信息化服务等方面都取得成效。北京和张家口联合申办 2022 年冬奥会的成功为北京市的群众体育发展提供了新的契机，对培养民众的体育兴趣、提升民众体育锻炼的参与度、推动全民健身都将起到巨大的作用。借助京津冀协同发展的有利形势与历史机遇，北京的群众体育工作要以满足人民群众日益增长的多样化、多层次体育需求为出发点和落脚点，充分发挥政府公共服务的职能，提高体育公共服务水平，创新工作思路，促进体育的社会化、生活化、科学化、规范化进程，实现全面、协调、可持续发展。

2016 年是总结评估贯彻落实《全民健身计划（2011～2015 年）》和《北京市全民健身实施计划（2011～2015 年）》实施效果的关键之年，是"十三五"规划的制定和启动之年。在"承前继后、回顾与前瞻"的主旋律引导下，为系统、全面、深入地了解北京市群众体育的现状，把握现阶段群众体育的特点，同时也为科学制定北京市"十三五"时期群众体育发展规划提供决策依据，北京市体育局委托首都体育学院进行"北京体育蓝皮书"——《北京群众体育发展报告（2016～2017）》的编撰工作。

《北京群众体育发展报告（2016～2017）》以群众体育发展为主题，采用理论研究与现状调查相结合的方式，对北京市 2015～2016 年群众体育发展的基本情况进行了较为全面的调查。蓝皮书分为总报告、公共服务篇、基层篇和调研篇四部分。本蓝皮书内容全面、数据翔实，既有整体性研究，又有基层群体和居民健身调查，内容覆盖群众体育公共服务、组织建设、活动参与和服务需求等多方面，既是对北京市群众体育发展的年度总结，又可为今后的群众体育理论研究提供参考。

北京体育蓝皮书

《北京群众体育发展报告（2016～2017）》课题组

2017 年 10 月

摘　要

《北京群众体育发展报告（2016~2017）》是关于北京市群众体育发展状况的第一本蓝皮书。本报告采用文献资料法、专家访谈法、问卷调查法、数理统计法、逻辑推理法、实地调查法等多种研究方法，对2016年北京市群众体育发展的状况进行了全方位、立体式的调查、分析，并给出了具体建议。数据涵盖了北京市16个区和燕山、亦庄两个经济开发区。本研究主要分为总报告、公共服务篇、基层篇、调研篇四部分。总报告从宏观层面呈现了北京市群众体育取得的显著成绩、存在的问题，并提出了有效的解决措施。公共服务篇涉及《北京市群众体育政府公共服务供给现状调研报告》和《〈北京市全民健身计划（2011~2015年）〉实施效果评估报告》两部分内容，一方面从政府层面对北京市群众体育服务供给进行研究，另一方面从全民健身的实施效果入手进行分析研究，一首一尾，供给和效益，是反映北京市群众体育的最直接的实证研究。基层篇主要从区/县、街道/乡镇体育社会组织着手对北京市群众体育进行微观层面调查研究。调研篇用了大量的数据反映北京市居民体育活动参与现状和北京市居民体育健身服务使用与需求情况。

北京市群众体育发展报告项目研究历时一年有余，在北京市体育局的领导和大力支持下，经过首都体育学院多位专家学者的持续跟踪、调研，现在向各位读者呈现的是北京市群众体育最完备的调研数据统计、分析和建议。本报告指出北京市群众体育取得了显著的成绩，构建起了"政府主导、部门协同、全社会共同参与"的"大群体"工作格局，体现了以人为本、执政为民的理念；公共体育服务供给体系不断完善，形成了覆盖城乡的、比较健全的多元化全民健身公共服务体系。报告同时指出，当前，北京市群众体

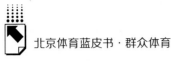

育发展要立足促进基本公共文化服务和全民健身基本公共服务标准化、均衡化，做好公共服务供给的顶层设计和战略部署，全面推进群众体育供给侧改革，更好地满足人民群众精神文化需求和体育健身需求，提高全民文化素质和身体素质。

目　录

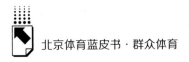

Ⅳ　调研篇

皮书数据库阅读使用指南

总 报 告

General Report

B.1
北京市群众体育发展形势分析

王凯珍　王　静*

摘　要：　研究采用文献资料法、专家访谈法、问卷调查法、数理统计法、逻辑推理法、实地调查法等多种研究方法，对2016～2017年北京市16个区和燕山、亦庄两个开发区群众体育发展现状进行全方位、立体式的调查，并展开问题分析及给出理论建议。报告认为北京市构建起了"政府主导、部门协同、全社会共同参与"的"大群体"工作格局，体现出以人为本、执政为民的理念。报告指出，当前，北京市群众体育发展要立足于促进基本公共文化服务和全民健身基本公共服务标准化、均衡化，做好公共服务供给的顶层设计和战略部署，全面推进群众体育供给侧改革，更好地满足人民群众精神文

---

* 王凯珍，教授，博士生导师，研究方向为群众体育和高等教育专业管理；王静，博士，首都体育学院副教授，硕士生导师，研究方向为体育新闻传播、体育社会学。

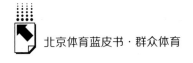

化需求和体育健身需求，提高全民文化素质和身体素质。

关键词： 北京市 群众体育 公共体育服务供给

一 问题的提出

"十二五"期间，随着北京市经济社会的不断发展，北京群众体育工作取得了令人鼓舞的成绩，一直在全国处于前列。在冬奥会举办和京津冀协同发展的新形势下，北京市的群众体育工作势必发生重大变化，群众体育也将进入一个新的发展阶段。为系统、全面、深入地了解北京市群众体育的现状，把握现阶段群众体育的特点，同时也为科学地制定北京市"十三五"时期群众体育发展规划提供决策依据，北京市体育局委托首都体育学院联合北京零点指标信息咨询有限公司开展了北京城乡居民体育活动参与和体育服务需求现状调查。2001 年和 2008 年北京市体育局和首都体育学院合作分别进行了第一次和第二次北京市群众体育现状调查，时隔 7 年，双方再次联手进行"第三次北京市群众体育现状调查"。北京市第三次群众体育现状调查的最大特点是首次引入专业调查机构"零点公司"进行入户调查，较之过往的两次调查更加专业、科学，使得本次调查的深度和广度都有了进一步的提升。此外，课题组在调查的基础上，对北京市群众体育工作的多方面内容展开深入的理论分析，并在此基础上提出了促进北京市群众体育蓬勃发展的建议和对策。

二 研究方法

（一）文献资料法

通过中国知网、SPORTDISCUS 等数据库查询与社会学、管理学、营销学相关的书籍与资料，全面阅读体育参与、体育消费、体育组织、体育供给等相关领域的成果，通过政府网站、图书馆获取近二十年与我国全民健身、公共服务相关的政策文本、智库报告，进行解读分析。在此基础上，形成分析框架，为本研究的调查和论证奠定基础。

（二）问卷调查法

根据不同专题报告的特点与需要，北京市第三次群众体育现状调查分别设计了不同的问卷，以不同的方式开展调查，获取第一手数据，在此基础上，课题组对数据进行分析，开展相关研究，力求最真实、最准确、最全面地呈现北京市群众体育发展的现状。

（1）"北京市居民体育活动参与现状"和"北京市城乡居民体育健身服务的使用需求状况"专题

首都体育学院的项目研究团队研制设计了"北京市城乡居民体育活动参与和体育需求现状调查问卷"，问卷研制设计持续数月。首都体育学院研究团队参考群众体育、体育锻炼、公共体育服务等相关领域的研究成果，吸取"我国城乡居民身体锻炼调查"、相关省市"公共体育服务现状与需求调查"、"我国居民生活、休闲、健康状况综合调查"、"北京市第二次群众体育现状调查"的相关成果，形成问卷结构框架；邀请北京体育大学和首都体育学院群众体育、体育组织、学校体育、科学健身领域的 8 位专家对问卷进行论证，提出了修改建议。北京市体育局群体处多次审阅，确保问卷设计符合北京市全民健身政策实施现状。北京零点指标信息咨询有限公司专业人员对问卷问题调查的可行性、获取数据的有效性进行评估，提供了问卷修改意见。问卷经过多轮修改，两轮小样本的预调查（第一轮预调查主要针对 16～59 周岁中青年群体，第二轮主要针对 60～70 周岁中老年群体）。上述工作保证了问卷设计的科学性和可操作性。问卷包括四个部分，分别为体育活动参加情况、体育健身服务、日常体育活动状况、个人基本情况。

北京零点指标信息咨询有限公司对北京市 16 个区、两个经济开发区的户籍居民以街道、乡镇为抽样框进行了随机抽样调查和专业入户访员进入市民家中对被访者进行面对面的问卷调查，共抽取样本量 3316 个。本调查采用多阶段随机抽样的方法进行抽样，按照 PPS 的方法分配样本量。首先进行分层。将北京市 16 区（城 6 区：东城、西城、朝阳、丰台、石景山、海淀；其他 10 区：房山、通州、顺义、昌平、大兴、门头沟、怀柔、平谷、密云、延庆）及亦庄和燕山两个开发区划分为第一层。划分标准包括：人口规模、经济发展水平等。核心城 6 区的人口以城镇居民为主（占 97%），此部分居民只考虑城辖区的户籍城镇居民。其他 10 区，课题组按照城镇和乡村人口的实际比例在每个区内均进行覆盖城镇居民和乡村居民的抽样设计，且在统计学上认为 30 个以上的样本可以视为大样本，具有较强的推断意义，故各区的城区和乡村人口最低样本量为 30。然后分两个阶段进行抽样。第一阶段抽样中，按照北京市统计局 2013 年末各区户籍人口规模数据，确定各个区的城区和乡村抽样样本量；第二阶段抽样中城区和乡村分开进行样本抽样。选取城区样本：采用居委会抽样的方法。每个居委会内最多完成 20 个样本，结合每个城区的计划样本量计算出居委会数量。通过国家统计局公布的居委会名单进行简单随机抽样，选中执行居委会。在抽中的居委会中随机选取居民社区，在居民区内，采用右手原则，隔五抽一进行居民户的抽取与访问。选取乡村样本：10 个区内除要执行城镇样本外，还要执行农村样本。根据区的行政村列表，随机抽取区下辖的行政村，在行政村内走访自然村，在自然村中选定样本户，进行入户访问。隔三抽一，同样采用右手原则。本次调查共完成样本量 3316 个，在 95% 的置信度下本次调查的抽样误差为 1.13%。回收有效问卷 3304 份。

（2）"北京市区县公共体育服务供给状况"和"北京市贯彻落实《全民健身计划（2011～2015 年)》以及《北京市全民健身实施计划（2011～2015 年)》实施效果评估"专题

本次调研主要由北京市体育局群众体育处设计调研表格，调研项目内容根据北京市两次群众体育调查项目，并结合近几年北京市群众体育工作实施开展情况进行设计，具有很强的实操性。调研包括 6 大项 58 小项的群众体育公共服务供给数据。调研采用表格的形式，请北京市 16 个区的（包括燕山、亦庄两个经济开发区）群众体育科负责人组织人员进行核实填报。

（3）"北京市区（县）体育社会组织建设状况"专题

依据各相关部门提供的数据，目前，北京市共有区级体育社会组织325个。因此，于2012年9月，依据各相关部门提供的数据，课题组对区级体育社会组织发放问卷，共计325份。经过核查，最终符合调查对象要求的体育社会组织有286个[①]。而回收的实际符合上述调查对象要求的问卷为225份，其中有效问卷183份，有效率为81.3%，符合社会调查与统计的相关要求。

（4）"北京市街道（乡镇）体育社会组织建设状况"专题

本研究运用德尔菲法确定街道（乡镇）体育社会组织基本情况调查问卷。采用分层抽样的方法，在东城区等16个区中随机抽取100个街道（乡镇），在北京市体育局群体处和区体育局的配合下，对100个街道（乡镇）的管理者发放问卷进行调查。

（三）数理统计法

"北京市居民体育活动参与现状"专题采用描述性统计研究方法，首先对数据进行百分比统计分析并进行描述，其次对卡方统计进行分析。此专题研究的统计单位，可以参看本次调查的问卷。

"北京市城乡居民体育健身服务的使用需求状况"专题使用SPSS Statistics 22软件，通过K-Means聚类、单因素ANOVA、交叉表格等统计方法对数据进行分析。

（四）个案研究法

通过走访北太平庄街道，课题组进行实地观察和会议座谈，了解基层体

---

① 资料整理期间，课题组发现，各区级体育社会组织的实际数量与相关部门提供的数据有较大出入。所有区级体育部门把一些二级协会，即不具有法人地位的体育组织纳入，从严格意义上讲，这些组织不属于区一级的体育社会组织。例如，北京市体育总会的网站上公布的海淀区体育社会组织数量为30个，而实际登记注册的仅有16个，其他都以分会的形式存在。因此，课题组在数据处理中未将这些分会组织纳入统计范畴。

育社会组织的发展情况及存在问题。北太平庄街道从 2012 年开始与首都体育学院正式建立了合作共建关系，在开展社会实践、科研课题研究、文化体育活动、推动"国民体质检测项目"等方面进行合作研究。北太平庄街道是一个高校社区与单位社区并存，具有丰富文化资源的街道。课题组通过对北太平庄街道体育社会组织进行个案分析，总结经验，深入挖掘基层体育社会组织存在的问题，为基层体育社会组织的发展提供改进依据。

（五）实地调查法

实地调查法又称田野调查法或现场研究法。"北京市区县公共体育服务供给状况"和"北京市贯彻落实《全民健身计划（2011～2015 年）》以及《北京市全民健身实施计划（2011～2015 年）》实施效果评估"专题的调研在获取各区数据的情况下，由北京市体育局群体处处长带队，与北京市 16 个区的群众体育管理职能部门负责人、数据上报人进行面对面的数据核实，并就数据变化进行分析。

（六）访谈法

"北京市区（县）体育社会组织建设状况"和"北京市街道（乡镇）体育社会组织建设状况"专题通过实地调查和电话访谈的方式，从不同体育组织中获得很多第一手的信息，能够反映出北京市区和街道（乡镇）体育社会组织的基本情况。

三　研究结果与分析

（一）北京市群众体育发展的总体状况

"十二五"期间，北京市群众体育工作依照《中华人民共和国体育法》，努力落实《全民健身条例》，认真贯彻党的十八届二中、三中、四中全会精神，遵照国务院《关于加快发展体育产业促进体育消费的若干意见》，在国家体育总局的指导下，在北京市委、市政府高度重视与领导下，在各级政府、各级相关部门协同下，在社会各界积极参与下，紧紧围绕贯彻落实《全民健身计划（2011～2015 年）》和《北京市全民健身实施计划（2011～2015 年）》，以增强市民健身意识、改善市民体质为目标，转职能、求创新、谋发展，北京市的群众体育工作取得了喜人的成绩，进一步规范化、组织化、科学化，实现全面、协调、可持续发展。

1. 北京市居民参与体育锻炼的情况

（1）群众参与体育锻炼的积极性提高

北京市注重引导市民通过积极参加体育健身活动来形成科学、健康、文明的生活方式，越来越多的群众参与体育健身活动，市民健身意识不断提升，锻炼积极性显著提高。调查结果显示，经常参加体育锻炼人数比例达到49.8%。这一数据分别比北京市第一次群众体育现状调查和北京市第二次群众体育现状调查获得的相应数据提高了 8 个百分点（2000 年为 41.8%）和0.7 个百分点（2008 年为 49.1%）。老年人、残疾人参加体育锻炼的人数比例不断提高。

（2）居民参与体育锻炼的行为特征明显

北京城乡居民最经常参加的体育活动排名前三位的是健步走（24.29%）、跑步（12.84%）和健身路径锻炼（11.79%）。北京城乡居民参加体育活动较为集中的六大场所是：住宅小区空地（31.2%）、公园（29.9%）、住宅小区体育场地（27.8%）、自然区域（18.2%）、公路旁（17.0%）、广场（16.3%）。北京城乡居民参加体育活动的时间主要在 18点以后（57.28%）和 9 点之前（32.87%）。北京城乡居民参加体育活动的主要方式是：个人锻炼（41.36%）、与朋友一起锻炼（32.14%）、与家人一起锻炼（20.39%）。

（3）居民整体身体素质有所增强

北京市市民积极参与体育健身活动，市民的身体素质有了明显的提高与改善。北京市市民达到《国民体质测定标准》中所规定的合格标准的人数占受测人数的 86.9%。北京市在校学生达到"国家学生体质健康标准"的总体合格率为 96.85%。《2014 年国民体质监测公报》显示，北京市居民体质总体达到"合格"以上标准的人数比例为 91.6%，比《2010 年国民体质监测公报》所公布的 90.4% 提高了 1.2 个百分点。

2. 覆盖城乡的全民健身公共服务体系初步形成

北京市紧抓"十二五"的战略机遇期，在体育场地设施、群众体育组织网络、群众体育活动、全民健身指导和志愿服务、科学健身指导等方面不断取得进步，建立起"政府主导、部门协同、全社会共同参与"的"大群体"工作格局。

（1）发展多样化、网络化的体育场地设施

北京市共有体育场地 20075 个，场地面积 4768.83 万平方米，总投资 391.25 亿元，按北京市户籍人口数 2114.8 万人计算，人均体育场地面积达到 2.25 平方米。在全市 100% 的街道（乡镇）、有条件的社区和 100% 的行政村建有体育设施；建有大型多功能综合全民健身体育中心 17 个，覆盖率为 93.75%；建有中型全民健身活动中心 26 个，覆盖率为 93.75%；城市街道室内外健身设施 304 处，覆盖率为 97.14%；建有农村乡镇体育健身中心 243 处，覆盖率为 86.74%；建有行政村农民体育健身工程 4963 处，覆盖率为 97.15%；具备开放条件的公共体育场馆 66 个，开放率为 100%；本市已配建全民健身路径工程共 7989 套；建设篮球、网球、乒乓球、笼式足球、门球、棋苑等全民健身专项活动场地 2321 片；创建社区体育健身俱乐部 144 个，其中 14 个社区体育健身俱乐部已晋升为国家级社区体育健身俱乐部；加强健身步道、骑行绿道建设，建设各类步道 1240 公里、骑行绿道 200 公里；学校体育场地数为 1171 所，符合开放条件的 864 所，开放率为 73.8%；打造全民健身设施建设"一区一品"，推动京津冀健身休闲圈建设。围绕市民健身设施 15 分钟健身圈建设，采取"政府主导建设、街道（镇）调剂解决、新建社区预留、辖区单位提供、社会力量参与"相结合的方式，统筹解决体育活动场所问题，逐步形成纵向到底、横向到边，乡村社区有站点，健身指导有等级的纵横交错的全民健身设施网络。北京市已形成各级各类体育设施布局合理、互为补充、覆盖面广、普惠性的网络化格局。

虽然北京市一直在想方设法地增加各类场地设施的建设，但是面对人民群众不断增长和变化的需求，还存在着供给与需求之间不匹配的问题，如在场地设施类型和项目设置上都难以充分满足百姓的健身需求，而且存在重建设、轻管理的问题，如在场地设施建设等方面投入力度大，但后续维护管理运营等相关制度不健全，可持续发展动力不足。另外，体育规划用地不足，设施建设采取见缝插针的方式，存在合法性、合理性相矛盾等问题。

（2）建设社会化、规范化的体育社会组织

目前，所有区都建有体育总会，市级体育社团有 84 个，区级体育社团、俱乐部有 334 个。社区体育健身俱乐部增加到 144 个，青少年体育俱乐部发展到 211 个，全民健身辅导站有 6360 个。注册的体育社会组织有 789 个，每万人达 0.6 个。建立健全了四个层级的全民健身组织网络。一个由政府主导，社会团体协作、体育协会和专业委员会指导、俱乐部和群众体育自治组织运作、市民广泛参与的"大群体"网络已经构建成形。一是充分发挥行政推动作用，建立全民健身工作联席会议制度，形成了群众体育行政管理网络。二是高度重视工、青、妇、老年、民族、残疾人等社会团体管理网络的组织和发动作用，组建社会团体管理网络。三是推进体育协会规范化和实体化，以"枢纽型"组织为依托组成体育社团网络。四是将基层体育团队、站点纳入社会体育管理的范围，带动基层体育网络的发展。

虽然北京市体育社会组织有了一定程度的发展，但总体上发展缓慢、数量不足。体育社会组织的登记注册和备案率低，使其难以获得法律合法性。体育社会组织的经费来源比较单一，市场化运作的能力不足，自我造血的能力需要加强。资金不足和场地设施缺乏是制约体育社会组织发展的重要原因。

（3）打造品牌化、普惠化的群众体育活动

创建国际性群众体育品牌赛事 10 项；定期举办全民健身体育节、北京市体育大会、和谐杯乒乓球赛和体育公益活动社区行等市级群众品牌赛事活动 100 余项；16 个区和燕山、亦庄两个开发区的"一区一品"活动 20 项，各区日常系列活动 500 余项，各具特色、精彩纷呈；广大青少年、职工、老年人、农民、少数民族、妇女、残疾人等各类人群健身活动丰富多彩；百姓经常性、传统性、品牌性的全民健身活动长年不断；支持北京、张家口联合申办 2022 年冬奥会，举办以"快乐冰雪健身、助力申办冬奥"为主题的北京市民快乐冰雪季系列活动；加强京津冀交流，共同举办全民健身活动。各类活动年参与人数 1000 余万人次，具有北京特色的全民健身活动模式已经形成。

（4）强化科学化、均等化的健身指导

获得技术等级证书的公益社会体育指导员有 44869 人，每千人拥有公益社会体育指导员 3.41 名。与北京广播电台合办贯穿全年的《1025 动生活》栏目，宣传科学健身，年累计播出 2190 个小时；与市公园管理中心共同举办北京市全民健身科学指导大讲堂，每年举办 15 场次，4000 余人次参与；开展体育生活化社区体质促进项目进社区推广活动 16 场，围绕市民体质改善加强科学健身指导；每年发放全民健身图书、宣传册 13000 册。市民科学健身意识和健康素养不断提高。

建立体质测定工作网络平台，加大宣传力度和扩大测试覆盖面，全市共建有市级国民体质测试站 3 个，区级测试站 41 个，街道（乡镇）级测试站 194 个，在市属企事业单位建站 34 个。2011～2014 年北京市参加体质测试的人数为 409287 人，平均每年 102322 人。推广实施《国家体育锻炼标准》和体质促进项目，有针对性改善和提高市民体质。

3. 发展规范化的保障体系

市、区全民健身工作实现"三纳入"全覆盖（全民健身工作纳入政府工作报告、全民健身工作经费纳入政府财政预算、全民健身工作纳入政府国民经济和社会发展规划）。北京市全民健身工作连续 4 年（2011～2014 年）列入市政府办实事项目和市政府折子工程，纳入健康北京和健康北京人规划，纳入卫生、教育、科技、精神文明建设、社会建设等多项相关工作中。各区政府也将全民健身工作纳入为民办实事以及社会建设各个领域。同时，推动依法治体，启动《北京市全民健身条例》的修订工作，研究制定了《北京市全民健身场地设施建设资助暂行办法》《北京市社会体育指导员发展规划》《北京市体育特色村标准及评选办法》《关于推进北京市体育社团实体化发展的意见》等文件。对《北京市全民健身工程管理办法》《北京市国民体质检测站管理办法》等进行了修订。

4. 加大多元化的经费投入

2014年北京市市、区两级用于全民健身的财政投入资金和群众人均事业经费均处于历史最高水平，总金额为22327.2万元，社会资助北京市全民健身事业资金总量为5236.15万元，约占1/4。2011～2014年，市级用于全民健身的体育彩票公益金12.51亿元，约占本市体育彩票公益金总数的62.74%；各区用于全民健身工作的经费总计7.93亿元；北京市群众体育人均事业经费达9.41元；北京市体育产业发展引导资金投入全民服务业经费总额为2.35亿元。

北京市的群众体育形成政事分开、管办分离、注重服务的常态，建立打破垄断、放开准入、统筹规划、整体协调的新型管理体制，实现优化公共服务，由粗放式发展逐步向精细化、专业化发展转变，因此全民健身工作取得了突出的成绩，但也存在一些问题。例如，政府公共体育服务能力尚需提高，相关部门工作协调联动机制作用和全民健身投入有待加强，社会力量调动不充分，尚未形成支持引导社会力量参与全民健身服务业的明确政策和具体措施等。

5. 推进行政管理体制改革

在组织建设方面，广泛开展调查研究，积极推进体育协会实体化，制定对体育协会购买公共服务的标准，加强对市级体育协会、区级体育总会的业务培训与指导，使体育协会成为群众体育职能转变的主要承接者，切实发挥体育协会在全民健身事业中的作用；在设施建设方面，设施建设是各级政府应提供的公共服务，北京市将更新器材调整为区财政投入，市、区政府进行规划，体育彩票公益金引导扶持建设多元化全民健身设施，形成了争取总局支持、市区两级分担、调动社会力量的工作机制；在活动开展方面，以各类活动促全民健身，发挥体育社团、基层组织的作用，撬动市场；在科学健身指导方面，利用多种传播手段和方式，以增强体质为目标，加强日常体质测定和社区体质促进项目推广等；在管理方面，从粗犷式管理向精细化管理转变，向专业化管理推进，加强群众体育工作数据统计与分析、建立群众体育工作数据库，修订群众体育工作管理办法16项，加强群众体育工作标准化研究，已完成《北京市全民健身设施建设与管理标准》的制定，并将《社区建设与评定体育生活化社区》《体质检测站服务与管理规范》上升为地方标准。

（二）北京市各区公共体育服务供给状况分析

1. 北京市群众体育公共服务供给的政策制度全面、规范，并建立了逐级保障体系

北京市群众体育公共服务形成了国家、市、区层层保障的制度和政策体系。

国家层面上，群众体育公共服务供给有着充分的制度和政策保障。《中华人民共和国体育法》《全民健身条例》《全民健身计划（2011～2015年）》《公共文化体育设施条例》从法律层面规定了公民享受体育公共服务的权利与国家为公民提供公共服务的职责；2012年《基本公共服务体系"十二五"规划》为体育公共服务体系的构建和实施提出了指导性意见和操作细节。

市级层面上，北京市政府将全民健身工作纳入为民办实事以及社会建设各个领域；同时，推动依法治体，启动《北京市全民健身条例》的修订工作，研究制定了《北京市全民健身场地设施建设资助暂行办法》《北京市社会体育指导员发展规划》《北京市体育特色村标准及评选办法》《关于推进北京市体育社团实体化发展的意见》等文件，对《北京市全民健身工程管理办法》《北京市国民体质检测站管理办法》等进行了修订。

区级层面上，全民健身发展工作全部纳入区政府工作报告，将全民健身事业纳入区政府国民经济和社会发展规划。各区全部贯彻落实《全民健身实施计划》检查评估制度及群众体育工作考核制度，并制定了区全民健身表彰奖励制度，建立了区全民健身基础数据库。

今后，还要继续做好公共服务供给的顶层设计和战略部署，强化政府公共体育服务职责，加强公共体育设施建设与管理。

2. 北京市群众体育经费增加，仍需加大市场和社会等供给主体的投入力量

北京市群众体育公共服务供给仍以政府为主，尚未形成政府、市场和社会良性互动的发展模式。政府应积极鼓励社会力量，如允许政府组织、非政府组织（体育社团、体育基金会、民办非企业体育单位等）、企业、个人等成为公共体育服务的供给主体。

2011～2014 年北京市各区群众体育财政经费逐年增加，平均增幅为23.3%，在增幅程度上，郊区增幅比例高于城区，平谷区增幅最高，达到50.1%。但就增幅总量而言，郊区群众体育财政经费投入总量仍不及城区。

3. 北京市群众体育公共服务供给体系稳步发展，各区间的不平衡状况有待改善

北京市群众体育公共服务供给 6 大体系在城区间发展不均衡，但增长态势明显，发展效果显著。

国民体质监测服务方面。随着大众科学健身意识的增强，北京民众参与体质监测工作的人数逐年增加，2014 年有 48000 名成年人、老年人和 6000 名幼儿接受体质测试任务。海淀区接受体质测试的人数高于其他区。

体育活动服务方面。"十二五"期间，北京市创建国际性群众体育品牌赛事 10 项；定期举办全民健身体育节、北京市体育大会、和谐杯乒乓球赛和体育公益活动社区行等市级群众品牌赛事活动 100 余项；区级全民健身运动会、全民健身体育活动保持在至少一年一届的频次。"十二五"期间各区组织各类体育活动 2961 次，18 个区（含 2 个开发区）平均组织 165 项活动。各区体育活动内容不同，形式各异，掀起了群众体育健身的热潮。但各区体育活动的开展仍存在不均衡性，如 2014 年体育健身志愿服务活动，开展最多的区高达 160 次，最少的仅有 1 次。从总体来看，海淀区、东城区、延庆区开展体育活动的数量位列全市前三。随着京津冀协同发展，群众体育健身活动呈现"城市群"特点。

体育指导服务方面。截至 2015 年 3 月，北京市获得技术等级证书的公益社会体育指导员有 44869 人，每千人拥有公益社会体育指导员达到 3.41名。2014 年培训各级别社会体育指导员 7436 人。各区经常服务的社会体育指导员人数平均比例为71.5%，尚有改进空间。

体育组织服务方面。当前，由政府主导，社会团体协作、体育协会和专业委员会指导、俱乐部和群众体育自治组织运作、市民广泛参与的北京市"大群体"网络已经构建成形。已经注册的体育社会组织有789个，每万人达0.6个。随着《关于推进北京市体育社团实体化发展的意见》的出台，社团依托社会，自我生存、自我发展，社团工作向规范化、规模化、产业化方向全面发展。

体育场地设施服务方面。截至2014年底，北京市共有体育场地20075个，场地面积4768.83万平方米，人均体育场地面积达到2.25平方米。目前，北京市已形成各级各类体育设施布局合理、互为补充、覆盖面广、普惠性的网络化格局。

体育信息服务方面。2014年，北京市体育局与北京广播电台合办贯穿全年的《1025动生活》栏目，宣传科学健身，年累计播出2190个小时；与市公园管理中心共同举办北京市全民健身科学指导大讲堂，每年举办15场次，4000余人次参与；开展体育生活化社区体质促进项目进社区推广活动16场，围绕市民体质改善加强科学健身指导；每年发放全民健身图书、宣传册13000册。市民科学健身意识和健康素养不断提高。各区在全民健身宣传活动中发挥着补充性、基础性的推动作用。

（三）北京市居民体育活动参与现状分析

（1）体育锻炼参与率不断提高。市民健身意识不断提升，经常参加体育锻炼人数比例达到49.8%。其中老年人、女性参加体育锻炼的人数比例高于年轻人和男性。

（2）经常参加的体育活动多为简单易行的项目。北京城乡居民最经常参加的体育活动排名前三位的是健步走（24.29%）、跑步（12.84%）、健身路径锻炼（11.79%）。这些都是对场地设施、体育技能、体育装备要求较低的项目。不同年龄段的人群会根据自身能力选择运动强度不同的项目。不同性别的人群会选择适宜于其生理特点的项目，如女性更喜欢健步走、健身路径锻炼、排舞、跳绳、健美操、舞蹈等强度低、柔美、韵律性强的集体项目。男性多选择跑步、骑车、球类、力量练习等竞技性强的个体性项目。

（3）北京城乡居民参加体育活动较为集中的六大场所是：住宅小区空地（31.2%）、公园（29.9%）、住宅小区体育场地（27.8%）、自然区域（18.2%）、公路旁（17.0%）、广场（16.3%）。可见，居住区周围的场所和公园更受体育活动者的青睐。学校的场地设施数量最多，使用人数仅占0.7%，排第11位。社区体育场地的建设和学校体育场地设施的强制性开放政策的制定是当务之急。

（4）北京城乡居民参加体育活动的时间主要在18点以后，占57.28%；其次是9点之前，占32.87%。持续体育活动年限平均为6.13年。男性比女性持续年限平均多0.8年。北京城乡居民参加体育活动的主要方式是：个人锻炼（41.36%），和朋友一起锻炼（32.14%），和家人一起锻炼（20.39%）。男人独立性强，喜欢个人锻炼，女人要兼顾家庭喜欢参加社区体育活动。

（5）引领北京城乡居民参加体育活动的主要因素是同事或朋友影响、家庭成员影响和体育新闻及电视转播或体育广播的影响。城乡居民参加体育活动受学校体育教育的影响不大，应引起教育部门的重视。制约城乡居民参加体育活动的前三位原因是缺乏兴趣、惰性、工作忙缺少时间，制约原因基本上是个人主观原因。北京城乡居民有10.32%的人中断过体育活动，中断时间平均为2.44年；中断的前三位原因是，工作忙、家务忙、生病。北京城乡居民的体育教育和体育生活方式的培养应引起全社会的关注。

（四）北京市居民体育需求现状分析

1. 北京市城乡居民体育服务利用个体差异显著，建议进行有针对性的全民健身政策干预

北京市不同人群体育健身服务的使用差异显著，存在5个细分市场：低服务体育人口群体（19.3%）虽然经常参加体育锻炼，却较少使用体育活动场地之外的各类体育服务设施；信息类体育人口群体（14.9%）的所有成员利用科学健身知识、体育活动信息服务；高服务部分体育人口群体中近70%的成员没有达到经常参加体育锻炼的标准，而该群体利用各类体育服务的占比在各细分市场中是最高的；一般体育活动群体（33.2%）在所有细分市场中人数最多，该群体成员虽然在过去一年参加了体育活动，但是均没有达到经常参加体育锻炼的标准，利用各类体育健身服务的人数比例低于样本均值；无体育活动群体（19.6%）基本没有在过去一年参加任何体育活动，极少利用各类体育健身服务。

经常参加体育锻炼人数比例长期保持不低于49%是北京市"十二五"全民健身实施计划的首要目标。对北京市民体育服务利用行为的市场细分显示，除了体育活动场地之外，是否达到经常参加体育活动标准与体育健身服务（参加体育健身组织、活动，关注体育信息，接受体育活动指导，接受体质测评）的利用率没有必然联系。部分经常参加体育活动的北京城乡居民并不经常利用各类体育服务（本研究中的低服务体育人口细分市场），反之，经常利用者（本研究中的高服务体育人口细分市场）未必达到体育人口标准。重点针对不经常参加体育活动的人群进行政策干预，是进一步保持、增加北京市经常参加体育锻炼人数的潜在突破口；对这部分人群的干预措施不局限于增加现有体育健身服务的供给，应重点增强政策干预的精准性。

从需求的角度来看，各群体共同的需求存在于场地与体质监测。活动场地属于刚性需求，体质监测上升为第二需求，这些都体现了北京作为国际体育中心城市的定位，以及社会生活水平提高对北京市民健身意识的积极影响，尤其是2008年奥运会以来北京市民日益关注自身健康状况，对体质监测的需求得到很大程度的释放。体质测量与评定能够衡量体育锻炼的成效，为如何进行体育锻炼提供科学依据，该服务的利用不要求实际参加体育活动，因而更容易为不参加体育活动的市民所接受。本次调查中的无体育活动群体过去一年使用体质监测的占比远低于其他四个细分市场，然而，该群体将体质监测作为首要需求的占比远高于其他群体。有重点地面向尚未参加体育活动的群体提供体质监测服务，通过运动处方等方式引导该群体科学健身锻炼，是北京市进一步提升体育参与率、增加体育人口的突破口。

2. 全民健身体育服务需求动态变化，不易预测，需要持续跟踪监测

北京市城乡居民对体育健身信息、体育技能指导、体育健身服务、体育健身组织、大众体育比赛或展示活动服务的需求与利用度相关，利用度越高、需求越强、越觉得需求没有得到满足，没有利用就没有需求，觉得需求已经得到满足。信息类体育人口群体将体育健身信息服务作为首要需求，高服务部分体育人口群体将体育技能指导服务作为首要需求的占比均高于其他细分市场。与此相反，虽然无体育活动群体加入体育健身组织的占比远低于高服务部分体育人口群体，但是无体育活动群体成员认为周边体育健身组织满足需求的程度显著高于高服务部分体育人口；且无体育活动群体认为周边体育活动满足需求的程度显著高于一般体育活动群体。同样，虽然农村被访者加入体育健身组织人数比例远低于城镇被访者，但前者认为周边健身组织满足体育需求的程度显著高于城镇被访者。全民健身体育需求是否得到满足不仅取决于供给大小，也取决于被访者是否存在健身需求；需求越高、越觉得没有满足，需求越低、越容易满足。此外，被访者个人的体育健身服务需求也存在变数，可能现在需求很低，却在使用过程中逐步释放、增加。全民健身体育服务需求的动态变化与不可预测性增加了科学制订、实施全民健身计划的难度，建议持续跟踪监测北京市城乡居民各类体育健身服务需求，为科学决策提供依据。

3. 北京市城乡居民六大体育健身服务的利用与需求各具特点

北京市城乡居民体育健身服务包括全民健身计划的主要六大类体育服务：体育健身设施、体育健身组织、大众体育赛事活动、科学健身知识信息、体育健身指导、体质测量与评定。调查显示，体育健身服务的首要需求前三位依次为体育活动场地、体质测量与评定、体育健身组织；次要需求前三位依次为体育健身组织、体育活动场地、科学健身知识信息。因此，体育活动场地是体育健身服务最主要的需求。随着生活水平的提高，北京城乡居民日益关注身体健康状况，所以，在首要需求中，体质测量与评定服务仅次于体育活动场地而远高于其他服务。综合首要需求与次要需求的比例，体育健身组织需求位列第三，提示在满足基本健身条件后，发展培育体育健身组织是提升体育服务质量的关键步骤。

（1）体育活动场地是刚性需求

场地是开展体育活动的基本条件，也是各类服务中利用率最高的。在北京这样人多密集的超大城市，体育活动场地更是稀缺资源，半数被访者将体育活动场地作为首要需求。不同的体育活动项目对场地要求不同，场地的供给在一定程度上影响、限制了大众的体育活动选择范围。被访者最经常使用的场地依次为住宅小区空地（31.2%）、公园（29.9%）、住宅小区体育场地（27.8%）、自然区域（18.2%）、公路旁（17.0%）、广场（16.3%）；今后希望增加的场地依次为住宅小区体育场地（43.6%）、公园（35.5%）、住宅小区空地（29.5%）、公共体育场馆（29.4%）、自然区域（24.5%）、健身会所（20.5%）。无论是目前使用还是希望增加的场地类型都表明有相当数量的北京市城乡居民在非体育活动场地（如住宅小区空地、公路旁、广场）开展体育健身活动，建议在维持现有供给的基础上，有针对性地增加专用体育活动场地的供给。游泳和羽毛球是被访者最希望参加的项目，因此在场地功能设置上，应对这两个项目重点倾斜，想方设法增加游泳和羽毛球场地供给。

（2）体质测量与评定在首要需求中仅排在体育活动场地之后，不同细分市场对体质测评的使用、需求及评定结果也不尽相同

除国家规定体质测试项目外，被访者最希望增加的项目依次为骨密度（49.0%）、亚健康（44.4%）、动脉硬化（29.7%）、心肺功能（28.7%）、柔韧性（25.5%）、体成分（24.8%）、平衡能力（24.0%）、骨龄（20.1%）、糖基化（19.2%）。所以，相关部门应当根据不同年龄段市民需求，增加相关体质测评项目。

（3）体育健身组织是除了体育活动场地、国民体质监测之外需求较大的体育健身服务

社区和单位是市民参加体育组织的主要载体，社会与商业健身组织成为

有益补充，众多被访者希望增加体育部门（协会）在健身组织中的作用。北京城乡居民参加的健身组织多为基于社区或者单位的松散小型健身团队，开展项目主要有适合中老年的健身活动，如广场舞、健身操、太极等；群众基础好的体育活动项目，如羽毛球、乒乓球、健步走、登山等；大球类项目，如篮球、足球等。

（4）参加体育健身组织与大众体育比赛或展示活动的被访者高度重合，体育健身团队是动员、吸引北京市民参加全民健身比赛和活动的有效载体，组织与活动互为依托

建议在坚持社区体育的基础上，根据广大健身团队的项目开展和参与人群特点，以项目和人群为主线，以体育公共服务购买的方式，大力扶持对应项目和人群的市区级体育协会，重点支持健身团队的骨干成员在体育协会的运作中发挥决策作用，加强体育协会的代表性和动员力，以体育协会为抓手，为健身团队提供资金、场地、人员培训等支持，最终形成扎根基层（以健身团队为基本单位）、组织有序（由点到面、市区级协会统领）、动员有力（如健身骨干培训、健身活动组织）、绩效清晰（以健身团队数量、项目参加人数、所组织的健身活动为考核指标）、以社区为自然行政单元、基于项目和人群的健身组织与活动体系。

（5）健身信息服务使用量较大、需求较低，建议大力发展社区信息渠道

健身知识、健身活动信息是被访者中除了体育活动场地之外使用百分比最高的体育健身服务，但是在6类服务的首要需求中仅排在第4位，这样的反差在一定程度上说明市民可以通过体育健身服务之外的多种渠道获取信息。虽然关注健身信息的被访者较多，但健身信息在体育健身服务的需求排序中相对靠后。考虑到健身信息供给多元、具有较强的可获取性，建议在公共体育服务健身信息资源配置中，将重点放在制作专业性强、科技含量高的健身知识信息方面，通过受众广泛的大众媒体（如电视、报纸、网站）进行发布，同时致力于发展大众媒体覆盖较小而需求较大的健身信息渠道（如社区宣传、讲座）。各年龄段市民的媒体接触习惯不同，对健身信息的

需求存在差异，中老年群体（45岁及以上）更希望通过电视、社区宣传、讲座、纸质报刊等渠道获取健身知识、健身活动信息；中青年群体（44岁及以下）则更喜欢通过网站、自媒体（微信、微博）等渠道获取健身知识、健身活动信息。因此，要根据不同年龄人群接触媒体的习惯差异，更为精准、有针对性地进行健身信息投放。

（6）市民接受体育活动项目指导的意愿较弱，只有8.3%的被访者（275人）在过去一年使用过此项服务，其中30.5%使用了付费指导

公益和付费指导并存，市民付费接受指导的项目多为健身会所开展项目，如游泳、瑜伽、健美操、力量练习、保龄球，主要由健身教练提供指导。公益免费接受指导的项目主要包括参与广泛的健步走和跑步；在中老年群体中较为普及的排舞、广场舞、交际舞、太极拳、太极剑；中青年喜爱的羽毛球、篮球、乒乓球、足球。提供体育活动项目的主体依次为健身教练（25.1%）、体育老师（22.1%）、专业教练（21.3%）、社会体育指导员（20.6%）、其他接受过专业训练的人士（15.4%）。健身教练与专业教练成为体育活动项目指导的重要提供者，建议重点发挥社会体育指导员在全民健身中的主体作用，持续扶持体育健身服务业，促进其在市民参与体育活动的过程中发挥重要的作用。

（五）北京市各区体育社会组织建设分析

近年来北京市一系列关于社会组织建设的政策法规表明，体育社会组织在社会建设、全民健身中的作用日益受到重视，其建设开始由重视数量向重视质量的方向发展。

（1）北京市体育社会组织有一定程度的发展，但总体上发展缓慢、数量不足。目前，北京市市级体育社团为84个，其中北京市体育基金会、北京围棋基金会不属于社会团体类型。区级体育社团的数量为286个。市、区两级登记注册的体育类民办非企业单位328个。98%由体育部门主管，2%由教育部门或其他部门主管。体育基金会有3个。晨晚练体育健身团队数量较多，但缺少上位组织的支持，各区组织建设的力度尚需加强。

（2）从成立方式看，目前北京市各区体育社会组织中由企业发起、企业与政府联合发起以及有影响力的社会人士单独发起的组织占据一定比例，突破了政府组建体育社会组织（36.3%）的单一局面，体育社会组织的核心属性——非政府性得以提升，反映出北京市政府职能转变进展显著，从一定程度上反映出北京市体育社会化取得较好的进展，"社会办体育"的局面基本形成。

（3）北京市各区体育社会组织的经费来源比较单一，主要是政府补贴（65.0%）、活动开展时的企业赞助（63.9%）以及会费收入（66.1%），而经营性收入（10.6%）比例较小，表明体育社会组织市场化运作的能力不足，自我造血的能力需要加强。体育社会组织的生存与发展都有赖于充足的资金，但资金缺乏是目前体育社会组织发展中的普遍障碍。

（4）北京市各区体育社会组织与政府关系密切，各级政府都在以正式或非正式文件的形式要求、号召、鼓励相关部门加大体育社会组织建设力度，也在政策、资金、活动协调等方面提供不同程度的支持。从当前北京市各区体育社会组织所获得的政府扶持类型看，为组织活动提供一定的资金支持是最直接的方式（59%）。但是，北京市仅有28.0%的区体育社会组织能够获得政府购买服务的资金，政府购买服务的制度还有待完善和健全。

（5）北京市各区体育社会组织面临困难较多，普遍处于生存困难的境地，困难主要为资金不足、场地设施缺乏和政府支持力度不够。前两者是地方体育社会组织所存在的共性问题，这两方面问题的解决都对政府有着较大的依赖性，希望政府来提供相应的支持。而政府支持力度不够，具有较强的人为性和主观性，需要采取措施加以弥补。

（6）北京市体育社会组织发展特征为：自主性与依赖性并存，以依赖性为主；自发性与人为性并存，以人为性为主导；民间性与官方性并存，以政府为主导。这就要求一方面，体育社会组织要加强自身能力建设，增强市场开发、向社会争取资源的能力，创建品牌，扩大社会影响力；另一方面，政府应切实做好培育与扶持工作，着力解决体制和政策环境问题，从法制、体制、机制、税收、人力等方面设计全方位、配套的整体改革方案；切实贯彻落实市政府、市体育部门关于社会组织、体育社会组织建设的政策法规，保障体育社会组织应享有的权利；加强体育社会组织能力建设，通过培训辅导、专题讲座、秘书长论坛等形式提升组织的市场化运作能力；调动体育社会组织积极性，通过重点扶持、项目引导、购买服务等方式予以支持；加强相关管理部门人员的学习培训。

（7）北京市体育社会组织管理层面存在一些问题，如信息错误、遗漏等问题。这与管理部门工作人员对体育社会组织概念、分类等方面的认识有关，需要加强相关基础理论培训。

（六）北京市街道（乡镇）体育社会组织建设状况分析

（1）街道（乡镇）体育社会组织是反映基层群众体育健身需求，提供体育健身服务，贯彻政府发展群众体育方针，实现体育发展目标的重要桥梁和纽带。调查数据显示，北京市街道（乡镇）拥有体育社会组织的均值为4.4个。

（2）街道（乡镇）层级的体育社会组织主要是单项体育项目协会、社区体育协会等。只有不足1/3的体育社会组织在街道（乡镇）进行了备案。体育健身团队是基层体育社会组织的主力军。本次调查结果显示，街道（乡镇）体育健身团队的均值是20.6个。目前，大多数的健身团队规模不大，其中20人以内及21~40人的团队所占比重最大。绝大部分健身团队只有一个固定的活动地点，多在广场、社区空地上开展健身活动。多数团队在活动项目安排上以健身操、舞为主，健身秧歌、太极拳、太极剑、气功也较为普及，近年来踢毽子、跳绳、健步走、跑步等活动的参与率也有所提高。从活动频率上来看，大多数健身团队每天能坚持开展活动。健身团队活动开展的时间集中在早上9点以前，晚上7点以后。

（3）各街道（乡镇）的管理者对建设本级体育社会组织的重要性都有充分的认识，并对基层体育社会组织发挥的作用给予肯定。

（4）街道（乡镇）通过提供固定活动场所、提供培训机会、协助各体育社会组织进行活动宣传以及资金支持等方式，对基层体育社会组织进行扶持。基层体育社会组织与政府的关系不再是排斥和单纯的依赖关系，而是认同与合作的关系。

（5）街道（乡镇）体育社会组织发展中还存在着资金不足、缺乏场地设施、缺乏组织管理人员、规章制度建设不健全，组织条件不足、管理松散等严重影响体育社会组织稳定发展的问题。北京市街道（乡镇）体育社会组织处于建设发展的初级阶段。

（6）通过多种途径推动草根体育组织的发展。从法律上解决草根体育组织的合法性问题；从政策上明确草根体育组织推动社会进步、满足社会需求、体现社会公平的作用，使其能够更好地为社区民众提供便捷、优质公共体育服务；从资金上充分调动政府、市场和社会三方力量对其扶持与引导，推动政府购买服务的落实与深化；从人员上发现、培养、使用、安置草根体育组织的核心人物，发挥他们带领市民、服务社区体育文化建设的作用。

（七）"十三五"时期北京市群众体育发展建议

"十三五"时期，北京市群众体育要以筹办冬奥会为契机，根据京津冀协同发展的要求，贯彻落实国务院发布的《关于加快发展体育产业促进体育消费的若干意见》，将全民健身工作纳入社会建设和社会管理中，进一步强化各级政府履行全民健身公共服务职能，形成"大群众体育"工作格局，整合各相关委办局职能，搭建公共服务平台，并通过购买服务等方式，撬动市场，鼓励、引导社会资本的投入，推动体育产业发展。到2020年，全民健身法制更加健全，全民健身服务体系指标更加科学合理，群众体育与社会发展同步，与文化、卫生、旅游相融合，群众体育与竞技体育、体育产业协调发展，构建全民健身公共服务体系，满足群众日益增长的多元化健身需求，不断提高群众健身意识，提升群众身体素质水平。这就需要做好下列工作。

（1）研究制定科学、合理、务实的群众体育发展规划。从北京市的实际情况出发，在全面、深入总结"十二五"时期群众体育发展经验的基础上，找准"十三五"期间的突破口，将短期发展目标与长期发展目标相结合，实现全民健身工作的可持续发展。完善相关政策法规，加强全民健身法制建设。宣传贯彻落实《北京市全民健身条例》，明确法律依据，不断完善群众体育政策执行机制。组织人力专门调查、研究群众体育问题，使群众体育的发展实现科学化、合理化。

（2）依据公共体育需求信息，做好公共服务供给的顶层设计和战略部署，优化公共体育服务的结构和布局，强化政府公共服务职责，大力推进全民健身公共服务体系建设。

公共体育法律法规是保障全民健身公共服务体系健康、有序发展的基本条件。界定清楚体育行政部门、体育非政府组织、企业、个人等公共服务提供者之间的法律关系，明确各类公共服务主体的职能定位与法律地位，对政府体育公共服务体系建设各方主体做出相应的规定，使体育公共服务合法、合理、持续、有序地推进。将全民健身工作作为加强社会建设和管理的重要内容，充分发挥部门协调联动作用，着力解决影响和制约全民健身事业发展的突出问题，体现全民健身国家战略的重要性。在现有公共服务供给资源和供给能力有限的情况下，从体育公共服务供给的范围、层级、质量、投入机制、供给渠道以及评估机制等层面，强化政府公共体育服务职责。扩大公共服务购买的供给主体，引导社会组织和社会力量开展全民健身活动。加强公共体育设施建设与管理，将公共体育健身设施建设纳入北京市规划和土地利用总体规划，合理布局，统一安排。进一步推动学校、社会单位体育设施向社会开放。鼓励公共体育场馆向公众低偿免费开放，推动公共体育场馆非黄金时段对老年人开放。完善北京市公共体育设施管理制度，加强对体育设施的维护更新，提高使用效率。

（3）坚持政府主导，整合社会资源，引导社会力量、社会资本投入全民健身事业，创新社会管理，加强社会保障，提升服务水平。

各级政府要加大对群众体育的投入，加强政策与资金保障，发挥公共财政的主导作用，并在财政、税收、金融等方面给予政策支持，扶持基层体育组织和体育社团建设，不断完善设施建设，支持开展市民经常性体质测定与体质促进项目推广工作。建立推行标准和指标体系，健全评价考核机制，以促进全民健身公共服务体系建设。强化产业扶持资金政策，加大扶持力度，激发社会力量参与。遵循产业发展规律，完善市场机制，积极培育多元市场主体，吸引社会资本参与，充分调动全社会积极性与创造力，提供适应群众需求、丰富多样的产品和服务。

（4）加强群众体育组织建设的支持力度，重点建设基层组织，制定具体措施鼓励与扶持社会各界兴办体育社会组织，加快体育社会组织发展。

扶持各社区及有条件的村成立在街道、乡镇备案的社区体育健身协会。降低体育社会组织的准入门槛，形成民政部门、体育行政部门、税务部门合作的监督、评估、购买全民健身服务的管理体制。探索多种社团实体化发展途径，实现社团依托社会、自我生存、自我发展的目标，形成政府倡导、社会支持、独立运营、可持续发展的运行机制，拉动体育产业与文化、旅游等相关产业的合作，推动体育社团创建群众体育品牌赛事活动，全面推进体育社团工作向规范化、规模化、产业化发展。着力打造各级老年体育协会、社区体育协会和社会体育指导员协会，推动体育协会实现实体化建设。力争实现基层健身组织全覆盖。

（5）加强群众身边的、符合群众需求的体育场地设施建设，形成多元、便捷、有特色的全民健身设施格局。

打造以15分钟健身圈为基础的全民健身设施格局，有条件的街道、乡镇建有中型全民健身中心，有条件的社区、村建有小型全民健身中心，支持社会资本利用郊野公园、城市公园、公共绿地等场所建设便民健身设施。加快社区体育健身俱乐部建设，在符合条件的街道（乡镇）、社区（村）建设社区体育健身俱乐部。以推行《社区建设与评定体育生活化社区》地方标准为手段，在体育生活化社区达标全覆盖的基础上，开展提档升级工作。以创建体育特色乡镇为载体，全面提升农村体育工作，促进城乡一体化发展，使市民均等享有全民健身权利。推动以"三大球"和冰雪项目为主体的全民健身专项活动场地建设，满足各类人群的体育健身需求。在场地项目设置上，充分考虑群众需求广泛的项目，增加游泳、羽毛球等专项体育场地设施建设，增强适用性。进一步推动公共体育场馆和学校体育场馆向公众开放，采取有效措施，提高现有场馆的利用率。体育产业扶持资金支持引导社会资本投入健身设施建设，满足不同群众多元化的健身需求。同时，积极探索市场化健身场地管理和服务运行机制，制定各类场地设施管理和服务办法，撬动市场，促进市民体育消费。

（6）广泛开展全民健身活动，打造精品活动与赛事，推动体育与经济、文化、旅游发展相结合，促进体育产业健康、蓬勃发展。

坚持开展经常性、传统性、品牌性的全民健身活动，统筹推进各类人群体育健身活动均衡发展。大力开展群众喜闻乐见、简便易行的健身活动和群众性"三大球"赛事活动，打造具有一定影响力的国际化、城市化、区域化全民健身品牌活动。强化政府主导的全民健身体育节、北京市体育大会等的引领示范作用，以"一区一品"群众体育品牌活动为主导，通过购买服务等方式，鼓励、支持企业、社会组织、体育社团组织开展不同类型的全民健身赛事活动，挖掘市场潜力，开展丰富多彩的全民健身活动。发挥全民健身活动站点作用，引导市民开展日常性健身活动。取消赛事活动审批，支持社会力量开展全民健身赛事活动。加强京津冀三地体育交流，促进区域全民健身发展的交流与合作，促进群众体育与文化传承、休闲旅游的融合，打造一批群众体育精品赛事活动。大力发展冬季全民健身运动，广泛吸纳社会力量，组织与冰雪相关的群众性体育活动，大力推进冰雪体育进社区、进校园、进公园、进商业园，培养冬季项目体育人才，深化冬奥文化宣传，支持北京、张家口联合举办冬奥会。以体育服务业为重点，建立多部门合作的工作协调机制，形成工作合力，共同推动体育与医疗、文化等融合发展，大力发展体育旅游、运动康复、健身培训等体育服务业，进一步丰富体育产业的内容，促进服务业的整体发展。

（7）注重社会体育指导员、体育骨干、体育志愿者的培养，拓宽科学健身信息传播渠道，加强科学健身指导和志愿服务。

强化社会体育指导员再培训工作力度，不断提升社会体育指导员技能和服务水平。发挥社会体育指导员的作用，实施社会体育指导员回社区报到制度。通过购买服务的方式，鼓励社会体育指导员在全民健身活动站点开展日常性健身指导服务。加大社会体育指导员志愿服务宣传力度，通过各种媒体宣传报道社会体育指导员在全民健身中的志愿服务形象，使志愿服务长效化。发挥各级体质测定站点作用，推进日常性体质测定工作，使民众在掌握自身身体状况的基础上，科学地、有针对性地进行体育锻炼。宣传推广《国家体育锻炼标准》和体质促进项目，通过各类媒介搭建科学健身公共服务信息传播平台，根据不同人群的媒介使用习惯，准确推送科学健身信息，大力宣传推广科学健身方法，引导市民关注体质，科学健身，养成科学、健康、文明的生活方式。

四　结论

（1）"十二五"期间，北京市群众体育蓬勃发展，取得了显著的成绩，充分体现了以人为本、执政为民的理念。经常参加体育锻炼的人数明显增多，市民的健身意识提高，身体素质明显改善，健身的科学化、信息化要求与日俱增。

（2）北京市群众体育已构建起"政府主导、部门协同、全社会共同参与"的"大群体"工作格局，公共体育服务供给体系不断完善，实现了公共服务的优化，形成了覆盖城乡的、比较健全的多元化全民健身公共服务体系，提高了体育均等化服务水平。

（3）北京市群众体育工作探索转变群众体育发展方式，推进行政管理体制改革，充分发挥各级政府体育公共服务职能，形成了政事分开、管办分离、注重服务的常态。

（4）群众体育工作逐步走向精细化、专业化，加大政策法规建设的力度，加强群众体育工作现状的调查和数据统计与分析、建立群体工作数据库，修订群众体育工作管理办法，加强群体工作标准化研究。

（5）体育社会组织的社会化、实体化进程加快，建立健全四级组织网络，继续调动政府、市场和社会三方力量对基层体育健身团队的扶持与引

导，全面推进体育社团工作向规范化、规模化、产业化发展。

（6）北京市城乡居民对六大类体育健身服务的需求各异，其中群众对体育健身场地与设施的需求最为迫切，尤其需要在住宅区等居民锻炼近便地区增加专用体育活动场地的供给，在对群众需求的动态变化进行持续跟踪监测的基础上，有针对性地制定全民健身政策以利于对全民健身服务进行精准干预和保障。

（7）北京市群众体育发展存在的一些问题：一是群众体育的管理体制与运行机制仍有待完善，政府履行公共体育服务能力尚需提高，相关部门工作协调联动机制有待加强；二是经费投入不足仍然是制约群众体育发展的重要因素，对体育场地设施建设、组织建设、活动开展等方面形成掣肘；三是体育场地设施建设不能满足市民多样化的需求，群众需要的身边场地设施不足，现有场地设施种类与群众想要参加的体育活动不匹配；四是社会组织有待健全，仍需继续推进体育社团的实体化进程，提升体育社会组织的服务能力和自我发展能力；五是社会力量调动不充分，尚未形成支持引导社会力量参与全民健身服务业的明确政策和具体措施；六是健身指导的科学性仍需提高，体质测试项目有待增强针对性，全民健身的宣传和信息化服务应适应群众的媒体接触习惯。

（8）今后要加强群众体育发展规划和法规制度建设，不断完善群众体育的管理体制与运行机制。要依据公共体育需求信息，做好公共服务供给的顶层设计和战略部署，推进群众体育供给侧改革。要坚持政府主导，整合社会资源，引导社会力量、社会资本投入全民健身事业，创新社会管理，加强社会保障，提升服务水平。要加强群众体育组织建设的支持力度，重点建设基层组织，制定具体措施鼓励与扶持社会兴办体育社会组织，加快体育社会组织发展。要加强群众身边的、符合群众需求的体育场地设施建设，形成多元、便捷、有特色的全民健身设施格局。要广泛开展全民健身活动，打造精品活动与赛事，推动体育与经济、文化、旅游发展相结合，促进体育产业健康、蓬勃发展。要注重社会体育指导员、体育骨干、体育志愿者的培养，拓宽科学健身信息传播渠道，加强科学健身指导和志愿服务。

公共服务篇

Public Services

B.2
北京市群众体育政府公共服务供给现状调研报告

郝晓岑*

摘　要：　"国际一流的和谐宜居之都"和"国际体育中心城市"的城市战略定位，要求首都北京充分发挥政府公共体育服务职能，以便增强人民体质、满足人民群众日益增长的多元化、多层次体育性需求。本研究从政策保障、经费支出和供给结构三方面调查北京市群众体育公共服务供给现状。研究发现，北京市群众体育公共服务在良好的政策环境下运行有序，保障有力；北京市群众体育公共服务供给仍以政府为主，财政经费投入增幅明显，郊区增幅大于城区；群众体育公共服务供给6大体系虽存在城区间发展的不均衡，但都呈现增长态势，

---

* 郝晓岑，博士，副教授，研究方向为体育管理与体育政策、青少年体育。

发展效果显著。研究建议，北京市群众体育公共服务需扩大公共服务的供给主体，引入公共服务需求分析、供给设计以及绩效评估的理论和实操手法，提升北京市体育公共服务供给的有效性和科学化；搭建全民建设服务平台，发展全民健身社会组织，发挥社会体育指导员的作用，加强科学健身指导和服务。

关键词：　北京　群众体育　政府　公共服务供给

一　前言

（一）问题的提出

2012年国务院颁布了《国家基本公共服务体系"十二五"规划》，该《规划》针对群众体育提出："加快建立健全公共文化体育服务国家标准体系。依据国家文化体育相关法律法规，为保障服务的供给规模和质量，明确工作任务的事权与支出责任，促进城乡均衡发展，制定'十二五'时期公共文化体育服务国家基本标准。"[①]

党的十八大以来，习近平总书记对体育工作高度重视、寄予厚望，多次发表重要讲话、做出重要批示和指示，为我国体育事业发展提出了明确要求、指明了前进方向。习近平总书记在会见全国群众体育先进单位和先进个人时提出，"发展体育运动，增强人民体质，是我国体育工作的根本方针和任务。全民健身是全体人民增强体魄、健康生活的基础和保障，人民身体健康是全面建成小康社会的重要内涵，是每一个人成长和实现幸福生活的重要基础。我们要广泛开展全民健身运动，促进群众体育和竞技体育全面发展。

---

① 国务院：《国家基本公共服务体系"十二五"规划》，2012年7月11日。

各级党委和政府要高度重视体育工作，把体育工作放在重要位置，切实抓紧抓好。"

2014 年 10 月，国务院发布了《关于加快发展体育产业促进体育消费的若干意见》，明确提出把全民健身上升为国家战略，充分体现了中央对全民健身工作的高度重视，为加快推动群众体育发展提供了机遇，指明了方向，对今后一个时期全民健身事业的发展提出了全新要求。

首都北京"国际一流的和谐宜居之都"的城市战略定位，要求北京市群众体育必须以增强人民体质、满足人民群众日益增长的多元化、多层次体育需求为出发点，以发挥政府公共服务职能为主线，借助冬奥会、京津冀协同发展的有利环境，全面推进全民健身服务体系建设，提高体育公共服务水平，促进体育的社会化、生活化、科学化、规范化进程。北京群众体育公共服务体系建设正是在这样的顶层制度设计下开展和实施的。

（二）研究目的

为全面开展群众体育活动，增强人民体质，推动我国社会主义现代化建设，1995 年 6 月国务院颁布了《全民健身计划纲要（1995～2010 年）》，明确提出了到 2010 年我国群众体育发展的具体目标和实施的一系列改革措施。2011 年根据《体育法》《全民健身条例》和国家经济社会发展实际，我国在全面调查、专家咨询和社会征求意见基础上又出台了《全民健身计划（2011～2015 年）》。全面贯彻落实全民健身计划是后奥运时期我国全民健身事业发展的核心内容。

北京市以《全民健身计划（2011～2015 年)》、《〈全民健身计划（2011～2015 年)〉实施情况评估标准（试行)》以及《北京市全民健身实施计划（2011～2015 年)》、《〈北京市全民健身实施计划（2011～2015 年)〉任务分解方案》、《北京市区县群众体育业务考核标准》为依据，以 16 个区政府、28 个北京市全民健身联席会议成员单位以及市体育局系统有关单位为评估对象，本着客观全面、实事求是、科学严谨、推动发展的原则，通过采取逐级自查、委托体育院校和第三方专业公司调查的方式，对各区政府和各相关单位、部门贯彻落实《计划》和《实施计划》的情况进行全面、系统、综合的评估，整合、梳理各项目标任务的完成情况。

本报告将从评估数据中攫取最能反映北京市群众体育政府公共服务供给的相关数据进行分析，形成北京市群众体育政府公共服务供给调研报告，从而最真实、最全面地呈现北京市群众体育公共服务供给现状，并在此基础上提出思考和建议。

二 研究方法与数据来源

（一）研究方法

1. 问卷调查法

本次调研主要由北京市体育局群众体育处设计调研表格，调研项目内容根据北京市两次群众体育调查项目，并结合近几年北京市群众体育工作实施开展情况进行设计，具有很强的实操性。调研包括 6 个大项、58 个小项群众体育公共服务供给数据。调研采用发布表格的形式，请北京市 16 个区和燕山、亦庄两个开发区群众体育科负责人组织人员进行核实填报。

2. 实地调查法

实地调查法又称田野调查法或现场研究法。本次调研在获取各区数据的情况下，由北京市体育局群体处处长分别带队，与北京市 16 个区和 2 个开发区群众体育管理职能部门负责人、数据上报人进行面对面的数据核实，并就数据变化进行分析。

3. 逻辑推理法

通过数据调研和实地调查，2015 年初北京市体育局群众体育处获得了大量的有效数据。本研究对这些数据进行分层归类，获取各区的发展数据，形成北京市总体数据。再进一步利用逻辑推理法分析每一类项数据的全市平均值、最高值、最低值，并对产生这些数据的原因进行分析归纳。

4. 比较分析法

全国范围内的群众体育调查已经进行 3 次，兄弟省市也大多有类似的分层分类数据，本研究报告将采用比较分析的研究方法，以此次获得的数据为基点，与全国数据、其他省市的数据进行对比分析，分析北京市群众体育发展的基本现状，为北京市群众体育发展提出可行性建议。

（二）数据来源

本研究所采用的数据主要来自两方面。

（1）北京市群众体育政府统计数据，包括：《〈北京市全民健身实施计划（2011～2015 年）〉实施效果评估指标统计》、《2014 北京市群众体育基础数据》、《贯彻落实〈全民健身计划（2011～2015 年）〉以及〈北京市全民健身实施计划（2011～2015 年）〉实施效果评估情况报告》、《第六次全国体育场地普查数据公报》等。

（2）实地调查数据，主要采用问卷和实地调查的方法收集数据，数据由北京市 16 个区和燕山、亦庄两个开发区的群众体育科负责人组织人员进行核实填报。

三　研究结果

2012 年国务院颁发的《国家基本公共服务体系"十二五"规划》对基本公共服务做了政策上的界定："基本公共服务，指建立在一定社会共识基础上，由政府主导提供的，与经济社会发展水平和阶段相适应，旨在保障全体公民生存和发展基本需求的公共服务。享有基本公共服务属于公民的权利，提供基本公共服务是政府的职责。"体育公共服务属于国家基本公共服务的组成部分。基本公共服务均等化就是要使全体公民能公平可及地获得大致均等的基本公共服务，其核心是机会均等，而不是简单的平均化和无差异化。基本公共服务体系就是由基本公共服务范围和标准、资源配置、管理运行、供给方式以及绩效评价等构成的系统性、整体性的制度安排。本报告将从北京市群众体育公共服务供给的政策制度保障、经费支出和供给结构进行现状分析与探讨。

需要说明的是，当前群众体育政府公共服务供给主体多样，包括体育部门、教育部门、民政部门等，本研究的所有数据只涉及体育部门这一单部门群众体育公共服务供给。

（一）北京市群众体育公共服务供给的政策制度保障

我国群众体育公共服务供给有着充分的制度和政策保障。《中华人民共和国体育法》《全民健身条例》《全民健身计划（2011～2015年）》《公共文化体育设施条例》从法律层面规定公民享受体育公共服务的权利与国家为公民提供公共服务的职责；2012年《国家基本公共服务体系"十二五"规划》为体育公共服务体系的构建和实施提出了指导性意见和操作细节。群众体育公共服务供给有了国家层面的政策与法律保障。

北京市政府将全民健身工作纳入为民办实事以及社会建设各个领域。同时，推动依法治体，启动《北京市全民健身条例》的修订工作，研究制定了《北京市全民健身场地设施建设资助暂行办法》《北京市社会体育指导员发展规划》《北京市体育特色村标准及评选办法》《关于推进北京市体育社团实体化发展的意见》等文件。对《北京市全民健身工程管理办法》《北京市国民体质检测站管理办法》等进行了修订。北京市群众体育公共服务供给有了市级层面的政策和制度保障。

北京市各区政府将全民健身发展工作全部纳入区政府工作报告，将全民健身事业纳入区政府国民经济和社会发展规划。在实施层面，各区将实施《全民健身实施计划》的检查评估制度及群众体育工作考核制度，并制定区全民健身表彰奖励制度，建立区全民健身基础数据库，由此北京市群众体育公共服务供给有了区级层面的政策和制度保障。

（二）北京市群众体育经费支出情况

群众体育经费投入是开展和提高全民健身工作的基本资源保障。"十二五"期间，北京市群众体育经费在总量和人均经费上不断增加，极大地促进了群众体育工作的开展和全民健身的数量和质量的提升（见表1）。

2014年北京市、区两级政府在全民健身事业方面的财政投入资金总额为22327.2万元，比2013年增长67.6%。同期相比，2014年上海市、区两级政府在全民健身事业方面的日常工作经费投入总额达到32337.9万元。就群众体育人均事业经费而言，北京市群众体育人均事业经费为9.41元；上海市为14.1元，天津市为8.5元，北京居中。

2014年北京用于全民健身的彩票公益金总计18458.7万元；社会力量捐助、出资全民健身工作经费3268.6万元；北京市体育产业发展引导资金投入全民服务业经费总额2.35亿元。

表1　2011~2014年北京市各区经费投入一览

	区 （开发区）	健身设施人均 建设经费 （元/人）	群众体育人均 事业经费 （元/人）	群体财政经费 年平均增长 率（%）	社会资助全民 健身事业 资金（万元）
1	东城区	—	—	2.3	100
2	西城区	3.3	8.42	6.0	455.6
3	朝阳区	6.72	11.47	2.0	200
4	海淀区	5.66	7.14	9.0	316
5	丰台区	32.2	17.33	6.7	0
6	石景山区	22.76	9.25	7.2	170
7	门头沟区	10.99	22.8	9.6	550
8	房山区	90.29	37.6	9.3	0
9	通州区	18.40	13.07	14.2	1384
10	顺义区	21	10	17	690
11	昌平区	28.93	12.36	33.80	293.5915
12	大兴区	—	4.15	4.0	350
13	平谷区	11.7	10.65	50.1	280
14	怀柔区	—	—	27.0	80
15	密云区	15	19	1.6	100
16	延庆区	19.61	14.92	4.4	267
17	亦庄开发区	297.5	999.2	28.9	150
18	燕山开发区	19.2	56.6	0.0	0

2014 年北京市各区（开发区）政府投入全民健身财政预算均值为 6031.364 万元，东城区贡献明显（见图1）。2014 年东城区财政用于全民健身工作的经费为 1736.5 万元，常住人口人均全民健身经费达到 19 元，在全市位列第一。2011～2014 年东城区财政用于群众体育工作的经费总额达 6265.5 万元，群众体育人均事业经费共计 64.3 元。①

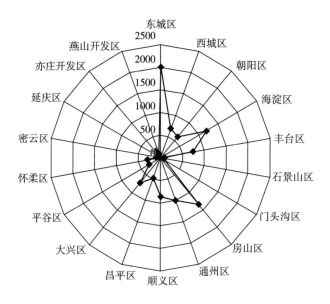

图1　2014 年北京市各区（开发区）政府投入全民健身财政预算（单位：万元）

就增幅而言，2011～2014 年北京市各区（开发区）群众体育财政经费逐年增加，平均增幅为 23.3%，郊区增幅大于城区，平谷区增幅最大，达到 50.1%（见图2）。近年来，郊区群众体育财政经费投入总量不及城区，但增幅明显扩大，这是新农村建设过程中城乡体育均衡发展的必然结果。

（三）北京市群众体育公共服务供给结构分析

《国家基本公共服务体系"十二五"规划》第十章明确提出，国家建立

---

① 《东城区贯彻落实〈北京市全民健身实施计划（2011～2015 年）〉实施效果评估报告》，2014 年 11 月 4 日。

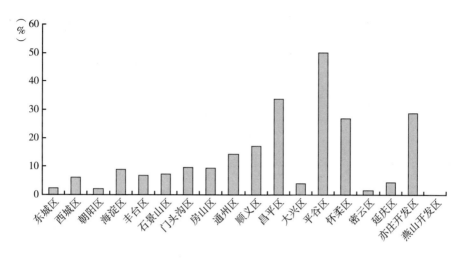

图 2 2011~2014 年北京市各区（开发区）群众体育财政经费年平均增长率

公共文化体育服务制度，以保障人民群众的体育健身及大众文化活动等权益。具体措施为：加强基层公共体育设施建设。大力推动公共体育设施向社会开放，健全学校等企事业单位体育设施向公众开放的管理制度。全面实施全民健身计划，健全基层全民健身组织服务体系，扶持社区体育俱乐部、青少年体育俱乐部和体育健身站（点）等建设，发展壮大社会体育指导员队伍，大力开展全民健身志愿服务活动。积极推广广播体操、工间操以及其他科学有效的全民健身方法，广泛开展形式多样、面向大众的群众性体育活动。建立国家、省、市三级体质测定与运动健身指导站，普及科学健身知识，指导群众科学健身。推动落实国家体育锻炼标准，加强学生体质监测，制定残疾人体质测定标准，定期开展国民体质监测。①

　　本研究将供给结构进一步细分，分为国民体质监测服务、体育活动服务、体育指导服务、体育组织服务、体育场地设施服务、体育信息服务，通过这 6 项内容分析北京市群众体育公共服务供给水平。

1. 国民体质监测服务

　　国民体质监测是法律赋予政府部门的责任和义务，《体育法》规定：

---

① 国务院：《国家基本公共服务体系"十二五"规划》，2012 年 7 月 11 日。

"国家推行全民健身计划，实施体育锻炼标准，进行体质监测。"这一法律规定有利于政府部门了解不同区域、不同人群的体质水平和特征，监测全民健身计划的实施效果，为大众提供科学健身咨询和方法手段。

北京市国民体质监测工作自2000年开始运行，在全国率先启动《国家体育锻炼标准》实施推广工作。2001年"北京市体质监测中心"挂牌并建立一级国民体质监测站，2008年5月北京市各区分别建立了二级国民体质监测站。截至2014年，北京市有市级国民体质测试站（点）1个，区级测试站（点）22个，街道（乡镇）级测试站（点）227个（见表2），其中2014年区级国民体质测试站（点）新增2个，街道（乡镇）级国民体质测试站（点）新增61个。

表2　2014年北京市各区（开发区）体质监测站（点）数量及覆盖率

单位：个，%

	区 （开发区）	区级国民体质 测试站(点)数量	街道（乡镇）级国民 体质测试站(点)数量	街道（乡镇）级国民 体质测试站(点)覆盖率
1	东城区	1	17	100.0
2	西城区	1	17	100.0
3	朝阳区	1	8	18.60
4	海淀区	2	35	100.0
5	丰台区	1	21	100.0
6	石景山区	1	19	100.0
7	门头沟区	1	4	40.0
8	房山区	1	13	57.0
9	通州区	2	11	100.0
10	顺义区	1	25	100.0
11	昌平区	1	4	20.0
12	大兴区	2	14	73.7
13	平谷区	1	4	22.3
14	怀柔区	1	8	50.0
15	密云区	1	20	100.0
16	延庆区	1	5	27.8
17	亦庄开发区	2	0	0
18	燕山开发区	1	2	50
总计		22	227	

2014 年北京市经常参加体育锻炼人数比例为 49.8%，高于上海市 2014 年经常参加体育锻炼的人数比例（40.4%）。随着大众科学健身意识的增强，北京民众参与体质监测工作的人数逐年增加，仅 2014 年市级国民体质测试站（点）接受测试人数 1500 人，区级接受测试人数为 96555 人，街道（乡镇）级接受测试人数为 30279 人。[①] 有 48000 名成年人、老年人和 6000 名幼儿接受体质测试任务。[②] 预计 2015 年将有 136130 人参加国民体质测试。在 16 个区和 2 个开发区中，海淀区接受体质测试的人数高于其他区（见表 3、图 3）。

表 3　2011～2014 年北京市各区（开发区）接受体质测试人数及 2015 年计划数一览

单位：人

序号	区（开发区）＼年份	2011	2012	2013	2014	2015 年计划数
1	东城区	3867	4960	4800	5200	4200
2	西城区	3421	3450	3500	3541	4000
3	朝阳区	13019	13305	15418	12500	12500
4	海淀区	20000	20000	33000	33000	40000
5	丰台区	2300	4210	12600	10500	15730
6	石景山区	5000	5000	8000	8500	8000
7	门头沟区	1600	1600	1600	3000	1600
8	房山区	5000	5000	5000	5000	5000
9	通州区	2800	3400	6295	7295	7500
10	顺义区	2000	2500	2500	3000	3500
11	昌平区	6500	7100	7150	7350	7000
12	大兴区	4000	6300	8000	9600	10000
13	平谷区	4000	6758	5200	6280	10000
14	怀柔区	1500	1500	1600	3400	1600
15	密云区	2000	2000	2000	3000	2000
16	延庆区	1000	1758	943	3667	1000
17	亦庄开发区	1060	1000	1000	2000	2000
18	燕山开发区	200	300	400	500	500
总计					127333	136130

① 《2014 年北京市群众体育基础数据统计表》，http://www.bjsports.gov.cn/publish/main/116307/116338/index.html。

② 《2014 年市体育局承办的市政府实事、折子工程完成情况》，http://www.bjsports.gov.cn/publish/main/116307/116337/2015/03/04/20150304103201107410890/index.html。

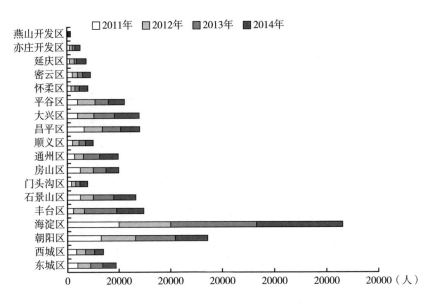

图3　2011～2014北京市各区（开发区）接受体质测试人数及2015年计划数

北京市国民体质监测内容主要涉及三项指标：身体形态、身体机能和身体素质，监测目标人群划分为幼儿、学生、成年人和老年人四类，近年来3～6岁幼儿和60～69岁老年人体质达标率有所提升，其中乡村幼儿和女性老年人的达标率增幅最大。在参与测试的人中，有近90%达到"国民体质测定标准"，有90%多的在校学生达到"国家学生体质健康标准"。同期相比，2014年上海市各级体质监测中心、站（点）共为153688名市民提供体质测试服务，受测市民体质达标率为96.8%，学生体质健康综合评价达标率为93.8%，其中小学为94.0%、初中为93.3%、高中为94.4%。①

2. 体育活动服务

党的十八大提出"广泛开展全民健身运动，促进群众体育和竞技体育全面发展"②，建设社会主义文化强国。习近平总书记提出"全面小康的指

---

① 《2014年上海市全民健身发展公告》，http：//www. shsports. gov. cn/ShSportsWeb/HTML/shsports/annoucement/2015－08－07/Detail_ 134539. htm。
② 《坚定不移沿着中国特色社会主义道路前进为全面建成小康社会而奋斗——胡锦涛在中国共产党第十八次全国代表大会上的报告》，2012年11月8日。

标必然包含全民健康和体育发展方面，体育是中华民族伟大复兴的一个标志性事业"。党的十八届三中、四中全会先后提出深化改革和依法治国目标，要求全面落实中国足球改革方案，有序推进依法治体。国务院《关于加快发展体育产业促进体育消费的若干意见》，明确提出将全民健身工作上升为国家战略。体育活动作为群众体育开展的重要载体，在开展全民建设、促进人民健康方面发挥着重要作用。

"十二五"期间，北京市创建国际性群众体育品牌赛事 10 项；定期举办全民健身体育节、北京市体育大会、和谐杯乒乓球赛和体育公益活动社区行等市级群众品牌赛事活动 100 余项；16 个区和燕山、亦庄两个开发区的"一区一品"活动 20 项，区日常系列活动 500 余项，各具特色、精彩纷呈；广大青少年、职工、老年人、农民、少数民族、妇女、残疾人等各类人群健身活动丰富多彩；百姓经常性、传统性、品牌性的全民健身活动长年不断。

区级全民健身运动会、全民健身体育活动保持在至少一年一次的频次。"十二五"期间各区组织各类体育活动 2961 次，18 个区（含 2 个开发区）平均组织 165 项活动。各区体育活动内容不同，形式各异，掀起了群众体育的热潮。但各区体育活动的开展仍存在不均衡的现象，如 2014 年体育健身志愿服务活动，开展最多的区有 160 次，最少的仅有 1 次。从总体来看，东城区、海淀区、亦庄开发区开展体育活动的数量位列全市前三（见表4、图4）。

表4 2014 年北京市各区（开发区）体育活动举办次数

单位：次

序号	区（开发区）	各区开展全民健身志愿服务活动数	定期举办区全民健身运动会数量	定期举办街道（乡镇）全民健身运动会数量	各区组织开展全民健身活动数	各区开展节（假）日全民健身活动数	各区单项（群众）体育协会开展全民健身竞赛活动数
1	东城区	160	2	31	50	30	200
2	西城区	40	1	15	4	16	21
3	朝阳区	8	1	43	7	6	206
4	海淀区	120	1	29	4	20	300

续表

序号	区（开发区）	各区开展全民健身志愿服务活动数	定期举办区全民健身运动会数量	定期举办街道（乡镇）全民健身运动会数量	各区组织开展全民健身活动数	各区开展节（假）日全民健身活动数	各区单项（群众）体育协会开展全民健身竞赛活动数
5	丰台区	5	1	21	22	4	92
6	石景山区	8	1	15	1	6	72
7	门头沟区	3	1	13	1	3	45
8	房山区	3	1	23	4	48	14
9	通州区	20	1	9	4	0	109
10	顺义区	19	1	25	4	8	40
11	昌平区	3	2	20	1	1	148
12	大兴区	3	1	19	3	2	3
13	平谷区	10	1	16	2	5	100
14	怀柔区	1	1	16	1	1	5
15	密云区	30	2	20	10	20	30
16	延庆区	30	1	90	5	35	156
17	亦庄开发区	100	2	—	40	5	50
18	燕山开发区	3	1	1	1	0	2

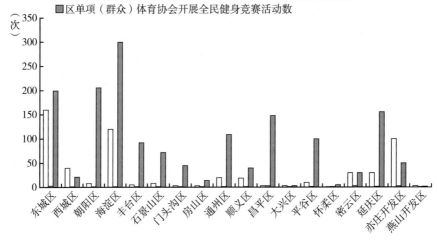

图4　2014年北京市各区（开发区）开展体育活动次数统计

北京－张家口获得2022年冬奥会的举办权，带动了以"快乐冰雪健身、助力申办冬奥"为主题的北京市民快乐冰雪季系列活动的开展。京津冀协同发展，群众体育健身活动呈现"城市群"特点。各类活动年参与人数1000余万人次，具有北京特色的全民健身活动模式已经形成。"十三五"期间，北京市将在巩固"一区一品"群众体育品牌活动质量的同时，不断丰富和推进"一街（乡、镇）一品""一社区（村）一品"的群众体育品牌活动的推广工作。

3. 体育指导服务

体育指导服务水平可以从千人拥有社会指导员数以及科学健身宣传活动频次、参与实践人数等进行数量化衡量。

国家体育总局原局长刘鹏曾指出，在我国由"体育大国"向"体育强国"迈进的过程中，群众体育是最大的"基础性短板"，群众体育薄弱是制约我国向"体育强国"转变的最大障碍。"大规模地免费培训社会体育指导员"是实现全民健身跨越式发展的途径之一。[1]

目前，北京市获得技术等级证书的公益社会体育指导员有44869人，每千人拥有公益社会体育指导员3.41名。2014年培训各级别社会体育指导员7436人。

从公益社会体育指导员总量和每千人拥有公益社会体育指导员数来看，北京市社会体育指导员数量在未来几年将不会有太大增长。"十三五"期间，北京社会体育指导员的培养将向纵深发展，通过理论和技术培训，着力提升社会体育指导员的整体素质。从表5可以看出，各区经常服务的社会体育指导员人数平均占比为71.5%，尚有提升空间。未来还需强化社会体育指导员再培训工作的力度，通过购买服务的方式，鼓励各级社会体育指导员从事科学健身指导，发挥社会指导员的"种子"效应，促进居民科学健身、科技健身。

---

① 刘鹏：《群众体育成短板 全民健身待突破》，http：//paper. people. com. cn/rmrb/html/2009 - 12/11/content_ 402649. htm。

表5 2014年北京市各区（开发区）社会体育指导员基本情况

单位：人，%

序号	区（开发区）	获得技术等级证书的公益社会体育指导员数及每千人拥有公益社会体育指导员数		经常服务的社会体育指导员人数及占比	
		数量	覆盖率	数量	占比
1	东城区	4820	5.07	3131	65.0
2	西城区	6521	4.73	1463	22.44
3	朝阳区	8573	4.52	5200	60.6
4	海淀区	6577	2.86	5919	90.0
5	丰台区	2554	2	2298	90.0
6	石景山区	1036	2.12	830	80.0
7	门头沟区	1493	6.00	965	64.6
8	房山区	1415	1.81	849	60
9	通州区	2437	3.52	2437	100.0
10	顺义区	2100	2.30	1890	90
11	昌平区	3362	6.00	2690	80.0
12	大兴区	2325	3.14	2325	100.0
13	平谷区	1200	2.84	800	66.7
14	怀柔区	946	3.30	480	50.7
15	密云区	1376	3.2	1274	90.0
16	延庆区	1164	3.88	355	30.1
17	亦庄开发区	349	34.16	264	75.6
18	燕山开发区	915		118	72

4. 体育组织服务

经过数年的培育发展，北京市全面建立了立体的四层级全民健身组织网络。一是充分发挥行政推动作用，建立全民健身工作联席会议制度，形成了群众体育行政管理网络。二是高度重视青、妇、职工、老年、民族、残疾人等社会团体管理网络的组织和发动作用，组建社会团体管理网络。三是推进体育协会规范化和实体化，以"枢纽型"组织为依托组成体育社团网络。四是将基层体育团队、站点纳入社会体育管理的范围之中，带动基层体育网络的发展。一个由政府主导，社会团体协作、体育协会和专业委员会指导、俱乐部和群众体育自治组织运作、市民广泛参与的"大群体"网络已经构建成形。目前，100%的区建有体育总会，市级体育社团有84个，区级体育协会、俱乐部有334个。社区体育健身俱乐部增加到144个，青少年体育俱乐部发展到211个，全民健身辅导站有6360个。注册的体育社会组织有789个，每万人达0.6个。表6全面反映了北京市各区（开发区）体育组织的基本情况。

表6 北京市各区（开发区）体育组织服务一览

单位：个

序号	区（开发区）	各区体育总会	各区社会体育指导员协会	各区单项体育协会数	各区群众体育协会数	社区体育健身俱乐部数	青少年体育俱乐部数
1	东城区	1	0	24	4	13	35
2	西城区	1	1	26	4	11	30
3	朝阳区	1	1	26	3	13	19
4	海淀区	1	1	35	5	18	24
5	丰台区	1	0	16	1	11	18
6	石景山区	1	1	22	4	3	5
7	门头沟区	1	1	20	3	1	6
8	房山区	1	1	26	5	6	12
9	通州区	1	1	24	7	11	7
10	顺义区	1	1	16	3	19	8
11	昌平区	1	1	13	4	10	11
12	大兴区	1	1	31	4	5	7
13	平谷区	1	0	11	2	4	4
14	怀柔区	1	0	20	5	1	7
15	密云区	1	1	24	4	7	11
16	延庆区	1	1	14	4	4	7
17	亦庄开发区	0	1	3	3	4	—
18	燕山开发区	1	1	4	4	3	—
总计		17	14	355	69	144	211

体育社团组织是最基层的体育类民间组织，近年来北京市不断加强各级各类体育社团培育与服务力度，按照"政府主导、社会承载、全民参与、共同推动"的要求，形成了以市区体育总会为龙头，以区体育总会、群众

体育协会、单项体育协会为骨干，以街道（乡镇）社区体协、健身团队为基础的较为完善、健全的"三级体育社团组织网络体系"。2014年北京市体育总会制定了《关于推进北京市体育社团实体化发展的意见》，明确了社团实体化发展方向，分两批共培育市桥牌协会等17个体育社团，并将其作为体育社团实体化工作试点协会，拨付每个协会30万~50万元，共计750万元的实体化引导资金。在引导资金的帮扶下，试点协会相继组建经营实体、创建品牌赛事、建立培训基地，探索出了多条社团实体化发展的道路，实现社团依托社会，自我生存、自我发展的目标，拉动体育产业与文化、旅游等相关产业的合作，推动体育社团创建群众体育品牌赛事活动，全面推进体育社团工作向规范化、规模化、产业化发展。

5. 体育场地设施服务

体育场地设施是满足大众体育健身服务需求的硬件环境，是群众进行体育健身活动的基本硬件资源保障，是衡量政府提供体育公共服务能力的重要硬件指标。

截至2014年底，北京市共有体育场地20075个，场地面积4768.83万平方米，总投资391.25亿元，按北京市户籍人口数2114.8万人计算，人均体育场地面积达到2.25平方米。同期相比，上海市人均体育场地面积为1.74平方米，天津市人均场地面积为2.12平方米。

目前，北京市全市100%的街道（乡镇）、有条件的社区和100%的行政村建有体育设施；建有大型多功能综合全民健身体育中心17个，覆盖率为93.75%；建有大中型全民健身活动中心28个，覆盖率为93.75%；城市街道室内外健身设施304处，覆盖率为97.14%；建有农村乡镇体育健身中心243处，覆盖率为86.74%；建有行政村农民体育健身工程4963处，覆盖率为97.15%；具备开放条件的公共体育场馆66个，开放率为100%；本市已配建全民健身路径工程共7989套；建设篮球、网球、乒乓球、笼式足球、门球、棋苑等全民健身专项活动场地2321片；创建社区体育健身俱乐部144个，其中14个社区体育健身俱乐部已晋升为国家级社区体育健身俱乐部；加强健身步道、骑行绿道建设，建设各类步道1240公里、骑行绿道200

公里；学校体育场地数为 1171 所，符合开放条件的 864 所，开放率为 73.8%；打造全民健身设施建设"一区一品"，推动京津冀健身休闲圈建设。本市已形成各级各类体育设施布局合理、互为补充、覆盖面广、普惠性的网络化格局。

第三次群众体育调查显示，由于北京市奥运会的成功举办以及 2022 年冬奥会的申办，北京市各区体育场地设施在数量上有了显著提高，各区平均有体育场地设施 1255 个，其中顺义区场地数居各区首位，达到 2414 个，人均场地面积达到 5.6 平方米，人均场地面积堪比体育发达国家。但受实际总面积的限制，各区体育场地设施分布又存在不均衡，这一现象将会随着北京功能区的疏解得到根本性的改变。

北京市各区全民健身设施覆盖率逐年上升，2014 年大部分区全民健身设施覆盖率达到 100%（见表 7）。

随着全民健身政策的推进，北京市大、中型体育场馆，包括大学体育场馆开始向市区居民开放，为居民健身提供优质场地和设施。

"十二五"期间，北京市实现全民健身设施建设多元化的另一个重要举措是 15 分钟健身圈建设。15 分钟健身圈建设是以保基本、惠民生、促发展为宗旨，以满足不同人群健身需要为目的，以城乡一体、纵横贯通、资源共享、方便快捷为基本原则，采取"政府主导建设、街道（镇）调剂解决、新建社区预留、辖区单位提供、社会力量参与"相结合的方式，统筹解决体育活动场所问题，逐步形成纵向到底、横向到边，乡村社区有站点，健身指导有等级的纵横交错的全民健身设施网络，使居民步行 15 分钟以内就能到达体育设施所在地。

6. 体育信息服务

体育信息服务主要是指通过互联网、LED、电话热线、广播电视、报刊、体育健康知识讲座等多种渠道传播体育信息，为大众提供体育健身知识、体育活动信息、体育场馆信息、体育竞赛信息以及运动康复指导等，以强化大众健身意识，使社区居民长期保持科学、健康的生活方式，提升居民生命质量。2014 年，北京市体育局与北京广播电台合办贯穿全年的

表7 北京市城乡健身设施一览

单位：个、%

序号	区	各区全民健身活动中心（大、中型）数量	城市街道室内外健身设施数量及比例		社区居委会健身点数量及比例		农村乡镇体育健身中心数量及比例		行政村农民体育健身工程数量及比例		公共体育场馆数量及开放率	
			数量	覆盖率	数量	覆盖率	数量	覆盖率	数量	覆盖率	数量	覆盖率
1	东城区	3	30	100.0	334	78.6	—	—	—	—	6	100.0
2	西城区	2	17	100.0	473	100.0	—	—	—	—	6	100.0
3	朝阳区	1	24	100.0	494	100.0	15	78.9	539	100.0	4	100.0
4	海淀区	2	72	100.0	713	100.0	32	100.0	175	100.0	6	100.0
5	丰台区	1	40	100.0	664	100.0	19	100.0	156	100.0	1	100.0
6	石景山区	5	15	100.0	216	100.0	—	—	—	—	5	100.0
7	门头沟区	1	1	25.0	121	100.0	10	76.0	178	100.0	1	100.0
8	房山区	1	62	100.0	98	100	20	100.0	382	82.0	3	100.0
9	通州区	2	4	100.0	110	100.0	11	100.0	475	100.0	5	100.0
10	顺义区	4	6	100.0	94	100	50	100.0	424	100.0	11	100.0
11	昌平区	2	16	100.0	364	100.0	25	100.0	302	100.0	2	100.0
12	大兴区	1	8	100.0	111	75.5	17	100.0	753	100.0	4	100.0
13	平谷区	1	2	100.0	52	100.0	4	25.0	613	100.0	1	100.0
14	怀柔区	1	1	50.0	39	100	13	90.0	256	90.1	4	100.0
15	密云区	0	3	100.0	37	100.0	12	70.0	334	100.0	5	100.0
16	延庆区	1	3	100.0	44	100.0	15	100.0	376	100.0	2	100.0

《1025 动生活》栏目，宣传科学健身，年累计播出 2190 个小时；与市公园管理中心共同举办北京市全民健身科学指导大讲堂，每年举办 15 场次 4000余人次参与；启动体育生活化社区体质促进项目进社区推广活动 16 场，围绕改善市民体质加强科学健身指导，每年发放全民健身书籍、宣传册 13000册，市民科学健身意识和健康素养不断提高。各区的相关机构在全民健身宣传活动中发挥着补充性、基础性推动作用（见表 8、表 9）。

表 8　2014 年北京市全民健身大讲堂统计

单位：次，人次

统计项	本年度累计举办全民健身大讲堂次数	本年度受众人数
市级	15	15000
区级	170	40430
街道(乡镇)级	1001	132201

资料来源：《2014 年北京市群众体育基础数据统计表》，http://www.bjsports.gov.cn/publish/main/116307/116338/index.html。

表 9　2014 年北京市全民健身宣传统计

单位：件

统计项	各区全民健身工作发稿数量	各区全民健身工作信息报送数量
市级媒体	738	676
区级媒体	1557	1420

资料来源：《2014 年北京市群众体育基础数据统计表》，http://www.bjsports.gov.cn/publish/main/116307/116338/index.html。

四　结论和建议

（一）结论

"十二五"期间，发展群众体育、构建公共服务体系的国家政策为北京体育公共服务运行提供了良好的政策环境，北京市群众体育经费逐年提升，为群众体育公共服务供给提供了资金保障，国民体质监测服务、体育活动服务、体育指导服务、体育组织服务、体育场地设施服务、体育信息服务等6大服务内容全面提升了北京群众体育公共服务质量。

1. 北京市群众体育公共服务在良好的政策环境下运行有序，保障有力

《中华人民共和国体育法》《全民健身条例》《全民健身计划（2011～2015年)》《公共文化体育设施条例》从法律层面规定公民享受体育公共服务的权利与国家为公民提供公共服务的职责；2012年《国家基本公共服务体系"十二五"规划》为体育公共服务体系的构建和实施提出了指导性意见和操作细节。北京市政府研究制定了《全民健身场地设施建设资助暂行办法》《社会体育指导员发展规划》《体育特色村标准及评选办法》《关于推进北京市体育社团实体化发展的意见》等文件；对《北京市全民健身工程管理办法》《北京市国民体质检测站管理办法》等进行了修订。北京市各区政府将全民健身发展工作全部纳入区政府工作报告，将全民健身事业纳入区政府国民经济和社会发展规划。各区将实施《全民健身实施计划》检查评估制度及群众体育工作考核制度，并制定了区全民健身表彰奖励制度等，良好的政策环境有力地保障了北京群众体育公共服务供给。

2. 北京市群众体育公共服务供给仍以政府为主，财政经费投入增幅明显，郊区增幅大于城区

（1）北京市群众体育公共服务供给政府仍占主导地位，2014年北京市市、区两级用于全民健身的财政投入资金和群众人均事业经费均处于历史最高水平，总金额为22327.2万元，与2013年相比，增长67.6%，增幅显著。其中，区级政府投入全民健身财政预算均值为6031.364万元，东城区贡献明显。2014年北京市群众体育人均事业经费为9.41元，低于上海市的14.1元，高于天津市的8.5元，尚有提升空间。

（2）2011～2014年北京市各区群众体育财政经费逐年增加，平均增幅为23.3%，郊区增幅比例大于城区，平谷区增幅最大，达到50.1%。但就总量而言，郊区群众体育财政经费投入总量仍不及城区。

3. 北京市群众体育公共服务供给6大体系虽存在城区间发展的不均衡，但增长态势明显，发展效果显著

（1）国民监测服务方面。随着大众科学健身意识的增强，北京民众参与体质监测工作的人数逐年增加，仅2014年北京市就有48000名成年人、老年人和6000名幼儿接受体质测试。海淀区接受体质测试的人数高于其他区。

（2）体育活动服务方面。"十二五"期间，北京市创建国际性群众体育品牌赛事10项；定期举办全民健身体育节、北京市体育大会、和谐杯乒乓球赛和体育公益活动社区行等市级群众品牌赛事活动100余项；区级全民健身运动会、全民健身体育活动保持在至少一年一届的频次。"十二五"期间各区组织各类体育活动2961次，18个区（含2个开发区）平均组织165项活动。各区体育活动内容不同，形式各异，掀起了群众体育的热潮。但各区体育活动的开展仍存在不均衡，如2014年体育健身志愿服务活动，开展最多的区高达160次，最少的仅有1次。从总体来看，东城区、海淀区、亦庄开发区开展体育活动的数量位列全市前三。随着京津冀协同发展，群众体育健身活动呈现"城市群"特点。

（3）体育指导服务方面。截至2015年3月，北京市获得技术等级证书的公益社会体育指导员数44869人，每千人拥有公益社会体育指导员3.41名。2014年培训各级别社会体育指导员7436人。各区经常服务的社会体育指导员人数平均比例为71.5%，尚有改进空间。

（4）体育组织服务方面。当前，由政府主导，社会团体协作、体育协会和专业委员会指导、俱乐部和群众体育自治组织运作、市民广泛参与的北京市"大群体"网络已经构建成形。已经注册的体育社会组织789个，每万人达0.6个。随着《关于推进北京市体育社团实体化发展的意见》的出台，社团依托社会，自我生存、自我发展，社团工作向规范化、规模化、产业化方向全面发展。

（5）体育场地设施服务方面。截至2014年底，北京市共有体育场地20075个，场地面积4768.83万平方米，人均体育场地面积达到2.25平方米，同期相比，上海市人均体育场地面积达为1.74平方米，天津市人均体育场地面积 2.12 平方米。目前,北京市已形成各级各类体育设施布局合理、互为补充、覆盖面广、普惠性的网络化格局。

(6)体育信息服务方面。2014 年,北京市体育局与北京广播电台合办贯穿全年的《1025 动生活》栏目,宣传科学健身,年累计播出 2190 个小时;与市公园管理中心共同举办北京市全民健身科学指导大讲堂,每年举办 15 场次 4000 余人次参与;启动体育生活化社区体质促进项目进社区推广活动 16 场,围绕改善市民体质加强科学健身指导,每年发放全民健身书籍、宣传册 13000 册,市民科学健身意识和健康素养不断提高。各区政府在全民健身宣传活动中发挥着补充性、基础性推动作用。

(二)建议

1. 做好公共服务供给的顶层设计和战略部署,强化政府公共体育服务职责,加强公共体育设施建设与管理

将公共体育健身设施建设纳入北京市规划和土地利用总体规划,合理布局,统一安排。进一步推动学校、社会单位体育设施向社会开放。鼓励公共体育场馆向公众低偿免费开放。完善北京市公共体育设施管理制度,加强对体育设施的维护更新,提高使用效率。在公共服务供给资源和供给能力有限的情况下,政府应根据公共体育需求信息进行科学的勘定,做好公共服务供给的顶层设计,包括体育公共服务供给的范围、层级、质量、投入机制、供给渠道以及评估机制等。

2. 扩大公共服务购买供给主体,引导社会组织和社会力量开展全民健身活动

20 世纪 80、90 年代,上海市政府便尝试开展了购买社区公共服务的实践;2009 年广东省湛江市启动了城乡医保一体化建设,破解城乡二元分割,创造政府与社会机构公共服务供给的全新合作模式。[①] 当前,北京市群众体育公共服务供给机制尚未形成政府、市场和社会良性互动的发展模式。2014 年社会资助北京市全民健身事业资金总量为 5236.15 万元,约占 2014 年北

---

① 蒋牧辰:《地方政府公共服务供给机制改革研究》,博士学位论文,武汉大学,2014,第 65 页。

京市、区两级政府在全民健身事业方面的财政投入资金22327.2万元的1/4，体育公共服务的供给主体仍然主要为政府。其实体育行政部门，准政府组织、非政府组织（体育社团、体育基金会、民办非企业体育单位等）、企业、个人等也都可以成为体育公共服务的供给主体，它们出于公共利益目的的体育事务都可视为公共体育服务范畴。政府应积极鼓励社会力量提供公共服务，充分带动和发挥社会各类人群、社会团体和社会组织、社会力量的积极作用。

3. 借鉴其他省市公共服务需求分析、供给设计以及绩效评估的理论和实操手法，提升北京市体育公共服务供给的有效性和科学化

在群众体育公共服务需求分析、供给设计以及绩效评估的理论和实操方面，各兄弟省市摸索出适合本城市发展的途径。如上海市体育局为评估群众体育发展质量，2014年制定了《上海市全民健身发展300指数评估办法》（简称"300指数"），并由上海体育学院作为第三方承担了"300指数"评估工作。[①]北京市可以借鉴上海市的供给需求评估手段和模型，在现有第三方公司评估的基础上，细化对学校、机关、企事业单位、社区健身苑点、公共运动场、对外开放学校、综合性体育场馆等满意度调查，对市级、区级以及乡镇级公共服务体系的综合指数和各单项指数发展水平进行绩效分析，从而为体育公共服务需求、供给、绩效评估提供科学完善的改进措施。

4. 搭建全民建设服务平台，发展全民健身社会组织，发挥社会体育指导员的作用，加强科学健身指导和服务

创建北京市、区两级全民健身公共服务信息平台，开发手机APP系统，实现对外服务、对内管理、省市间相互交流功能，不断完善大数据系统应用，为全民健身提供优质服务。充分调动和发挥市、区、街道（乡镇）各级体育社团的积极性。进一步解放思想、简政放权，激发体育社团的活力，提高体育社团在北京全民健身工作中的主动性和积极性。社会体育指导员是

---

① 《2014年上海市全民健身发展公告》，http：//www.shsports.gov.cn/ShSportsWeb/HTML/shsports/annoucement/2015-08-07/Detail_134539.htm。

促进政府公共服务供给的生力军。北京市社会体育指导员队伍庞大，投入的培养经费巨大，因此应以社会体育指导员为主体，发挥优秀运动员、教练员、体育教师、体育科研人员、体育院校学生等的作用，不断扩大全民健身志愿者队伍，提高全民健身志愿服务队伍的专业化水平和服务质量。利用"全民健身日"等重要时间节点和重大活动，广泛开展志愿服务活动。

参考文献

李丽莉、王凯珍等：《北京市第二次群众体育现状调查与研究》，北京体育大学出版社，2012。

国务院：《国家基本公共服务体系"十二五"规划》，2012 年 7 月 11 日。

《东城区贯彻落实〈北京市全民健身实施计划（2011～2015 年）〉实施效果评估报告》，2014 年 11 月 4 日。

《2014 年北京市群众体育基础数据统计表》，http：//www. bjsports. gov. cn/publish/main/116307/116338/index. html。

《2014 年市体育局承办的市政府实事、折子工程完成情况》，http：//www. bjsports. gov. cn/publish/main/116307/116337/2015/03/04/20150304103201107410890/index. html。

《2014 年上海市全民健身发展公告》，http：//www. shsports. gov. cn/ShSportsWeb/HTML/shsports/annoucement/2015 - 08 - 07/Detail_ 134539. htm。

《坚定不移沿着中国特色社会主义道路前进为全面建成小康社会而奋斗——胡锦涛在中国共产党第十八次全国代表大会上的报告》，2012 年 11 月 8 日。

刘鹏：《群众体育成短板 全民健身待突破》，http：//paper. people. com. cn/rmrb/html/2009 - 12/11/content_ 402649. htm。

蒋牧宸：《地方政府公共服务供给机制改革研究》，博士学位论文，武汉大学，2014。

B.3

《北京市全民健身实施计划（2011～2015年）》实施效果评估报告

王　静　张朝晖　朱　宏*

摘　要：　本报告以《全民健身计划（2011～2015年)》、《〈全民健身计划（2011～2015年)〉实施情况评估标准（试行)》以及《北京市全民健身实施计划（2011～2015年)》、《〈北京市全民健身实施计划（2011～2015年)〉任务分解方案》等为依据，主要通过问卷调查法对北京市各级政府和各相关单位、部门贯彻落实《全民健身计划（2011～2015年)》和《北京市全民健身实施计划（2011～2015年)》的情况展开评估，梳理各项目标任务的完成情况。

关键词：　全民健身计划　北京市全民健身实施计划　实施效果评估

一　前言

北京市全民健身工作依照《中华人民共和国体育法》，努力落实《全民健身条例》，认真贯彻党的十八届二中、三中、四中全会精神，遵照国务院《关于加快发展体育产业促进体育消费的若干意见》，在国家体育总

---

* 王静，博士，首都体育学院副教授，硕士生导师，研究方向为体育新闻传播、体育社会学；张朝晖，北京市体育局；朱宏，北京市体育局。

局的指导下，在北京市委、市政府高度重视与领导下，在各级政府、各级相关部门协同下，在社会各界积极参与下，紧紧围绕贯彻落实《全民健身计划（2011～2015年）》和《北京市全民健身实施计划（2011～2015年）》，以构建覆盖城乡的全民健身公共服务体系为核心，以增强市民健身意识、改善市民体质为目标，转职能、求创新、谋发展，紧抓战略机遇期，实现全民健身设施保基本、惠民生、促发展，不断提升均等化服务水平；实现全民健身组织社会化、规范化、实体化，建立健全四级组织网络；全民健身活动要零门槛、重实效、创品牌，打造首都特色健身活动模式；强化社会体育指导员培训管理，巩固全民健身志愿服务长效机制；加强体质测试和科学健身指导，有效改善市民体质；注重全民健身宣传和信息化服务，营造良好的健身氛围，提升市民健身意识；各区的全民健身工作各具特色、精彩纷呈。圆满完成《北京市全民健身实施计划（2011～2015年）》提出的各项目标和任务，北京全民健身事业实现全面、协调、可持续发展。

二 评估的依据

以《全民健身计划（2011～2015年）》、《〈全民健身计划（2011～2015年）〉实施情况评估标准（试行）》以及《北京市全民健身实施计划（2011～2015年）》、《〈北京市全民健身实施计划（2011～2015年）〉任务分解方案》、《北京市区县群众体育业务考核标准》为依据，以16个区政府、28个北京市全民健身联席会议成员单位以及市体育局系统有关单位为评估对象，本着客观全面、实事求是、科学严谨、推动发展的原则，通过采取逐级自查、委托体育院校和第三方专业公司调查的方式，对各级政府和各相关单位、部门贯彻落实《全民健身计划（2011～2015年）》和《北京市全民健身实施计划（2011～2015年）》的情况进行全面、系统、综合的评估，整合、梳理各项目标任务的完成情况。

三 核心指标完成情况

（一）体育锻炼参与率逐步提高

市民健身意识不断提升，经常参加体育锻炼人数比例达到49.8%。老年人、残疾人参加体育锻炼的人数比例不断提高。

（二）市民身体素质有效改善

建立体质测定工作网络平台，加大宣传力度和测试覆盖面，全市共建有市级国民体质测试站3个，区级测试站41个，街道（乡镇）级测试站194个，在市属企事业单位建站34个。2011～2014年北京市参加体质测试的人数为409287人，平均每年102322人。推广实施《国家体育锻炼标准》和体质促进项目，有针对性地改善和提高市民体质，北京市市民达到《国民体质测定标准》综合评级分为"合格"等级以上的人数占受测人数的比例为86.9%。北京市在校学生达到《国家学生体质健康标准》的总体合格率为96.85%。

（三）全民健身设施多元化发展

北京市共有体育场地20075个，场地面积4768.83万平方米，总投资391.25亿元，按北京市户籍人口数2114.8万人计算，人均体育场地面积达到2.25平方米。在全市100%的街道（乡镇）、有条件的社区和100%的行政村建有体育设施；建有大型多功能全民健身体育中心17个，覆盖率为93.75%；建有大中型全民健身活动中心28个，覆盖率为93.75%；城市街道室内外健身设施304处，覆盖率为97.14%；建有农村乡镇体育健身中心243处，覆盖率为86.74%；建有行政村农民体育健身工程4963处，覆盖率为97.15%；具备开放条件的公共体育场馆66个，开放率为100%；本市已配建全民健身路径工程共7989套；建设篮球、网球、乒乓球、笼式足球、门球、棋苑等全民健身专项活动场地2321片；创建社区体育健身俱乐部

144 个，其中 14 个社区体育健身俱乐部已晋升为国家级社区体育健身俱乐部；加强健身步道、骑行绿道建设，建设各类步道 1240 公里、骑行绿道 200 公里；学校体育场地数为 1171 所，符合开放条件的 864 所，开放率为 73.8%；打造全民健身设施建设"一区一品"，推动京津冀健身休闲圈建设。本市已形成各级各类体育设施布局合理、互为补充、覆盖面广、普惠性的网络化格局。

（四）体育组织建设不断完善

建立了四个层级的全民健身组织网络。一是充分发挥行政推动作用，建立全民健身工作联席会议制度，形成了群众体育行政管理网络。二是高度重视青、妇、职工、老年、民族、残疾人等社会团体管理网络的组织和发动作用，组建社会团体管理网络。三是推进体育协会规范化和实体化，以"枢纽型"组织为依托组成体育社团网络。四是将基层体育团队、站点纳入社会体育管理的范围之中，带动基层体育网络的发展。一个由政府主导，社会团体协作、体育协会和专业委员会指导、俱乐部和群众体育自治组织运作、市民广泛参与的"大群体"网络已经构建成型。目前，100% 的区建有体育总会，市级体育社团有 84 个，区级体育社团、俱乐部有 334 个。社区体育健身俱乐部增加到 144 个，青少年体育俱乐部发展到 211 个，全民健身辅导站有 6360 个。注册的体育社会组织有 789 个，每万人达 0.6 个。

（五）健身指导科学化、均等化

获得技术等级证书的公益社会体育指导员有 44869 人，每千人拥有公益社会体育指导员 3.41 名。与北京广播电台合办贯穿全年的《1025 动生活》栏目，宣传科学健身，年累计播出 2190 个小时；与市公园管理中心共同举办北京市全民健身科学指导大讲堂，每年举办 15 场次 4000 余人次参与；启动体育生活化社区体质促进项目进社区推广活动 16 场，围绕改善市民体质加强科学健身指导，每年发放全民健身书籍、宣传册 13000 册。市民科学健身意识和健康素养不断提高。

（六）全民健身活动广泛开展

创建国际性群众体育品牌赛事 10 项；定期举办全民健身体育节、北京市体育大会、和谐杯乒乓球赛和体育公益活动社区行等市级群众品牌赛事活动 100 余项；16 个区和燕山、亦庄两个开发区的"一区一品"活动 20 项，区日常系列活动 500 余项，各具特色、精彩纷呈；广大青少年、职工、老年人、农民、少数民族、妇女、残疾人等各类人群健身活动丰富多彩；百姓经常性、传统性、品牌性的全民健身活动长年不断；支持北京、张家口联合申办 2022 年冬奥会，举办以"快乐冰雪健身、助力申办冬奥"为主题的北京市民快乐冰雪季系列活动；加强京津冀交流，共同举办全民健身活动。各类活动年参与人数 1000 余万人次，具有北京特色的全民健身活动模式已经形成。

（七）保障体系规范化发展

市、区全民健身工作实现"三纳入"全覆盖（全民健身工作纳入政府工作报告、全民健身工作经费纳入政府财政预算、全民健身工作纳入政府国民经济和社会发展规划）。北京市全民健身工作连续 4 年（2011~2014 年）列入市政府办实事项目和市政府折子工程，纳入健康北京和健康北京人规划，纳入卫生、教育、科技、精神文明建设、社会建设等多项相关工作中。各区政府也将全民健身工作纳入为民办实事以及社会建设的各个领域。同时，推动依法治体，启动《北京市全民健身条例》的修订工作，研究制定了《北京市全民健身场地设施建设资助暂行办法》《北京市社会体育指导员发展规划》《北京市体育特色村标准及评选办法》《关于推进北京市体育社团实体化发展的意见》等文件。对《北京市全民健身工程管理办法》《北京市国民体质检测站管理办法》等进行了修订。

（八）经费投入不断加强

2011~2014 年，市级用于全民健身的体育彩票公益金 12.51 亿元，约占本市体育彩票公益金总数的 62.74%；各区用于全民健身工作的经费总计 7.93 亿元；北京市群众体育人均事业经费达 9.41 元；北京市体育产业发展引导资金投入的全民服务业经费总额为 2.35 亿元。

四 全民健身公共服务体系建设的特色与经验

（一）特色工作

1. 创新社会管理，实现社区体育基本公共服务全覆盖

社区体育是构建全民健身公共服务体系、推动全民健身事业发展的重要内容，是推进社会建设和加强社会管理的重要组成部分。2004 年北京市提出"体育生活化"理念，将健身作为衣食住行以外的第五生活基本要素。进入"十二五"时期，在试点、创建、达标三个阶段基础上，北京市委、市政府从实际出发制定了《北京市"十二五"时期社会建设规划纲要》。市体育局紧抓机遇，将创建体育生活化社区标准的有关内容纳入该规划纲要，成为社会服务和社会管理的重要内容，使体育服务于社会发展，也得益于与社会的融合发展。

经过努力，北京城市社区体育有了长足的发展。截至 2014 年北京体育生活化社区达到 2113 个（到 2015 年有 2778 个社区达标，实现体育生活化社区全覆盖，市级体育彩票公益金总投入将达 15875 万元），"一刻钟社区服务圈"总量达 1029 个，覆盖率为 68%。城市居民的体质测试合格率为 93.6%，社区居民满意度达 97%。实现社区建设工作体制、社区管理工作网络、社区治理工作体系共享，为改善民生，探索城市社区体育管理体制和运行机制，深化社区体育的方法创新、理念创新、模式创新，以及实现社区基本公共服务全覆盖奠定基础。

2. 体育社团实体化，充分发挥社会组织作用

加强各级各类体育社团培育与服务力度，按照"政府主导、社会承载、全民参与、共同推动"的要求，形成了以市区体育总会为龙头，以区体育总会、群众体育社团、单项体育协会为骨干，以街道（乡镇）社区体协、健身团队为基础的较为完善、健全的"三级体育社团组织网络体系"。

北京市深化体制改革，不断扩展各级、各类体育社团功能，使其在迈向"小政府，大社会"的改革进程中承担更大使命，推动体育社团向社会化、实体化的方向迈出坚实步伐，强化体育公共服务职能，提高体育服务人员履职能力和工作水平。北京市体育总会制定了《关于推进北京市体育社团实体化发展的意见》，明确了社团实体化发展方向，分两批共培育市桥牌协会等17个体育社团，并将其作为实体化工作试点协会，拨付每个协会30万~50万元，共计750万元的实体化引导资金，在引导资金的帮扶下，试点协会相继组建经营实体、创建品牌赛事、建立培训基地，探索出了多种社团实体化发展的路径，实现社团依托社会，自我生存、自我发展的目标，拉动体育产业与文化、旅游等相关产业的合作，推动体育社团创建群众体育品牌赛事活动，全面推进体育社团工作向规范化、规模化、产业化发展。

3. 打造活动"一区一品"，结合特色创品牌

坚持"以人为本、立足基层、面向大众、注重实效"的原则，各区结合辖区内的自然环境、民族特色、传统节日等体育文化元素，发挥本区域的体育资源优势，积极打造培育主题突出、特色鲜明、丰富多彩的全民健身活动。创建"一区一品"的品牌活动，发挥典型示范作用，举办具有影响力、感召力、辐射效应的精品活动，将区域优势和资源优势转化为全民健身发展的动力，推动群众体育深入开展，吸引了广大群众在运动中享受健康快乐，推动区政府切实履行政府公共体育职能，提升体育公共服务水平。在巩固"一区一品"群众体育品牌活动内容及质量的同时，不断丰富和推进"一街（乡、镇）一品""一社区（村）一品"的群众体育品牌活动的创建与推广工作。

4. 打造15分钟健身圈，设施建设全覆盖

实现全民健身设施建设多元化。围绕市民健身设施15分钟健身圈建设，以保基本、惠民生、促发展为宗旨，以满足不同人群健身需要为目的，以城乡一体、纵横贯通、资源共享、方便快捷为基本原则，采取"政府主导建设、街道（镇）调剂解决、新建社区预留、辖区单位提供、社会力量参与"

相结合的方式，统筹解决体育活动场所问题，逐步形成纵向到底、横向到边，乡村社区有站点，健身指导有等级的纵横交错的全民健身设施网络，使居民步行不超过15分钟就能到达体育设施所在地。

在建设体育设施的同时，北京市尝试通过市场运行机制，采取试点的方式，引入专业公司对所建设施进行日常管理，建设相应的管理服务平台，编制相关场地设施管理办法。

（二）基本经验

1.调结构

一是经费投入由注重设施建设、活动开展转向组织建设、科学健身指导，加大在城乡统筹、社会建设中发挥重要作用的生活化社区和特色村的建设力度，注重发挥合力；二是组织建设由注重单项协会建设，转向培育基层社区健身协会、健身团队，注重发挥身边的组织作用；三是设施建设由注重健身路径建设，转向以"三大球"为主的多功能专项场地建设，注重多元化发展；四是活动开展由追求人数规模，转向就近就便、小型多样，注重便民惠民；五是科学健身指导由注重集中培训、大讲堂，转向推广体质促进项目及器材，利用网络广泛覆盖，注重实际效果加强均等化服务；六是社会体育指导员队伍建设由注重培训，转向服务管理和保障，注重发挥社会体育指导员作用。

2.转职能

推进行政管理体制改革，实现优化公共服务，形成政事分开、管办分离、注重服务的常态，建立打破垄断、放开准入、统筹规划、整体协调的新型管理体制。在组织建设方面，广泛开展调查研究，积极推进体育协会实体化，制定购买公共服务的标准，加强对市级体育协会、区体育总会的业务培训与指导，使体育协会成为群众体育职能转变的主要承接者，切实发挥其在全民健身事业中的作用；在设施建设方面，设施建设是各级政府应提供的公共服务，本市将更新器材调整为区财政投入，市、区政府进行规划，体育彩票公益金引导扶持建设多元化全民健身设施，形成了争取总局支持、市区两级分担、调动社会力量的工作机制；在活动开展方面，以各类活动促进全民健身，发挥体育社团、基层组织的作用，撬动市场；在科学健身指导方面，利用多种传播手段和方式，以增强体质为目标，加强日常体质测定和社区体质促进项目的推广；在管理方面，从粗放式管理向精细化管理转变，并向专业化管理迈进，加强群众体育工作数据统计与分析、建立群众体育工作数据库，修订群众体育工作管理办法16项，加强群众体育工作标准化研究，已完成《北京市全民健身设施建设与管理标准》制定，并将《社区建设与评定体育生活化社区》《体质检测站服务与管理规范》上升为地方标准。

3. 转方式

北京市牢牢把握发展体育事业的宗旨，围绕构建覆盖城乡、比较健全的多元化全民健身公共服务体系的目标，从广大群众的切身利益出发，坚持保基本、促发展、惠民生的发展方向，坚持改革创新、突出特色，充分发挥各级政府体育公共服务职能，探索转变群众体育发展方式，推进形成并不断完善"政府主导、部门协同、全社会共同参与"的"大群体"工作格局。一是推动各级政府履行全民健身工作职责。自2010年以来市体育局会同有关方面，共同调研《北京市全民健身条例》和《北京市全民健身实施计划（2011~2015年）》的贯彻落实情况，重点围绕"三纳入"检查调研情况。截至2011年底，市、区"三纳入"覆盖率已达100%，同时还将全民健身纳入北京市社会建设规划纲要、健康北京人十年发展规划、北京市农村发展规划等，为全民健身事业的可持续发展提供了有力支撑。二是协调28个部委办局建立了定期协商交流全民健身工作的制度，通过交流经验、破解难题、形成合力，不断提高全民健身工作的质量和水平。三是整合体育局系统资源，细化分解各相关单位及处室全民健身工作的目标任务和职责，切实履行全民健身工作的责任。四是工作重心下移，充分调动基层组织、群众的力量，健全和完善"三边"工程，体现全民健身公共服务的"就近就便"原则。五是汇集各种力量，在京津冀一体化发展的大背景下，促进多方融合，以群众体育为抓手助推区域经济、文化、体育和谐发展。六是推进政府购买社会服务，多渠道筹集资金，拓宽市场，调动市财政、社工委等各方资源，并通过市场开发、企业赞助等多种途径谋求合作。

（三）存在的不足

北京市全民健身工作取得了突出的成绩，但还存在一些问题。一是政府履行公共体育服务能力尚需提高，相关部门工作协调联动机制作用有待加强，全民健身投入有待增加；二是体育规划用地不足，设施建设采取见缝插针的方式，存在合法性、合理性相矛盾等问题；三是存在重建设、轻管理问题，如在场地设施建设等方面投入力度大，后续维护管理运营等相关制度不健全，可持续发展动力不足；四是社会组织有待健全，仍需继续推进体育社团的实体化进程，提升体育社会组织服务能力；五是社会力量调动不充分，尚未形成支持引导社会力量参与全民健身服务业的明确政策和具体措施。

五 完善全民健身公共服务体系建设的措施和建议

（一）背景分析

党的十八届三中全会提出要推进国家治理体系和治理能力的现代化建设，传统的体育管理要向全新的体育治理转变；十八届四中全会提出"依法治国"；国务院发布的《关于加快发展体育产业促进体育消费的若干意见》，提出将全民健身上升为国家战略，充分体现了中央对全民健身工作的高度重视，为加快推动了群众体育发展提供了机遇，指明了方向，对今后一个时期全民健身事业的发展提出了全新要求，为全民健身事业的发展提供政策依据；北京、张家口联合申办2022年冬奥会，推动了京津冀群众体育的协同发展。

（二）目标任务

"十三五"时期，要依法治体，加强全民健身法制建设。北京市修订完成《全民健身条例》，并贯彻落实《关于加快发展体育产业促进体育消费的若干意见》，使全民健身工作成为社会建设、社会管理的重要内容，进一步强化各级政府履行全民健身公共服务职能，构建"大群众体育"工作格局，整合各相关委办局职能，搭建公共服务平台，并通过购买服务等方式，撬动市场，鼓励、引导社会资本投入，推动体育产业发展。加强全民健身设施建设，推动以"三大球"和冰雪项目为主体的全民健身专项活动场地建设，满足各类人群体育健身需求；加强全民健身组织建设，发挥"枢纽型"组织作用，着力培育群众身边的基层社会组织；广泛开展冬季体育活动，大力推进冰雪体育进社区、进校园、进公园、进商业园，深化冬奥文化宣传，营造良好的冬奥氛围；打造京津冀健身休闲服务圈，加强体育社团交流，广泛开展互动活动，推动京津冀协同发展。

到2020年，全民健身法制更加健全，全民健身服务体系指标更加科学合理，群众体育与社会发展同步，与文化、卫生、旅游相融合，以申办冬奥会为契机，群众体育与竞技体育、体育产业协调发展，构建全民健身公共服务体系，满足群众日益增长的多元化健身需求，不断提高群众健身意识，提升群众身体素质水平。

第一，经常参加体育锻炼人数比例稳定在49%。

第二，市民体质不断提升。

第三，不断完善城乡公共体育健身场地设施建设，打造以15分钟健身圈为基础的全民健身设施格局。有条件的街道、乡镇建有中型全民健身中心，有条件的社区、村建有小型全民健身中心；加快社区体育健身俱乐部建设，在符合条件的街道（乡镇）、社区（村）建设社区体育健身俱乐部；各类体育场地达到2.1万个，具备开放条件的学校体育场地设施向社会开放率不低于70%，人均体育场地面积达到2.2平方米；推动以"三大球"和冰雪项目为主体的全民健身专项活动场地建设，满足各类人群体育健身需求，同时，对健身设施的服务管理和运营内容进行分析，制定相关服务管理办法。

第四，广泛开展全民健身活动。坚持开展经常性、传统性、品牌性的全民健身活动，统筹推进各类人群体育健身活动均衡发展。大力开展群众喜闻乐见、简便易行的健身活动和群众性"三大球"赛事活动，开展具有一定影响力的国际化、城市化、区域化全民健身品牌活动。以"一区一品"群众体育品牌活动为主导，通过购买服务等方式，鼓励社会力量，挖掘市场潜力，开展丰富多彩的全民健身活动。加强京津冀三地体育交流，促进群众体育与文化传承、休闲旅游的融合，打造一批群众体育精品赛事活动。大力发展冬季全民健身运动，广泛吸纳社会力量，培育一批群众性冰雪体育活动，培养冬季项目体育人才，营造良好的全民健身氛围。

第五，健全全民健身体育组织。发挥各级枢纽型体育社会组织的作用，采取购买服务的方式，对各级各类体育社团组织的建设进行扶持。着力打造各级老年体育协会、社区体育协会和社会体育指导员协会，推动体育协会实现实体化建设，力争实现基层健身组织全覆盖。

第六，加强科学健身指导和志愿服务。获得社会体育指导员等级证书人数在 4.48 万人以上，其中获得社会体育指导员国家职业资格证书人数达到 5600 人。发挥社会体育指导员的作用，实施社会体育指导员回社区报到制度。通过购买服务的方式，鼓励社会体育指导员在全民健身活动站点开展日常性健身指导服务。加大社会体育指导员志愿服务宣传力度，实现志愿服务经常化。发挥各级体质测定站点作用，推进日常性体质测定工作。宣传推广《国家体育锻炼标准》和体质促进项目，通过各类媒介搭建科学健身传播平台，大力宣传推广科学健身方法。

第七，推动全民健身服务业发展。遵循产业发展规律，完善市场机制，积极培育多元市场主体，吸引社会资本参与，充分调动全社会积极性与创造力，提供适应群众需求、丰富多样的产品和服务。以体育服务业为重点，建立多部门合作的工作协调机制，形成工作合力，共同推动体育与医疗、文化等产业融合发展，大力发展体育旅游、运动康复、健身培训等体育服务业，进一步丰富体育产业的内容，促进服务业的整体发展。

（三）工作措施

第一，大力开展经常性全民健身活动，发挥基层自治组织作用，加强科学健身指导，引导市民从事日常健身活动。

第二，加强体质测定站点建设，开展经常性体质测定工作，推广体质促进项目，多开展针对改善市民体质的健身活动。

第三，制定《"十三五"时期北京市全民健身设施建设规划》，合理规划北京市全民健身设施建设整体布局，打造15分钟健身圈，建设区、街道（乡镇）、社区（村）不同规模、多种形式的大中小型设施；积极探索市场化健身场地管理运行机制，制定各类场地设施管理办法，撬动市场，促进市民体育消费。

第四，强化政府主导的全民健身体育节、北京市体育大会、"一区一品"全民健身品牌活动等的引领示范作用，鼓励、支持企业、社会组织、体育社团组织开展不同类型的全民健身赛事活动，发挥全民健身活动站点作用，引导市民开展日常性健身活动。依托京津冀经济发展一体化格局，促进区域全民健身的交流与合作。大力开展冰雪群众体育项目，有效促进冰雪体育人口的增长。

第五，发挥体育社团孵化器作用，鼓励各区建设体育社团集中办公场所。扶持各社区及有条件的村成立在街道、乡镇备案的社区体育健身协会。发挥协会作用，指导协会开展工作。

第六，加大社会体育指导员再培训工作力度，不断提升社会体育指导员技能和服务水平。通过购买服务的方式，鼓励各级社会体育指导员从事科学健身指导。重视社会体育指导员宣传工作，通过各种媒体宣传报道社会体育指导员在全民健身中的志愿服务情况，使志愿服务长效化。

第七，围绕市民体质测定，实施《国家体育锻炼标准》等政策，采取多种形式，加强科学健身指导，引导市民关注自身体质，科学健身，养成科学、健康、文明的生活方式。

第八，引导社会资本和社会力量投入。争取各方支持，保证体育用地，加强健身设施建设经费投入，推动以"三大球"和冰雪项目为主体的全民健身专项活动场地建设；支持社会资本利用郊野公园、城市公园、公共绿地等场所建设便民健身设施；体育产业扶持资金支持引导社会资本投入健身设施建设、参与运营，满足不同群众多元化的健身需求；取消赛事活动审批制度，支持社会力量开展全民健身赛事活动。

第九，引导各级工会、共青团、妇联、残联等社会组织和各类体育协会、各类健身俱乐部等体育组织在全民健身事业中发挥作用，积极支持和协助他们广泛开展贴近群众、形式多样的全民健身活动，并为他们组织开展各类活动提供必要的场馆条件、技术指导和资金支持，共同营造浓厚、持久的全民健身氛围。

第十，传承发展民族民间传统体育，弘扬民族传统体育文化。结合中国传统节日，开展与旅游、文化、商贸等相结合的群众性体育文化活动，为广大人民群众在节日期间参加体育健身活动提供服务。

（四）保障措施

第一，依法治体。公共体育法律法规是保障全民健身公共服务体系健康、有序发展的基本条件。宣传贯彻落实《北京市全民健身条例》，明确法律依据。界定清晰体育行政部门、体育非政府组织、企业、个人等公共服务提供者之间的法律关系，明确各类公共服务主体的职能定位与法律地位，对体育公共服务体系建设各方主体做出相应的规定，使体育公共服务合法、合理、持续、有序地推进。

第二，坚持政府主导，为全民健身活动蓬勃开展提供坚强的保障。强化政府公共服务职责，大力推进全民健身公共服务体系建设。将全民健身工作作为加强社会建设和管理的重要内容，充分发挥部门协调联动作用，着力解决影响和制约全民健身事业发展的突出问题，体现全民健身国家战略的重要性。

第三，各级政府要加大全民健身投入，加强政策与资金保障，发挥公共财政的主导作用，并在财政、税收、金融等方面给予政策支持，扶持基层体育组织和体育社团建设，不断完善设施建设，支持开展市民经常性体质测定与体质促进项目推广工作。建立推行标准和指标体系，健全评价考核机制，以促进全民健身公共服务体系建设。

第四，创新社会管理，加强社会保障，提升服务水平，实现全民健身公共服务全覆盖。以推行《社区建设与评定体育生活化社区》地方标准为手段，在体育生活化社区达标全覆盖的基础上，开展提档升级工作。以创建体育特色乡镇为载体，全面提升农村体育工作，促进城乡一体化发展，使市民均等享有全民健身权利。

第五，强化产业扶持资金政策，加大扶持力度，激励社会力量参与，整合社会资源，引导社会力量、社会资本投入全民健身事业。继续打造精品活动与赛事，拓展精品活动类型，促进京津冀协同一体化发展，广泛开展全民健身活动，促进区域经济、文化、旅游发展，拓宽国际交流渠道。

第六，加快体育社会组织发展。降低体育社会组织的准入门槛，形成民政部门、体育行政部门、税务部门合作的监督、评估、购买全民健身服务的管理体制。探索多种社团实体化发展途径，实现社团依托社会，自我生存、自我发展的目标，形成政府倡导、社会支持、独立运营、可持续发展的运行机制，拉动体育产业与文化、旅游等相关产业合作，推动体育社团创建群众体育品牌赛事，全面推进体育社团工作向规范化、规模化、产业化方向发展。

第七，积极完善公共文化服务体系协调机制。建立基层综合性文化服务中心，建设小型文体广场，发挥全民健身服务体系在国家公共文化服务体系中重要而独特的作用。

附表1　北京市《全民健身计划（2011～2015年）》评估核心指标数据汇总

一级指标	二级指标	实际值	比例或开放率（%）
体育锻炼参与率	经常参加体育锻炼人数比例	／	49.8
身体素质	《国民体质测定标准》总体合格达标率*	／	86.9
	在校学生《国家学生体质健康标准》优秀达标率	／	15.22

一级指标	二级指标	实际值	比例或 开放率(%)
健身设施	人均体育场地面积	2.25 平方米	/
	县(区)全民健身活动中心数量及比例	28 个	93.75
	城市街道室内外健身设施数量及比例	304 处	97.14
	农村乡镇体育健身中心数量及比例	243 处	86.74
	行政村农民体育健身工程数量及比例	4963 处	97.15
	公共体育场馆数量及开放率	66 个	100
	学校体育设施数量及开放率	864 所	73.8
体育组织	县及以上地区体育总会	17 个(含市级)	100
	全民健身站点数	6360 个	/
	每万人拥有体育社会组织数	0.6 个/万人	/
健身指导	每千人拥有公益社会体育指导员数	3.41 名	/
	每年接受体质测试人数	102322 人	/
体育活动	定期举办县级以上全民健身运动会	17(含市级)	100
组织保障	全民健身发展纳入政府工作报告	17(含市级)	100
	全民健身经费纳入财政预算报告	17(含市级)	100
	全民健身设施纳入国民经济和社会发展规划	17(含市级)	100
经费支持	群众体育人均事业经费	9.41 元	/

* 第 2 项《国民体质测定标准》总体合格达标率:根据第四次国民体质监测北京 6 家国家监测点数据统计。

附表2　北京市《全民健身计划 (2011～2015 年)》实施情况自评

一级指标	二级指标	A 类标准	B 类标准	C 类标准
体育锻炼 参与率	1. 经常参加体育锻炼人数比例	49.8%		
	2. 16 岁以上城市居民(不含在校学生)经常参加体育锻炼人数比例	37.9%		
	3. 16 岁以上农村居民(不含在校学生)经常参加体育锻炼人数比例	33.7%		
	4. 学生参加体育锻炼活动情况	实施每天锻炼 1 小时计划的学 校达到100%		
	5. 老年人经常参加体育锻炼人数比例		46.6%	
	6. 残疾人经常参加体育锻炼人数比例	15%以上		

一级指标	二级指标	A 类标准	B 类标准	C 类标准
身体素质	7.《国民体质测定标准》总体合格达标率		86.9%	
	8.《国民体质测定标准》总体优秀达标率		16%	
	9. 城市居民《国民体质测定标准》合格达标率		93.6%	
	10. 农村居民《国民体质测定标准》合格达标率			75%
	11. 学生《国家学生体质健康标准》优秀达标率			15.22%
健身设施	12. 每万人拥有体育场地数	15 个		
	13. 人均体育场地面积	2.25 平方米		
	14. 市（地）、县（区）全民健身活动中心（大、中型）	覆盖率 93.75%		
	15. 城市街道室内外健身设施	覆盖率 97.14%		
	16. 居委会健身点	覆盖率 97.28%		
	17. 乡镇体育健身中心	覆盖率 86.74%		
	18. 行政村农民体育健身工程	覆盖率 97.15%		
	19. 公共体育场馆利用率	100%		
	20. 学校体育设施开放率	73.8%		
	21. 市（地）、县（区）体质监测站点	覆盖率 100%		
体育组织	22. 城市街道体育组织	覆盖率 97.14%		
	23. 农村乡镇体育组织	覆盖率 100%		
	24. 县及以上地区体育总会	覆盖率 100%		
	25. 县及以上地区社会体育指导员协会		覆盖率 75%	
	26. 县以上地区单项体育协会			10 个以上达 100%
	27. 县以上地区人群类体育协会			3 个以上达 87.5%
	28. 社区体育健身俱乐部			覆盖率 45%
	29. 青少年体育俱乐部			覆盖率 18%
	30. 健身站点	每万人 5 个		
健身指导和志愿服务	31. 获得技术等级证书的社会体育指导员数	每千人拥有 3.41 名		
	32. 获得职业资格证书的社会体育指导员数	6064 人		

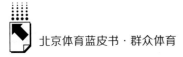
续表

一级指标	二级指标	A 类标准	B 类标准	C 类标准
健身指导和志愿服务	33. 经常服务的社会体育指导员人数比例	占社会体育指导员总数 74.1% 以上		
	34. 每年举办科学健身讲座培训	356 次		
	35. 每年接受体质测试人数	10 万人以上		
	36. 开展全民健身志愿服务活动	覆盖率 100%		
健身活动	37. 定期举办县及以上地区全民健身运动会	覆盖率 100%		
	38. 定期举办街道(乡镇)全民健身运动会	覆盖率 100%		
	39. 县及以上地区组织开展全民健身日活动	覆盖率 100%		
	40. 开展节(假)日全民健身活动	覆盖率 100%		
	41. 县及以上地区性单项人群全民健身竞赛活动	30 次以上达 80%		
组织保障	42. 县及以上地区全民健身领导、协调组织机构	覆盖率 100%		
	43. 街道(乡镇)全民健身专(兼)职工作人员	覆盖率 100%		
	44. 全民健身发展工作纳入县及以上政府工作报告	覆盖率 100%		
	45. 全民健身工作经费列入县及以上政府财政预算	覆盖率 100%		
	46. 全民健身事业纳入县及以上政府国民经济和社会发展规划	覆盖率 100%		
制度建设	47. 县及以上地区有《全民健身实施计划》检查评估制度	覆盖率 100%		
	48. 县及以上地区有全民健身表彰奖励制度	覆盖率 100%		
	49. 县及以上地区建立全民健身基础数据库	覆盖率 100%		

续表

一级指标	二级指标	A 类标准	B 类标准	C 类标准
经费支持	50. 健身设施人均建设经费	29.41 元		
	51. 群众体育人均事业经费	9.41 元		
	52. 群众体育财政经费增长比例（以彩票公益金投入计算）	2012 年增长 126.4% 2013 年增长 11.3% 2014 年增长 67.6%		
	53. 彩票公益金用于全民健身工作投入比例		62.74%	
	54. 社会资助全民健身事业资金	5236.1492 万元		
宣传教育	55. 媒体健身栏目覆盖率（电视、电台、报刊、官网）	覆盖率 100%		
	56. 县及以上地区主要电视台、电台每天播放广播体操等普及科学健身活动的节目	覆盖率 100%		
	57. 全民健身日宣传活动	覆盖率 100%		

基层篇

Grassroots Reports

B.4

北京市各区体育社会组织*调研报告

汪 流**

摘　要：　体育社会组织是群众体育活动开展的重要组织平台，在社会
治理现代化背景下，体育社会组织今后的发展路径日益明晰。
在对近年来北京市体育社会组织建设与改革推进情况进行简
要回顾的基础上，本研究运用问卷调查及访谈等方法，对北
京各区体育社会组织的基本情况进行调查研究，发现其中的
问题，并从政府和体育社会组织两个层面提出相应的建议。

关键词：　北京体育社会组织　现状调查　社会治理

　＊　根据现有的法律制度和行政管理实践，体育社会组织是指在各级民政部门登记注册的体育社
团、体育基金会、体育类民办非企业单位。
　＊＊　汪流，博士，首都体育学院副教授，硕士生导师，研究方向为体育社会组织。

一　问题的提出

（一）调研背景

鉴于其在社会建设、社会管理中的特殊作用，近年来，"社会组织"这一关键词引起社会各界的广泛关注。特别是党的十八大报告所提出的"形成政社分开、权责明确、依法自治的现代社会组织体制"，充分彰显中国未来的"大社会"之路。

体育社会组织是社会组织中的重要一极。相关数据表明，截至2014年初，全国共有体育类社会组织23590个，占社会组织总量的5%。① 尽管目前我国体育社会组织绝对数量较多，但相对于中国庞大的人口基数，相对于群众日益增长的体育健身需求，相对于政府职能转移的紧迫形势，当前的体育社会组织无论是在数量层面还是能力层面，都难以与群众体育事业发展的现实需要相适应。

20世纪80年代以来，伴随政府职能转变及社会空间的逐步扩大，体育社会组织获得了一定的发展空间，不仅数量巨大，而且类型多样。作为扩大体育参与的重要组织形式，这些组织在公共体育服务的提供方面具有人才、组织、资金、技术优势，成为我国公共体育服务的重要供给主体。正因为如此，各级体育社会组织成为政府体育部门所倚重的主要组织，是政府购买公共体育服务的主要对象，也是各地着重培育和扶持的重要组织类型。

充分发挥体育社团的作用是完善全民健身体系、创新群众体育管理的必然诉求。体育社会组织建设问题、作用发挥问题是当前乃至可以预见的很长一段时期内我国体育事业发展中最亟须关注的重点。

在计划经济时期，我国单纯依靠政府推动群众体育工作的开展，没有建立起健全的、发达的体育社会组织体系。《全民健身计划纲要》实施以来，

---

① 梁璇：《体育类社会组织或能降低登记门槛》，《中国青年报》2014年1月19日，第4版。

以场地设施建设、组织建设、活动开展为基本内涵的"三边工程"建设是各级体育部门开展群众体育工作的着力点。但反观过去的"三边工程"建设工作,各地投入大量的财力、物力和人力用于加强场地设施建设,组织开展大、中、小型群众性体育活动,而恰恰忽略了体育社会组织建设这一重要元素。因而在群众文化生活、体育健身需求日益多元化发展的今天,体育部门的群众体育工作繁重而复杂,管、办不分的弊端至今难以解决。

20世纪80年代以来,我国一直提倡体育社会化,反复强调体育管理创新,而其核心就是要提升社会力量在体育事业中自我发展、自我管理能力,即自组织能力。但三十余年来,政府职能转移往往还是限于体制内,政府体育部门的工作不断加重。为什么会出现这种情况?其核心问题就是体育社会组织不健全、不发达,社会组织自我治理、自我管理的能力较差。所以创新体育管理体制,形成良性运行机制,形成"小政府、大社会"的格局,就必须培育好、发展好各种类型的体育社会组织。

与此同时,我国各地群众体育正处于蓬勃发展的最好历史时期,需要政府、体育社会组织共同发挥各自的积极作用,缺一不可。在实践中,我们也发现群众对体育社会组织提供的服务有巨大的需求,这就要求我们有供给并且有充分的供给。

（二）研究的目的与意义

从北京市体育社会组织建设情况看,近年来,北京市将加强群众体育组织网络建设作为深化体育改革的主要内容,市级体育社团实体化工作稳步开展,区级体育社团建设工作逐步加强,在街道、乡（镇）层面,全市100%的街道、乡（镇）、社区和行政村建立了体育组织。初步形成了政府主导、社会兴办、充满生机与活力的群众体育工作运行机制。总体而言,目前北京市体育社会组织发展态势良好,体育社会组织在全民健身事业中发挥的作用越来越突出。但必须承认,各级各类体育社会组织在资源汲取、人才队伍建设等方面存在较大差异,相对数量不足、运作能力欠缺的问题一直阻碍着体育社会组织的发展。

2008年进行的第二次群众体育现状调查中，课题组曾经将北京市体育社会组织列入调查的对象，但调查是作为大问卷的一部分进行的。本次调查将各区体育社会组织的基本情况单独进行调查，调查内容得以进一步扩充和深化。2008年以来，特别是进入"十二五"时期，无论是在中央层面还是在市委、市政府层面，都出台了很多专门或涉及社会组织建设与管理的重要政策文件，即北京市各级体育社会组织发展面临着一个新的发展环境。宏观层面制度环境的改变需要中观、微观层面的积极响应，以便更好地为北京市社会建设，特别是北京市全民健身活动的开展提供坚实的组织支撑。

各区体育社会组织是北京市整个体育社会组织架构中的中间环节，是各区全民健身事业发展所依靠的重要组织力量。其发育程度及作用发挥程度对衡量北京市群众体育事业发展具有重要参考意义。为此，了解北京市各区体育社会组织当前的发展态势，关注其发展中存在的困难和问题，充分发挥其功能，既是体育管理部门工作的需要，也是进一步满足百姓健身需求的积极举措。

二　调查对象与研究方法

调查对象主要是区级的体育社会组织。需要说明的是，由于北京市区层面不存在体育基金会，所以本项目的调查对象为体育社团和体育类民办非企业单位两类组织。

项目主要采用问卷调查法和访谈法。访谈的对象主要是各区体育社会组织负责人，目的是从中获得其对体育社会组织的认知、组织发展环境的评价及组织面临的困难与问题。问卷调查采用随机抽样的方法，共发放问卷225份，其中有效问卷183份，有效率为81.3%，符合社会调查相关要求。

需要说明的是，依据各相关部门提供的数据，目前各区体育社团共有325个。但资料整理期间，课题组发现，各区体育社团的实际数量与相关部门提供的数据有较大出入。各区体育部门把一些二级协会纳入统计，从严格意义上讲，这些组织不属于区一级的体育社会组织。例如，北京市体育总会网站上公布的海淀区体育社会组织数量为 30 个，而实际登记注册的仅有 16 个，其他都以分会的形式存在。因此，课题组在数据处理中未将这些分会组织纳入统计范畴。

同时课题组也发现，一些体育社会组织不具有法人地位。例如，各区体育社会组织名录中均有老年人体育协会，但实际上只有三个登记注册，即北京市老年人体育协会、平谷区老年人体育协会和海淀区老年人体育协会。同时，各区体育社会组织名录中均有社会体育指导员协会，但实际只有北京市社会体育指导员协会，密云区、顺义区、朝阳区社会体育指导员协会登记注册。尽管这些组织不具有法人地位，但属于学理上的区级体育社会组织，因而这部分组织也属于抽样范围。

问卷回收过程中，通过补充调查和后期追访，回收问卷质量问题得以解决，同时通过实地调查和电话访谈课题组从中获得很多第一手的信息，能够反映出北京市各区体育社会组织的基本情况。

为了获得较为充分的理论支撑，本项目还采用了文献研究法。通过图书馆、上网查阅有关社会组织研究成果并进行梳理，根据本研究的需要，收集的资料包括：国家颁布的相关法律法规；民政部门、体育部门下发的有关文件及批示；已有的关于社会组织、体育社会组织的研究文献；关于体育社会组织的新闻报道、电子公告等。

三　结果与分析

（一）近年来北京市体育社会组织建设与改革的推进情况

进入 21 世纪，北京国际化体育中心城市建设理念的提出及体育各项事业的深入发展，既为体育社会组织发展提供了新的机遇，又提出了新的挑战。特别是"十二五"时期以来，北京市支持、鼓励各类社会组织建设，相关部门在体育社会组织管理体制机制方面积极探索，勇于实践，取得了明显成效。

1. 推动政府向体育社会组织转移职能

政府职能问题是一个古老而又极其重要的话题。现代管理理论普遍认为，任何一个现代政府都是有限政府，中国正在建设的服务型政府也不例外。服务型政府虽然将为公众、为社会服务作为自己的首要职能，但这并不表示它要包揽所有的公共服务。服务型政府是有所为、有所不为的政府，其有所不为是为了更好地有所为。而公共体育服务是一个复杂的系统工程，从组织到活动，从人员到设施，涉及具体事务的方方面面，现代政府的职能不可能也不允许深入这一系统的所有领域，政府职能必须是有限的，政府权力必须是分散的。政府在宏观或全局上的关键事务中承担更多的责任，微观的管理更多地交给体育社团等体育社会组织完成，越是接近基层方面的公共体育事务，越有可能让相关的组织来完成。

党的十八大提出要"加快形成政社分开、权责明确、依法自治的现代社会组织体制"，党的十八届二中全会进一步明确，要"改革社会组织管理制度，处理好政府和社会的关系"。这些都为社会组织突破困境、实现发展营造了良好的氛围，创造了难得的机会。2013年《国务院机构改革和职能转变方案》提出，要"加快形成政社分开、权责明确、依法自治的现代社会组织体制。逐步推进行业协会商会与行政机关脱钩，强化行业自律，使其真正成为提供服务、反映诉求、规范行为的主体"。北京市委、市政府办公厅下发了《关于加快推进社会组织改革与发展的意见》（京办发〔2008〕18号）。该《意见》提出，要加快政社分开步伐。全市各类社会组织要按照社会化、专业化的要求，逐步与主管行政部门在机构、人员、资产、财务等方面彻底分开，逐步实现自我管理、自主发展。同时提出，优化发展社团类社会组织，有序发展民办非企业单位和基金会，培育发展社区社会组织。《北京市"十二五"时期体育发展改革规划》提出：进一步转变政府职能，做好服务和管理。改变既当裁判员，又当运动员的状况，从制度上减少体育腐败的机会，树立阳光体育。继续扩大体育协会的自主权，使其成为真正独立的法人实体。逐步将行业标准的制定、行业准入的资格认定、体育从业人员的资格认定等职能交给体育行业协会。

2. 推进政府向社会组织购买公共服务

随着我国公共服务型政府建设，政府职能积极转变和体育社会组织蓬勃兴起，在我国各地都出现了政府购买体育社会组织服务的尝试与创新。政府购买体育社会组织服务对于我国的体育体制改革实践具有重要的启示意义，作为政府体育管理体制创新的手段，它有利于转变"公共体育服务应该由政府统包统揽"的旧观念，推动完善多元公共体育服务供给体系，满足社会不同层次的体育需求。

2010 年 8 月，市体育总会确定市跆拳道协会等 10 个协会作为第一批实体化试点单位，在市体育产业发展引导资金的扶持下，组建经营实体、创建品牌赛事、建立培训基地，探索出了多种社团实体化发展的途径。

在推进第一批体育社团实体化试点协会的基础上，2011 年，确定市桥牌、网球、台球、跆拳道、职工体育、钓鱼、拳击、龙舟、自行车、毽绳、水上运动、体育休闲等 12 个体育社团为第二批体育社团实体化工作试点协会，并拨付每个协会 20 万~50 万元实体化扶持引导资金。

第五届北京市体育大会扶持资金，37 个承办协会（41 个项目）扶持资金来源为体育彩票公益金，主要用于各协会承办体育大会中的场地、交通、误餐费等相关科目，合计 39 万元。

2014 年，根据《北京市使用市级社会建设专项资金购买社会组织服务项目实施指引》的相关精神，北京市登山运动协会组织实施的"加强和提高全民山地户外运动安全技能工程"、北京市水上运动协会组织实施的"公开水域（水上公园）游泳救生知识培训教育"项目、北京市篮球运动协会"北京市民篮球联赛"项目、北京市健美操体育舞蹈协会北京市民健身操舞推广活动项目等采取社会购买服务的形式。

3. 创建社会组织孵化机制

2008 年以来，北京市以"政社分开、管办分离"为改革方向，以体制创新来激发社会组织活力，出台了《北京市社会建设实施纲要》和《关于加快推进社会组织改革与发展的意见》，提出了构建社会组织"枢纽型"工作体系的工作思路。

2009年，北京市认定了第一批10家市级"枢纽型"社会组织。在此基础上，2010年12月，北京市社会建设工作领导小组下发了《关于认定第二批市级"枢纽型"社会组织的通知》。北京市体育总会作为成员之一，成为连接市级体育社会组织和政府的桥梁和纽带。

为加强和创新体育组织管理，全面推进社会建设，完善"枢纽型"体育组织工作机制，加强各区体育总会对本区域体育组织的服务和管理，充分发挥各区体育总会"枢纽型"体育组织作用，实现市区两级体育总会、体育协会、健身团队三级组织网络的协调发展，促进体育社团社会化、规范化、规模化、实体化发展，2013年，北京市体育局、北京市体育总会下发了《关于加强区县体育总会"枢纽型"体育组织建设的意见》，提出通过加强各区体育总会"枢纽型"组织建设工作，进一步完善服务和管理，健全体育社团制度，促进全民健身活动发展，提高社团工作水平，推动全民健身公共服务体系建设，使各区体育总会成为本地区体育组织的桥梁和纽带。

枢纽型社会组织是指通过健全的组织系统和有效的服务支持，加强统筹协调与纽带联系，实现同类型、同性质、同领域社会组织的孵化培育、协调指导、合作发展、自治自律、集约服务、党团管理的联合性社会组织。枢纽型社会组织也是一个转型时期的过渡形态，它是阶段性存在的，是伴随着社会生长规律产生的，为社会组织的成长发育服务。当社会组织发育成熟之时，现代社会组织体制形成之际，"枢纽"的使命也就完成了。

为推进社会组织服务管理创新，为初创期公益性社会组织提供服务，北京市社会组织孵化中心于2010年12月30日正式揭牌。北京市社会组织孵化中心由北京市社会建设工作办公室建立，内设社会组织孵化区、社会组织公益成果展示区、社会组织咨询服务区等，使用面积600平方米，委托专业机构进行日常服务和管理。主要服务内容是：对初创期的民间公益组织提供前期孵化、能力建设、发展指导等关键性支持，其中，"孵化"的主要方向和领域为社会需求度高、影响力大、品牌效果突出的公益性组织。

据了解，该孵化中心将采取多种方式，如举办培训辅导、专题讲座、秘书长论坛以及开展"一对一"帮扶等，为社会组织提供有针对性的能力建设支持；同时，政府相关管理部门通过这一平台，发布政府购买公共服务信息和相关政策，扩大资源供给渠道，为社会组织建设与发展提供实质性支持。

4. 制定和完善配套政策

近年来，民政部和有关部门从财政、税收、社会保障等方面出台了一系列扶持社会组织发展的配套政策。积极协调财政、国税、地税部门出台《公益性捐赠税前扣除资格认定工作实施办法》，其他一些省份也积极开展认定工作。

2008年，中共北京市委、市政府印发了《加强社会建设实施纲要》，提出构建社会组织管理体系。进一步创新社会组织管理体制，完善培育和扶持政策，优化发展环境，激发社会活力，使社会组织成为社会建设的重要力量。要高度重视和充分发挥社会组织在提供公共服务、反映利益诉求、扩大公众参与、增强社会活力、促进社会发展等方面的积极作用，要坚持培育扶持与依法管理并重，完善相关政策，采取有效措施，完善对社会组织的管理监督机制，营造良好的社会氛围，积极解决社会组织发展中的困难和问题，推动社会组织健康发展。

近年来，北京市逐步建立和推行社会组织专职人员编制体系，把市、区两级社会组织全部纳入编制管理。这意味着北京市7500多家社会组织的12万名专职工作人员，将拥有一套独立于公务员编制、事业编制、企业编制外的编制体系，从而结束"四大法人体系"中，社会组织没有独立编制的局面。

调查中，被访谈者普遍肯定体育社会组织在全民健身中的重要作用。数量巨大、类型多样的体育社会组织建设是完善全民健身体系、创新群众体育管理的必然诉求。作为扩大体育参与的重要组织形式，这些组织在体育公共服务提供方面具有人才、组织、资金、技术优势，因而成为各地政府体育部门所倚重的主要组织，成为政府购买体育公共服务的主要对象，也是各地着重培育和扶持的重要组织类型。调查对象也普遍认为，党的十八大提出要"加快形成政社分开、权责明确、依法自治的现代社会组织体制"，党的十八届二中全会进一步明确，要"改革社会组织管理制度，处理好政府和社会的关系"。这些都为社会组织发展营造了良好的氛围，创造了难得的机遇。

（二）北京市各区体育社会组织发展现状

从纵向层次看，北京市四级体育社会组织网络架构业已形成。目前全市共有市级体育协会 79 个（按照北京市体育总会官方网站公布的数据，目前北京市共有市级体育社团 84 个，但实为 79 个，其中北京市体育基金会、北京围棋基金会不属于社会团体类型）；区级体育社团的数量为 286 个（见附表 1）；早在 2008 年，北京市 100% 的街道、乡镇，100% 的社区和行政村就已建有体育组织，实现了体育组织全覆盖。在横向面上，形成了由单项体育协会、群众体育协会以及行业体育协会构成的多类型的体育社团组织。目前在各区民政部门登记注册的体育类民办非企业单位有 328 个（见附表 2）。98% 由体育部门主管，2% 由教育部门或其他部门主管。体育基金会有 4 个，即郑凤荣体育文化发展基金会（市民政局主管）、北京市国际高尔夫发展基金会（北京市归国华侨联合会主管）、北京市体育基金会、北京围棋基金会（北京市体育局主管）。

1. 各区体育社会组织的地域分布

在体育社会组织家族中，体育社团是发育最早的。随着民办事业大潮的兴起，体育民办非企业单位发展也呈现旺盛的活力，与体育社团一起成为当前体育社会组织中的两大主体。截至 2014 年底，北京市民办非企业单位总数有 6076 个，其中在各区民政部门登记的体育类民办非企业单位有 328 个，占全市民办非企业总数的 5.4%。图 1 反映了 2000～2014 年北京市体育类民办非企业单位发展趋势。

体育社会组织地理分布并不均衡（见图 2）。体育社会组织地理分布不

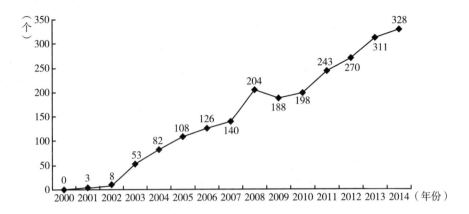

图1　北京市体育类民办非企业单位发展趋势

均是由各种因素交互影响所导致，除了与当地的市场经济发育程度和当前严格的注册门槛有关外，地方政府对民间机构进入社会体育事业领域的认识、主管部门对体育社会组织复查登记工作的重视程度也是影响地方体育社会组织发展的重要因素。

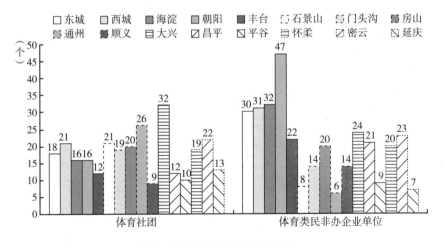

图2　两类组织的地域分布情况

2. 成立方式

新中国成立以来，鉴于国际体育交流的需要，我国自上而下成立了国家一级的各类体育社会组织,并以此为主线,组建了地方层面的体育社会组织,而这些组织是清一色的体育社团,学界称之为官方体育社团,即由政府组建,其工作人员被赋予相应的行政级别,组织运行具有显著的行政性特征。社会主义市场经济的建立与发展对体育事业各个层面产生极大的影响,原有体育社会组织的类型、机制等各方面已无法适应时代的需要。自20世纪90年代开始,不同类型的体育社会组织得以发展,体育类民办非企业单位这一组织类型在数量上突飞猛进。在成立方式上,也突破了政府体育部门组建形式的单一性,呈现出多样化的趋势。目前存在的北京市各区体育社会组织的成立方式见表1。从表1可以看出,在北京市,由政府有关部门发起成立的体育社会组织仅占36.3%,可见体育社会组织的核心属性——非政府性得以提升,反映出北京市政府职能转变进展显著,"社会办体育"的局面基本形成。

表1 北京市各区体育社会组织成立方式

单位:个,%

		数量	百分比	有效百分比	累计百分比
有效	企业发起	19	10.4	10.6	10.6
	政府有关部门发起	65	35.5	36.3	46.9
	企业与政府部门共同发起	20	10.9	11.2	58.1
	个人发起	65	35.5	36.3	94.4
	企业与个人共同发起	5	2.7	2.8	97.2
	其他	5	2.7	2.8	100.0
	合计	179	97.7	100.0	
缺失	系统	4	2.2		
合 计		183	100.0		

3. 编制情况

一般而言,编制是指组织机构的设置及其人员数量的定额和职务的分配,由财政拨款的编制数额由各级机构编制管理部门确定,各级组织人事部门根据编制调配人员,财政部门据此拨款。长期以来,我国主要存在行政编制和事业编制两种类型。① 早在1991年，中央组织部、民政部、人事部、财政部、劳动部就联合下发了《关于全国性的社会团体编制及其有关问题的暂行规定》，指出全国性的社会团体应本着精简原则，以自身活动需要和经费开支可能为依据，提出编制数额，报请民政部核定。本规定下发后，编制管理部门不再对社会团体核定行政和事业编制。原使用行政和事业编制的社会团体，应持原编制批件到民政部登记，并在一定期限内转为社团编制。

当然，上述《规定》的组织对象是全国性社会团体。对于地方层面的社会组织，并没有相关的政策法规要求。当前我国各地体育社会组织与政府脱钩并不彻底，北京市一些体育社团也有行政编制或事业编制，如体育总会这种类型的组织有的与区体育局群体科合署办公，有的是体育部门的事业单位。再例如一些残疾人体育协会也存在特殊性，其人员编制也是事业编制。北京市各区体育社会组织的编制情况见表2。

表2　北京市各区体育社会组织编制情况

单位：个，%

		样本数	百分比	有效百分比	累计百分比
有效	行政编制	5	2.7	2.8	2.8
	事业编制	31	16.9	17.6	20.4
	社团编制	89	48.6	50.6	71.0
	其他	51	27.9	29.0	100.0
	合计	176	96.1	100.0	
缺失	系统	7	3.8		
合　计		183	100.0		

4. 办公场所情况

办公场所是一个社会组织的窗口、形象，处于联系左右、协调各方的重

---

① 张丽、曾祥华：《浅析行政权对司法权的干预》，《山东行政学院学报》2011年第2期。

要地位。办公场所也是一个体育社会组织工作开展的基本平台。近年来，我国各地都在推进体育社团的实体化工作，而实体化的一个重要标准就是要具备固定的办公场所。鉴于我国体育社会组织发展尚处于初级阶段，各类体育社会组织规模、影响力有限，很多体育社会组织并没有自有的办公场所，由业务主管部门提供、租赁、临时借用办公场所的现象较为普遍。北京市各区体育社会组织的办公场所情况见表3。

表3　北京市各区体育社会组织办公场所情况

单位：个，%

		样本数	百分比	有效百分比	累计百分比
有效	由业务主管部门提供	59	32.2	32.4	32.4
	办公场所设在负责人或成员家里	13	7.1	7.1	39.5
	自有产权的专用办公室	11	6.0	6.0	45.5
	由会员提供	3	1.6	1.6	47.1
	租赁的专用办公室	25	13.7	13.7	60.8
	临时借用	55	30.1	30.2	91.0
	其他	16	8.7	9	100.0
	合　计	182	99.4	100.0	
缺失	系统	1	0.5		
	合　计	183	100.0		

5.经费情况

资金是一个组织的生命线。体育社会组织要发展壮大需要足够的经费支持。一般而言，社会组织的经费来源于多个层面，包括政府财政支持、社会赞助、会费、经营性（服务）收入等。目前北京市各区体育社会组织的经费来源渠道见表4。北京市各区体育社会组织的经费来源比较单一，主要是政府补贴（65.0%）、活动开展时的企业赞助（63.9%）以及会费收入（66.1%）。相关研究表明，当前中国社会公众的慈善精神不足和一些公益组织面临信任危机导致社会捐赠比较少，而且捐赠主要集中在少数基金会，其他类型的社会组织获得捐赠的机会少，从本次调查的结果也可以看出这一点。

表4　北京市各区体育社会组织经费来源渠道（多选）

单位：%

来源	会费收入	政府补贴	企业赞助	政府购买服务	社会捐款	经营收入	其他
百分比	66.1	65.0	63.9	27.9	11.6	10.6	53.0

与当前国内其他社会组织一样，体育社会组织的生存与发展都有赖于充足的资金，但资金缺乏是目前体育社会组织发展面临的普遍障碍。调研情况表明，收入能完全满足组织日常经费开支的仅占12.5%，有43.8%的区体育社会组织收入难以满足日常开支（见表5）。从体育社会组织一年的主要经费支出看，活动支出73.2%，培训支出为46.3%（见表6）。

表5　北京市各区体育社会组织收入满足日常开支情况

单位：个，%

		样本数	百分比	有效百分比
有效	完全能满足	22	12.0	12.5
	基本能满足	77	42.1	43.8
	不能满足	77	42.1	43.8
	合计	176	96.2	100.0
缺失	系统	7	3.8	
合　计		183	100.0	

表6　北京市各区体育社会组织经费经费开支（多选）

单位：%

开支	活动经费	培训费用	办公费用	人工费用	物业费用	接待费用	其他
百分比	73.2	46.3	37.8	35.0	19.1	13.6	33.0

此外，理论上而言，经营性收入应该在一个社会组织收入中占据一定的比例，它是一个社会组织服务供给能力、市场运作能力或者说是一个社会组织成熟度的重要体现。设立经营性实体，为公众提供体育产品、技能培训是体育社会组织经营性收入的一个重要来源。但访谈中发现，一些体育社会组

织负责人认为，社会组织既然是非营利性的就不能开展经营性活动。其实，和企业一样，在市场经济条件下的社会组织也是一定的经营主体，可以开展相应的服务，获得经营性收入。但与企业的经营对象不同的是，社会组织的经营对象是一定形式的公益资产。同时，由于当前体育社会组织提供服务的能力还较弱，专业人才缺乏，市场化经营的意识不够，只有9.6%的区体育社会组织建立了自己的经营实体（见表7）。

表7　北京市各区体育社会组织建立经营实体情况

单位：个，%

		样本数	百分比	有效百分比	累计百分比
有效	没有	161	88.0	90.4	90.4
	有	17	9.3	9.6	100.0
	合计	178	97.3	100.0	
缺失	系统	5	2.7		
合　计		183	100.0		

6. 政府支持与合作

（1）与政府关系的自我评价

对于社会组织来说，其生存和发展必须同时赢得两种合法性，一种是来自政府的承认和信任，即官方合法性；另一种是来自社会的承认和信任，即社会合法性。[①] 因为当前政府掌握大量的资源，体育社会组织在合法性身份的争取、资金和人力等社会资源的动员等方面都必须采取行之有效的策略，以合理性的活动赢得政府的支持与合作。在各地的实践中，政府部门可能会对这些组织在财政上给予一定的补贴，也会在提供场地设施、协调体育社会组织与媒体、单位关系等方面给予一定的支持。调研结果反映，北京市各区体育社团与所在区的政府的关系密切，73.6%的体育社团认为与政府关系"非常密切"，回答"联系不多"的仅有5.5%（见表8）。除了上述方面，

---

① 康晓光：《创造希望——中国青少年基金会研究》，广西师范大学出版社、漓江出版社，1997，第635页。

与政府关系比较密切的原因还在于一些体育社会组织本来就由政府体育部门组建或由体育部门相关科室转化而来，因而在其运行过程中与政府存在着与生俱来的联系。

表8　北京市各区体育社团与政府关系情况

单位：个，%

		样本数	百分比	有效百分比	累计百分比
有效	关系非常密切	134	73.2	73.6	73.6
	关系一般	35	19.1	19.2	92.8
	联系不多	10	5.5	5.5	98.3
	不好说	3	1.6	1.7	100.0
	合计	182	99.4	100.0	
缺失	系统	1	0.5		
合　计		183	100.0		

（2）政府扶持的形式

近年来，鉴于体育社会组织在社会建设、社区建设以及在全民健身事业中具有的重要地位，也鉴于政府职能转移的迫切需要，各级政府都在以正式或非正式文件的形式要求、号召、鼓励相关部门加大体育社会组织建设，也在政策、资金、活动协调等方面提供不同程度的支持。从当前北京市各区体育社会组织所获得的政府扶持类型看，为组织活动提供一定的资金支持是最主要的方式（见图3）。遗憾的是，尽管近几年政府购买服务已成为社会各界的共识，但北京市仅有28.0%的区体育社会组织能够获得政府购买服务的资金。对于为何没有承接政府的购买服务，18.9%的区体育社会组织认为自己提供服务的能力有限，无力承接，39.3%的区体育社会组织认为政府购买服务的领域不在本组织的业务范围之内。值得注意的是，有41.8%的区体育社会组织选择了"其他原因"。访谈中一些体育社会组织负责人也反映，并不是组织自身能力的问题，当前政府购买服务的制度还不完善、不健全，购买行为中还存在"熟人"效应，存在购买"内部化"的行为。

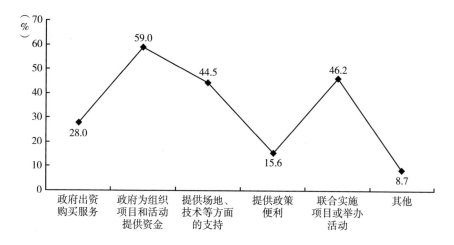

图3 北京市各区体育社会组织获得政府扶持方式

（3）最需要政府提供的支持

由于我国体育社会组织处于发展的初级阶段，以及民间资本对于公共活动的投入普遍不足，组织的自发筹款通常很难满足组织的日常开支。因此，目前体育社会组织都在不同程度上对政府有着依赖性，而其依赖性主要体现在政府对体育社会组织的经费支持上。从调研结果可以看出，希望政府能够提供财政支持和项目经费的北京市区体育社团占到83.3%，远远高于对政府的其他诉求。

同时，组织活动的开展必须借助一定数量和规模的专门场地设施，这是体育社会组织区别于其他社会组织的一个重要特征。由于各种原因，我国大中城市的体育场地设施均比较紧缺。与活动开展的需求相比，目前体育场地设施无论数量还是质量都存在很大的差距。[①] 因此，场地是限制和阻碍体育社会组织活动开展的重要原因。这也是体育社会组织希望政府提供支持的重要方面（见图4）。

7. 目前主要困难

当前，我国体育社会组织还处于发展的初级阶段，其在相对数量、汲取

---

① 汪流：《草根体育组织与政府关系向度研究》，《西安体育学院学报》2014 年第 1 期。

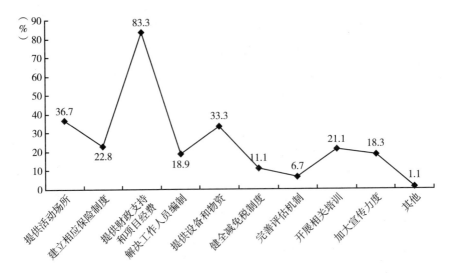

图4 北京市各区体育社会组织希望政府提供的支持

资源的能力（特别是向社会汲取资源的能力）、功能发挥上与现实需求还存在较大差距。北京市、区两级体育社会组织尽管在经济、文化、信息等方面具有其他区域的体育社会组织所不具备的地域优势，但由于各方面的原因，仍然难以摆脱一些普遍性问题的困扰。如经费、场地设施、专业人才缺乏等是被访谈者普遍提到的问题。同时，被访谈者还提出了对政府的依赖性较强、自主性不足、政府扶持力度不够等问题。从问卷调查的结果看，北京市各区体育社会组织生存状况并不容乐观，分别有19.4%和48.6%的组织认为目前组织的生存处于"很困难"和"较困难"的状态，仅有4.6%和12.0%的组织认为其生存状况"很好"和"较好"（见表9）。

体育社会组织承担着活动组织、技术技能培训、健身知识宣传等多项功能，要正常运行，需要一定的社会资源支持作保障。无论是处于孵化期、生长期还是发展期的体育社会组织，其资金和人才都是极其重要的资源。宽松的政策、充足的资金和专业的人才是社会组织得以维持和发展的基本动力。但是，受传统观念、社会政策、分配制度等因素的影响，体育社会组织面临着缺钱缺人缺政策等方面的诸多困难，这也是困扰我国各类社会组织的主要难题。此次调研的结果显示，74.9%的区体育社会组织将缺乏资金

表9 北京市各区体育社会组织生存状况的自我评价

单位：个，%

		数量	百分比	有效百分比	累计百分比
有效	很困难	34	18.6	19.4	19.4
	较困难	85	46.4	48.6	68.0
	一般	27	14.8	15.4	83.4
	较好	21	11.5	12.0	95.4
	很好	8	4.4	4.6	100.0
	合计	175	95.7	100.0	
缺失	系统	8	4.4		
合　计		183	100.0		

列为困难的第一位，而缺乏活动场所占44.1%。排在第3~5位的问题依次为政府支持力度不够（26.3%），工作人员专业能力不足（19.0%）和缺乏信息交流与培训机会（15.1%），见图5。

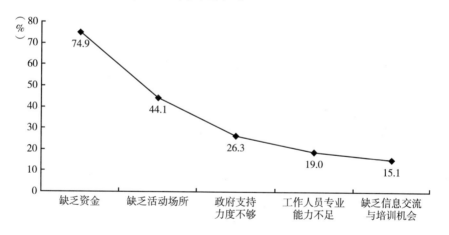

图5 北京市各区体育社会组织面临的主要困难

（三）北京市体育社会组织发展特征

1. 自主性与依赖性并存

自主性是社会组织本应具备的本质特征之一，即组织根据自己的目标、需要采用灵活多样的方式获取资源，为社会民众或自己的成员提供各类服务，而不受政府的干预。20 世纪 80 年代以来，我国的体育社会组织，特别是地方层面的体育社会组织在其运行过程中已经呈现出一定的自主性特征。各种体育社会组织根据自身的实际情况，独立开展比赛、培训及组织各类群体活动，政府在政策上予以支持，用购买服务的方式在经费上给予扶持。

但也应当看到，"由于当代中国公民社会脱胎于一个高度政治化的社会，其发育与成长受到政府政策的扶持，其存在与发挥作用往往要借助政府的权力与权威，这又内在地决定了社会组织对政治国家的相当程度的依赖性"。① 北京市区级体育社会组织多由区体育部门发起组建，按照体育部门的说法，这些体育社会组织是其所属的组织，与体育部门有着千丝万缕的联系。从上述体育社会组织对其与政府关系的自我评价及其他方面都可以看出，体育社会组织对政府存在较强的依赖性，主要体现在资金、场地设施以及政策支持等方面。不仅如此，一些通过获取自上而下的党政资源建立和发展起来的体育社会组织，在思想观念、组织结构、活动方式和管理体制上，也严重依赖政府，甚至有的体育社会组织作为政府的附属机构发挥作用。

2. 自发性与人为性并存

人类社会的发展史表明，由市场经济的发展而引发的国家与社会的二元性分化是社会发展总过程中一个不可逾越的阶段，正是这种分离提供了社会组织发展所必需的自主社会资源和自由活动空间，这就是当代中国社会组织产生的自发性，它不以人们的主观意志为转移，它是社会发展客观历史进程的反映。

尽管如此，中国社会组织与西方国家的非营利组织相比，还处于形成的初期，还很不成熟，社会组织的自主性、志愿性、非政府性等特征还不明显。不可否认，当代中国社会组织的发育和成长同时又是政治国家自觉扶持的结果，从而表现出很强的人为性。比如 2012 年 2 月，北京市体育总会下发了《〈关于进一步建立健全区县级体育社团组织〉的通知》，要求各相关单位进一步排查本区内单项体育协会情况，同时要求健全和完善区级老年人体育协会组织建设，建立健全区级登山协会组织。因为中国社会组织不仅是市场经济所催生的，而且

---

① 蔡拓：《市场经济与市民社会》，《天津社会科学》1997 年第 3 期。

在很大程度上取决于政府让渡的空间。很多社会组织是由政府创办的，受政府的主导和控制，缺乏应有的独立性、志愿性和非政府性，从而表现出人为性。北京市体育社会组织的基本情况正是这一现象的反映。

3. 民间性与官方性并存

所谓民间性主要是指社会组织的非政府性，其组织形式与运作方式是非官方化的。社会组织之所以又被称为民间组织，恐怕正与其保持着这种区别于官方性的民间色彩有关。当前，那些游离于现行行政体制之外，无单位或部门归属的各式各样的学会、协会、俱乐部等都在一定程度上反映着社会组织的民间性。

但是必须承认，"大政府、小社会"的现实决定了体育社会组织具有一定的官方色彩，由国家给予正式的编制，并且通常承担一定的行政管理职能。从其性质和职能来看，它们更像是政府组织，而不是非政府组织。民间性与官方性并存的特点集中体现在体育社团组织上，大多数体育社团虽然在形式上存在于现行行政体制外，开展满足各社团成员需要的活动，但在实质上与官方有难以割舍的情结和联系。

四　结论与建议

（一）结论

（1）近年来北京市一系列关于社会组织建设的政策法规表明，体育社会组织在社会建设、全民健身中的作用日益受到重视，其建设开始由重视数量向重视质量的方向发展。

（2）北京市体育社会组织管理层面存在一些问题，如信息错误、遗漏等问题。这与管理部门工作人员对体育社会组织概念、分类等方面的认识有关，需要加强相关基础理论培训。

（3）从成立方式看，目前北京市各区体育社会组织中由企业发起、企业与政府联合发起以及有影响力的社会人士单独发起的占据一定比例，打破了政府组建体育社会组织的单一局面，从一定程度上反映出北京市体育社会化取得较好的进展。

（4）北京市体育社会组织总体上发展缓慢、数量不足。北京市人口基数大，人均占有率较低。北京经常参加体育锻炼的人数居于全国前列，尽管健身团队数量较多，但缺少上位组织的支持，各区组织建设的力度尚需加强。

（5）北京市各区体育社会组织的经费来源比较单一，主要是政府补贴、活动开展时的企业赞助以及会费收入，而经营性收入比例较小，表明体育社会组织市场化运作的能力不足，自我造血的能力需要加强。

（6）各区体育社会组织面临困难较多，普遍处于生存困难的境地，其主要面临的困难是资金不足、场地设施缺乏和政府支持力度不够。前两者是地方体育社会组织所存在的共性问题，而政府支持力度不够具有较强的人为性和主观性，需要采取措施加以弥补。

7. 北京市各区体育社会组织具有自主性与依赖性并存、自发性与人为性并存、民间性与官方性并存的发展特征，这与当前中国公民社会发育程度有关。当然，这些特征也不是北京市各区体育社会组织所独有的，这也是中国体育社会组织发展中的共有特征。

（二）建议

1. 体育社会组织要加强自身能力建设

（1）增强市场开发的能力。

（2）加强向社会争取资源的能力。

（3）开展品牌活动，扩大社会影响力。

2. 体育总会应发挥其应有作用，做好服务工作，而不是管理工作

（1）做好"枢纽"组织，充分发挥规范、协调、培育和引导作用。

（2）做好"联合"组织，服务于会员的需要。

3. 政府应切实做好培育与扶持工作

（1）着力解决体制和政策环境问题。从法制、体制、机制、税收、人力等方面设计全方位、配套化的整体改革方案。

（2）切实贯彻落实市政府、市体育部门关于社会组织、体育社会组织建设的政策法规，保障体育社会组织应享有的权利。

（3）着力加强体育社会组织能力建设。通过培训辅导、专题讲座、秘书长论坛等形式提升组织的市场化运作能力。

（4）着力调动体育社会组织积极性。通过重点扶持、项目引导、购买服务等方式予以支持。

（5）加强相关管理部门人员的学习培训。

参考文献

李晓壮：《北京市社会组织的发展研究》，《北京社会科学》2011 年第 3 期。

许斌：《北京市社会组织的管理状况调查与分析》，《社团管理研究》2010 年第 12 期。

汪流、李捷：《北京市社会组织发展研究》，《北京社会科学》2010 年第 4 期。

附表 1　各区体育社团名录

区	名　　　　录	数量
东城	东城区体育总会、东城区信鸽协会、东城区篮球协会、东城区足球协会、东城区网球协会、东城区门球协会、东城区保龄球协会、东城区老年人体育协会、东城区田径协会、东城区乒乓球协会、东城区羽毛球协会、东城区游泳协会、东城区健身操舞协会、东城区残疾人体育协会、东城区景山地区单位体协、东城区汇通武术社、东城区黄化门社区全民健身协会、东城区体育产业协会	18
西城	西城区体育总会、西城区田径协会、西城区足球协会、西城区门球协会、西城区乒乓球协会、西城区游泳协会、西城区棋类协会、西城区跆拳道协会、西城区武术协会、西城区网球协会、西城区无线电协会、西城区航模协会、西城区信鸽协会、西城区羽毛球协会、西城区钓鱼协会、西城区体操协会、西城区排球协会、西城区棒垒球协会、西城区残疾人体育协会、西城区健身操舞协会、西城区篮球协会	21

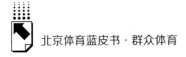
续表

区	名　　　录	数量
海淀	海淀区体育总会、海淀区老年人体育协会、海淀区老年人门球协会、海淀区体育舞蹈协会、海淀区围棋协会、海淀区直属机关体育协会、海淀区钓鱼协会、海淀区国际跆拳道协会、海淀区体育场馆协会、海淀区健美协会、海淀区定向运动协会、北京市海淀区击剑协会、北京市海淀区清河地区文体协会、北京市海淀区高科技工作者体育协会、海淀航天文体联合会、海淀区职工文化体育协会	16
朝阳	朝阳区体育总会、朝阳区信鸽协会、朝阳区网球协会、朝阳区棋牌协会、朝阳区门球协会、朝阳区武术协会、朝阳区水上救生协会、朝阳区乒乓球协会、朝阳区钓鱼协会、朝阳区健美操协会、朝阳区羽毛球协会、朝阳区长跑协会、朝阳区老年人体育协会、朝阳区残疾人体育协会、朝阳区民族传统体育协会、朝阳区体育经营交流协会	16
丰台	丰台区体育总会、丰台区门球协会、丰台区武术协会、丰台区围棋协会、丰台区桥牌协会、丰台区信鸽协会、丰台区游泳协会、丰台区足球协会、丰台区跆拳道协会、丰台区羽毛球协会、丰台区田径协会、丰台区棒垒球协会	12
石景山	石景山区体育总会、石景山区老年体协、石景山区信鸽协会、石景山区风筝协会、石景山区羽毛球协会、石景山区钓鱼协会、石景山区棋类协会、石景山区门球协会、石景山区机关体育协会、石景山区职工体育协会、石景山区足球协会、石景山区乒乓球协会、石景山区篮球协会、石景山区武术协会、石景山区桥牌协会、石景山区田径协会、石景山区残疾人体育协会、石景山区网球协会、健身气功协会、石景山区体育志愿者协会、石景山区社会体育指导员协会	21
门头沟	门头沟区体育总会、门头沟区篮球协会、门头沟区足球协会、门头沟区羽毛球协会、门头沟区信鸽协会、门头沟区门球协会、门头沟区田径协会、门头沟区保龄球协会、门头沟区乒乓球协会、门头沟区武术协会、门头沟区舞美协会、门头沟区钓鱼协会、门头沟区象棋协会、门头沟区定向越野协会、门头沟区农民体育协会、门头沟区老年人体育协会、门头沟区前卫体育协会、门头沟区林业体育协会、门头沟区残疾人体育协会	19
房山	房山区体育总会、房山区武术协会、房山区篮球协会、房山区棋类协会、房山区门球协会、房山区跆拳道协会、房山区足球协会、房山区体育舞蹈协会、房山区乒乓球协会、房山区保龄球协会、房山区轮滑协会、房山区台球协会、房山区信鸽协会、房山区户外运动协会、房山区农民体育协会、房山区健美操协会、房山区羽毛球协会、房山区残疾人体育协会、房山区射击协会、房山区水上救生协会	20
通州	通州区体育总会、通州区乒乓球协会、通州区羽毛球协会、通州区足球协会、通州区网球协会、通州区台球协会、通州区武术协会、通州区自行车协会、通州区摔跤协会、通州区风筝协会、通州区信鸽协会、通州区棋类协会、通州区田径协会、通州区篮球协会、通州区游泳协会、通州区门球协会、通州区散打协会、通州区汽摩协会、通州区钓鱼协会、通州区空竹协会、通州区机关体育协会、通州区职工体育协会、通州区老年人体育协会、通州区民族体育协会、通州区农民体育协会、通州区钟声体育协会	26

区	名　　　录	数量
顺义	顺义区体育总会、顺义区门球协会、顺义区篮球协会、顺义区乒乓球协会、顺义区羽毛球协会、顺义区棋类协会、顺义区大兴武术社、顺义区卧龙武术社、顺义区农民体育协会	9
大兴	大兴区体育总会、大兴区长跑协会、大兴区武术协会、大兴区健身气功协会、大兴区健身秧歌协会、大兴区健身麻将协会、大兴区钓鱼协会、大兴区门球协会、大兴区网球协会、大兴区象棋协会、大兴区围棋协会、大兴区信鸽协会、大兴区健身操协会、大兴区篮球协会、大兴区乒乓球协会、大兴区羽毛球协会、大兴区保龄球协会、大兴区拔河协会、大兴区足球协会、大兴区游泳协会、大兴区风筝协会、大兴区空竹协会、大兴区高尔夫协会、大兴区体育舞蹈协会、大兴区桥牌协会、大兴区摔跤协会、大兴区台球协会、大兴区前卫体育协会、大兴区农民体育协会、大兴区老年人体育协会、大兴区职工体育协会、大兴区民族体育协会	32
昌平	昌平区体育总会协会、昌平区篮球协会、昌平区乒乓球协会、昌平区羽毛球协会、昌平区足球协会、昌平区武术协会、昌平区跆拳道协会、昌平区自行车协会、昌平区棋类协会、昌平区田径协会、昌平区信鸽协会、昌平区老年人台球协会	12
平谷	平谷区体育总会、平谷区足球协会、平谷区篮球协会、平谷区乒乓球协会、平谷区羽毛球协会、平谷区武术协会、平谷区信鸽协会、平谷区台球协会、平谷区农民体育协会、平谷区老年人体育协会	10
怀柔	怀柔区体育总会、怀柔区农民体育协会、怀柔区职工体育协会、怀柔区中小学生体育协会、怀柔区老年人体育协会、怀柔区柔水健绳协会、怀柔区门球协会、怀柔区武术协会、怀柔区博弈棋牌俱乐部、怀柔区腾飞棋牌俱乐部、怀柔区残疾人体育协会、怀柔区网球协会、怀柔区月波钓鱼协会、怀柔区信鸽协会、怀柔区体育舞蹈协会、怀柔区篮球协会、怀柔区乒乓球协会、怀柔区田径协会、怀柔区圣泉山登山协会	19
密云	密云区体育总会、密云区篮球协会、密云区乒乓球协会、密云区羽毛球协会、密云区网球协会、密云区登山协会、密云区游泳协会、密云区武术协会、密云区信鸽协会、密云区水上救生协会、密云区秧歌协会、密云区健美操协会、密云区门球协会、密云区钓鱼协会、密云区跆拳道协会、密云区象棋协会、密云区围棋协会、密云区国际象棋协会、密云区农民体育协会、密云区民族传统体育协会、密云区老年人体育协会、密云区残疾人体育协会	22
延庆	延庆区体育总会、延庆区乒乓球协会、延庆区桥牌协会、延庆区象棋协会、延庆区围棋协会、延庆区农民协会、延庆区老年人体育协会、延庆区武术协会、延庆区信鸽协会、延庆区自行车协会、延庆区登山协会、延庆区门球协会、延庆区钓鱼协会	13
合　计		286

附表2 各区体育类民办非企业单位名录

区	名　　录	数量
东城	北京市东城区安外三条小学恒安青少年体育俱乐部、北京市东城区府学胡同小学青少年体育俱乐部、北京市东城区和平里第三小学青少年体育俱乐部、北京市东城区和平青少年体育俱乐部、北京市第六十五中学青少年体育俱乐部、北京市东城区东中青少年体育俱乐部、北京市东城区五中青少年体育俱乐部、北京二十二中青少年体育俱乐部、北京市东城区灯市口小学火焰青少年体育俱乐部、北京市东城区景山学校青少年体育俱乐部、北京市东城区地坛小学青少年体育俱乐部、北京市东城区第一六六中学金百合青少年体育俱乐部、北京市东城区史家青少年体育俱乐部、北京市东城区一七一中学青少年体育俱乐部、北京二中青少年体育俱乐部、北京市东城区前门小学金童青少年体育俱乐部、北京市东城区之麻开门快乐健身俱乐部、北京市东城区阳光健客青少年减肥俱乐部、北京市东城区曙光青少年体育俱乐部、北京市东城区和九飞跃青少年俱乐部、北京市东城区培新青少年体育俱乐部、北京市东城区史分阳光青少年体育俱乐部、北京市第五十中学彩虹青少年体育俱乐部、北京市东城区和一闪电青少年体育俱乐部、北京市东城区新景小学青少年体育俱乐部、北京市第十一中学青少年俱乐部、北京市东城区一师附小青少年体育俱乐部、北京市第二中学亦庄学校青少年体育俱乐部、北京市东城区广渠门中学青少年体育俱乐部、北京市第五十中学分校射箭俱乐部	30
西城	北京市西城区第八中学青少年体育俱乐部、北京市西城区北京七中青少年体育俱乐部、北京市西城区实美青少年体育俱乐部、北京市西城区育星乒乓球俱乐部、北京市西城区棋院、北京市西城区一五九中青少年体育俱乐部、北京市西城区黄城根小学青少年排球俱乐部、北京市西城区体育时尚滑雪俱乐部、北京市西城区奋斗小学青少年体育俱乐部、北京市西城区第三十五中学青少年体育俱乐部、北京市西城区高水平青少年体育俱乐部、北京市西城区教苑青少年体育俱乐部、北京市西城区三十九中学体育健身俱乐部、北京市西城区西单小学东西鼎盛青少年棒球俱乐部、北京市西城区狄娜体育研究院、北京市西城区极跃青少年体育健身俱乐部、北京市第十五中学青少年体育俱乐部、北京市首铭青少年体育俱乐部、北京市西城区千禧园足球俱乐部、北京市西城区摇篮青少年体育俱乐部、北京市西城区先农坛青少年体育俱乐部、北京市西城区乒乓青少年体育俱乐部、北京市西城区先育篮球青少年体育俱乐部、北京市西城区钰元行青少年体育俱乐部、北京市西城区现代星月青少年体育俱乐部、北京市西城区育才青少年体育俱乐部、北京市西城区育星青少年体育俱乐部、北京市西城区羽飞青少年羽毛球俱乐部、北京市西城区半步桥青少年体育俱乐部、北京市西城区新月青少年体育俱乐部、北京市西城区兆悦田径俱乐部	31

续表

区	名　　录	数量
海淀	北京市海淀区蓝天青少年体育俱乐部、北京市海淀区六一青少年体育俱乐部、北京天立青少年体育俱乐部、北京万泉腾飞手球俱乐部、北大五四青少年体育俱乐部、北京市海淀区运动学校青少年体育俱乐部、北京市海淀区天健体育俱乐部、北京市海淀区力搏俱乐部、北京市海淀区世帝体育俱乐部、北京市海淀区翱翔体育俱乐部、北航附小青少年体育俱乐部、北京市海淀区泛英体育运动俱乐部、北京市海淀区宝山棋社、北京市海淀体育舞蹈俱乐部、北京市海淀区一二三体育俱乐部、北京市海淀区翠微飞翔阳光青少年体育俱乐部、北京市海淀区理工附中青少年体育俱乐部、北京市海淀区汇友网球俱乐部、北京市海淀区大众健身咨询服务中心、北京市海淀区世纪星青少年滑冰俱乐部、北京市海淀区金穗少年体育俱乐部、北京市海淀区七一海娃青少年体育俱乐部、北京市海淀区钢院附中筑梦体育俱乐部、北京市海淀区人大附小阳光体育俱乐部、北京市海淀区北航附中青少年体育俱乐部、北京市海淀区盎辰适应体育培训中心、北京市海淀区翱翔足球俱乐部、北京市海淀区灵动京鹰青少年棒垒球俱乐部、北京市海淀区星东方棋苑体育俱乐部、北京市海淀区派胜阳光青少年体育俱乐部、北京市海淀区京舞馆青少年体育俱乐部、北京市海淀区赫华瑞驰健身休闲俱乐部	32
朝阳	北京市朝阳区聚英青少年体育俱乐部、北京市朝阳区金色青少年体育俱乐部、北京朝阳区育英武术培训学校、北京市朝阳区蓓蕾青少年体育俱乐部、北京市朝阳区芳草地小学青少年体育俱乐部、北京市朝阳区陈经纶青少年体育俱乐部、北京市朝阳区娇奥青少年体育俱乐部、北京市朝阳区力腾青少年体育俱乐部、北京市朝阳区金梦运动员俱乐部、北京市朝阳区青少年棋院、北京市朝阳区新源青少年体育俱乐部、北京市朝阳区阳光青少年体育俱乐部、北京市朝阳区视野青少年体育俱乐部、北京市朝阳区杨柳青少年体育俱乐部、北京市朝阳区家园青少年体育俱乐部、北京市朝阳区劲腾青少年体育俱乐部、北京市朝阳区博艺青少年体育俱乐部、北京市朝阳区童梦青少年体育俱乐部、北京市朝阳区神龙青少年体育俱乐部、北京市朝阳区经纶青少年体育俱乐部、北京市朝阳区博艺青少年体育俱乐部、北京市朝阳区润丰青少年体育俱乐部、北京市朝阳区云鹤青少年体育俱乐部、北京市朝阳区飞翔青少年体育俱乐部、北京市朝阳区水之韵青少年体育俱乐部、北京市朝阳区磐石青少年体育俱乐部、北京市朝阳区嘉美青少年体育俱乐部、北京市朝阳区畅想青少年体育俱乐部、北京市朝阳区瑞动青少年体育俱乐部、北京市朝阳区勇健青少年体育俱乐部、北京市朝阳区黄鹤青少年体育俱乐部、北京市朝阳区广龙青少年体育俱乐部、北京市朝阳区五色花青少年体育俱乐部、北京市朝阳区悦翔青少年体育俱乐部、北京市朝阳区春之秋华青少年体育俱乐部、北京市朝阳区快乐成长青少年体育俱乐部、北京市朝阳区尚武青少年体育俱乐部、北京市朝阳区国门青少年体育俱乐部、北京市朝阳区兴隆青少年体育俱乐部、北京市朝阳区快乐成长青少年体育俱乐部、北京市朝阳区铠力青少年体育俱乐部、北京市朝阳区酷动青少年体育俱乐部、北京市朝阳区绿帆青少年体育俱乐部、北京市朝阳区秋实青少年体育俱乐部、北京市朝阳区望实青少年体育俱乐部、北京市朝阳区飞扬青少年体育俱乐部、北京市朝阳区星辰青少年体育俱乐部	47

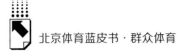
续表

区	名　　　录	数量
丰台	北京市丰台区健之缘盛体育俱乐部、北京市丰台区悟之道体育俱乐部、北京市丰台区健之缘盛云帆青少年体育俱乐部、北京市丰台区腾辉青少年体育俱乐部、北京市丰台区威望青少年体育俱乐部、北京市丰台区天健体育俱乐部、北京市丰台区体之乐青少年体育俱乐部、北京市丰台区丽泽青少年体育俱乐部、北京市丰台区新星青少年体育俱乐部、北京市丰台区韦弦国际青少年运动学校、北京市丰台区历远云乐单赐镜武术俱乐部、北京市丰台区新绿青少年体育俱乐部、北京市丰台区大成学校健翔青少年体育俱乐部、北京市丰台区卓远青少年体育俱乐部、北京市丰台区青少年棒垒球俱乐部、北京市丰台区光彩青少年棋类俱乐部、北京市丰台区健翔青少年体育俱乐部、北京市丰台区汇鑫青少年体育俱乐部、北京市丰台区悍博青少年体育俱乐部、北京市丰台区校青少年体育俱乐部、北京市丰台区英才青少年体育俱乐部、北京市丰台区木樨园青少年体育俱乐部	22
石景山	北京市石景山区嘉安卡丁车青少年体育俱乐部、北京市石景山区元速青少年体育俱乐部、北京市石景山区未来之星青少年体育俱乐部、北京市石景山区徐媛媛国际象棋俱乐部、北京市石景山区祥和青少年体育俱乐部、北京市石景山区七彩阳光青少年体育俱乐部、北京市石景山区棋院、北京市石景山区铁人轮滑俱乐部	8
门头沟	北京市门头沟区巨擘文化体育俱乐部、北京市门头沟区华悦乒乓球俱乐部、北京市门头沟区诚友篮球俱乐部、北京市门头沟区梦飞翔篮球俱乐部、北京第二实验小学永定分校青少年体育俱乐部、北京市门头沟棋院、北京市门头沟区奥健健身青少年体育俱乐部、北京市门头沟区祝久篮球俱乐部、北京市门头沟区大本营登山俱乐部、北京市大峪中学青少年体育俱乐部、北京市门头沟区赤焱棋社、北京市门头沟区筑福体育俱乐部、北京市门头沟区新桥路中学青少年体育俱乐部、北京市门头沟区青少年搏击俱乐部	14
房山	北京市房山区韩村河中学体育俱乐部、北京市房山区京房棋类运动培训中心、北京市房山区健美青少年体育俱乐部、北京市房山区长远青少年体育俱乐部、北京市房山区西潞青少年体育俱乐部、北京市房山区健翔青少年体育俱乐部、北京市房山区山鹰青少年体育俱乐部、北京市房山区翔宇青少年体育俱乐部、北京市房山区绿洲青少年体育俱乐部、北京市房山区龙腾青少年体育俱乐部、北京市房山区阳光青少年体育俱乐部、北京市房山区京南棋院、北京市房山区周口店青少年体育俱乐部、北京市房山区康健青少年体育俱乐部、北京市房山区碧洲青少年乒乓球俱乐部、北京市房山大宁高尔夫培训中心、北京市房山中学青少年体育俱乐部、房山棋院、北京市房山区博奥青少年体育俱乐部、北京市房山区博艺武术培训中心	20

区	名　　　录	数量
通州	北京市通州区北京小学通州分校青少年体育俱乐部、北京市通州区史家青少年体育俱乐部、北京市通州区运之源青少年体育俱乐部、北京市通州区时代青少年体育俱乐部、北京市通州区新华青少年体育俱乐部、北京市通州区潞河青少年体育俱乐部	6
顺义	北京市顺义区海浪钓鱼俱乐部、北京市顺义区杨镇芦荡青少年体育俱乐部、北京市顺义区大自然太极拳指导中心、北京市顺义区聚天篮球俱乐部、北京市顺义区乔波青少年体育俱乐部、北京市顺义区牛栏山一中百川青少年体育俱乐部、北京市顺义区天宝钓鱼俱乐部、北京市顺义区顺星乒乓球俱乐部、北京市顺义燕飞乒乓球俱乐部、北京市顺义区京义跆拳道培训中心、北京市顺义区杨镇青少年体育俱乐部、北京市顺义区体校青少年体育俱乐部、北京市顺义区田篮青少年体育俱乐部、北京影视武术培训中心	14
大兴	北京市大兴区魏善庄青少年体育俱乐部、北京市大兴区博雅体育运动培训中心、北京市大兴区问羽青少年体育俱乐部、北京市大兴区博弈击剑培训中心、北京市大兴区奥胜体育运动培训中心、北京市大兴区棋院、北京市大兴区阳光体育俱乐部、北京市第二中学亦庄学校体育俱乐部、北京市大兴区中体科训青少年体育俱乐部、北京市大兴区新梦想青少年体育俱乐部、北京市大兴区尚体康和青少年体育俱乐部、北京市大兴区兴星雨青少年体育俱乐部、北京市大兴区安定青少年体育俱乐部、北京大兴贵仁武术院、北京大兴少林武术院、北京市国际舞蹈艺术学校、北京大兴韩园体育俱乐部、北京市大兴区时佳体育俱乐部、北京市大兴区金葆力体育健身俱乐部、北京市大兴区北体柏胜体育俱乐部、北京市大兴区乒乓球俱乐部、北京市大兴区达龙武院、北京市大兴区久盛国际象棋培训中心、北京市大兴区商贸飞腾俱乐部	24
昌平	北京市昌平区南联体育俱乐部、北京市昌平区谦友篮球俱乐部、北京市昌平区裕鑫隆祥棋牌竞技俱乐部、北京市昌平区启航青少年体育俱乐部、北京市昌平区少林禅武养生研究院、北京昌平三中鹏翔青少年体育俱乐部、北京昌平先锋青少年体育俱乐部、北京市昌平区龙御园健身俱乐部、北京市昌平区阳光龙娃娃青少年体育俱乐部、北京市昌平昌职梦想青少年体育俱乐部、北京昌平体校金色阳光青少年体育俱乐部、北京市昌平区回龙观中学腾飞青少年体育俱乐部、北京昌平五中梦舟阳光青少年体育俱乐部、北京市昌平区龙山武术院、北京昌平城关棋牌院、北京昌平城北远航青少年体育俱乐部、北京市昌平区巨星影视武术培训学校、北京昌平燕山棋院、北京昌平二中世纪超人青少年体育俱乐部、北京昌平一中超越无限青少年体育俱乐部、北京市锦水芙蓉柔道摔跤俱乐部	21

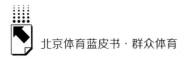
续表

区	名　　　录	数量
平谷	北京市平谷区绿谷青少年体育俱乐部、北京市平谷区东兴羽毛球俱乐部、北京市平谷区松涛青少年体育俱乐部、北京市平谷区和平兴旺乒乓球俱乐部、北京市平谷区青少年乒乓球俱乐部、北京市平谷区青少年弘博围棋俱乐部、平谷区体育运动学校青少年乒乓球俱乐部、北京市平谷区青少年精华武术俱乐部、北京市平谷区双诚武术俱乐部	9
怀柔	北京怀柔运动人骑行俱乐部、北京怀柔乐群棋牌活动中心、北京怀柔照博桥牌活动中心、北京怀柔四中青少年体育俱乐部、北京怀柔晨洋棋牌俱乐部、北京怀柔会友老年棋牌俱乐部、北京怀柔二中青少年体育俱乐部、北京怀柔仁和棋牌俱乐部、北京怀柔进利源棋牌俱乐部、北京怀柔晟华棋牌俱乐部、北京怀柔杨帆青少年体育俱乐部、北京怀柔一小体育俱乐部、北京怀柔阳光青少年体育俱乐部、北京怀柔利康棋牌俱乐部、北京怀柔慧欣康得棋牌俱乐部、北京怀柔春晖桥牌活动中心、北京怀柔腾飞棋牌俱乐部、北京怀柔武术培训学校、北京怀柔体校青少年俱乐部、北京怀柔育英青少年体育俱乐部	20
密云	北京市密云区百友汇乒乓球俱乐部、北京市密云第五中学青少年体育综合俱乐部、北京天元围棋俱乐部、北京市密云区新城子镇中心小学青少年体育综合俱乐部、北京市密云区云海乒乓球俱乐部、北京市密云区第三小学青少年体育综合俱乐部、北京市密云区职业学校青少年体育综合俱乐部、北京市密云区七彩空间羽毛球俱乐部、北京师范大学密云实验中学青少年体育俱乐部、密云区功夫足球培训中心、北京市密云区南菜园小学青少年体育综合俱乐部、首都师范大学附属密云中学青少年体育综合俱乐部、密云区新世纪跆拳道俱乐部、密云区鼓楼街道檀城俱乐部、密云云菁综合体育俱乐部、北京清雅棋类俱乐部、北京市密云区第四中学青少年体育俱乐部、北京市密云区菲迪匹斯田径俱乐部、北京市密云区永兴武术社、北京市密云区第二中学青少年体育俱乐部、北京市密云区檀州体育俱乐部、北京市密云区西田各庄青少年体育俱乐部、北京市密云区第二小学青少年体育综合俱乐部	23
延庆	北京市延庆区森庆达青少年体育俱乐部、北京市延庆区体育运动学校青少年体育俱乐部、北京市延庆区康庄中心小学青少年体育俱乐部、北京市延庆区第二小学青少年体育俱乐部、北京市延庆区第三小学青少年体育俱乐部、北京市延庆区第五中学青少年体育俱乐部、北京市延庆区第一中学青少年体育俱乐部	7
合　计		328

B.5
北京市街道（乡镇）体育
社会组织建设现状

李　捷*

摘　要：　通过问卷调查和个案研究等方法，本研究对北京市街道（乡镇）体育社会组织现状进行研究。结果表明：社区体育协会、单项体育运动协会、体育健身团队等，在北京市全民健身中发挥着重要作用。但存在缺乏场地设施和组织管理人员，管理松散、制度建设不健全等问题，影响体育社会组织稳定发展。北京市街道（乡镇）体育社会组织处于建设发展的初级阶段。

关键词：　北京市　体育社会组织　街道乡镇　群众体育

一　前言

随着 2008 年北京奥运会的成功举办，北京市大众体育进入一个新的发展阶段。大众健身活动日益普及，体育组织化程度大幅提高。2013 年，北京有市级体育社团 84 个，区级体育社团、俱乐部 334 个，覆盖 100% 的区，各级各类全民健身团队达到 6645 个，[①] 为构建全民健身服务体系发挥了重要的作用。基层体育社会组织能够满足群众的健身需求，丰富群众的业余生

---

* 李捷，博士，首都体育学院副教授，硕士研究生导师，首都体育学院社会体育研究中心主任，研究方向为体育人文社会学。

① 北京市体育局：《2013 年北京市体育工作总结》，www.bjsports.gov.cn/publish/main/116307/。

活，促进全民健身活动的开展，促进社会的和谐发展。为了完善全民健身组织网络，促进基层体育组织更好地发展，提高体育公共服务效率，有效激发民众的健身热情，本研究针对北京市街道（乡镇）层级的体育社会组织进行调查，掌握社区体育社会组织发展的基本情况，了解社区体育社会组织发展中遇到的困难和问题，为今后与北京市体育社会组织管理与服务相关的政策制定提供支撑和决策依据。

二　研究内容与研究方法

（一）研究内容

本研究的主要内容包括四个方面。第一，通过问卷调查，了解现有街道（乡镇）层级的体育社会组织发展和管理的基本情况；第二，通过实地观察和访谈，进行个案研究，总结基层体育社会组织发展的特点；第三，通过调查发现现阶段街道（乡镇）体育社会组织发展中遇到的困难；第四，提出今后的改进建议。

（二）研究方法

1. 文献资料法

运用现代信息科学技术手段，查阅体育社会组织相关研究成果，为本研究的调查和论证奠定基础。

2. 问卷调查法

运用德尔菲法确定街道（乡镇）体育社会组织基本情况调查问卷内容。本研究采用分层抽样的方法，在东城区等 16 个区中随机抽取 100 个街道（乡镇），在北京市体育局群体处和区体育局的配合下，对 100 个街道（乡镇）的管理者发放问卷进行调查。

3. 个案研究法

通过走访北太平庄街道，课题组进行实地观察和会议座谈，了解基层体育社会组织的发展情况及存在问题。北太平庄街道从 2012 年开始与首都体育学院正式建立了合作共建关系，在开展社会实践、科研课题、文化体育活动、推动"国民体质检测项目"等方面进行合作研究。北太平庄街道是一个高校社区与单位社区并存，具有文化资源丰富特点的街道。课题组通过对北太平庄街道体育社会组织进行个案分析，总结经验，深入挖掘基层体育社会组织存在的问题，为基层体育社会组织的发展提供改进依据。

4. 逻辑分析法

根据相关研究成果等文献资料，以及访谈和问卷调查的结果，课题组进行逻辑分析，提出发展基层体育社会组织的对策建议。

三　北京市街道（乡镇）体育社会组织现状

（一）现有本级体育社会组织的基本情况

街道（乡镇）层级的体育社会组织是我国最基层的民间组织，是群众体育发展的重要载体。近年来，随着国家建立健全公共服务体系战略的提出，体育部门也提出了与之相适应的公共体育服务构建战略。在构建多元化的体育服务体系过程中，基层社区各种类型的体育组织既是基层群众性体育活动的组织者与发动者，也是多元化体育服务的生产者与提供者。北京市基层社区体育组织在《全民健身计划纲要》颁布之后得到了蓬勃的发展，社区居民自发建立与行政主导建立的体育社会组织不断增加。通过问卷调查，被调查的 100 个街道（乡镇）中现有本级体育社会组织 436 个，街道（乡镇）体育社会组织的均值为 4.4 个（见表 1）。

问卷调查结果显示，街道（乡镇）现有体育社会组织名称不尽相同。主要是社区体育协会、全民健身协会、文体协会、社区老年人体育协会、乡镇农民体育协会、单项运动项目协会等。其中单项运动项目协会最多，其次是街道、乡镇体育协会，农民体育协会，社区体育协会，再次是全民健身协会，社区老年人体育协会，文体协会。

表1 街道（乡镇）现有本级体育社会组织（N=100）

单位：个，%

区	街道(乡镇)样本数	体育社会组织平均数	百分比
东 城	5	2.4	2.75
西 城	5	3.8	4.36
朝 阳	13	5.1	15.14
丰 台	6	7.8	10.78
石景山	3	2.7	1.83
海 淀	9	4.8	9.86
门头沟	4	3.5	3.21
房 山	9	6.4	13.3
大 兴	6	7.7	10.55
昌 平	5	6.8	7.8
顺 义	8	3.3	5.96
通 州	5	4.6	5.28
怀 柔	5	1.4	1.61
平 谷	5	1.7	2.29
密 云	6	2.2	2.98
延 庆	6	1.7	2.29
合 计	100	4.4	100

体育社会组织在街道（乡镇）备案情况的调查结果显示：在100个街道（乡镇）中，只有29个街道（乡镇）进行了备案，进行备案的街道（乡镇）不到1/3。没有备案的原因主要是街道（乡镇）所管辖的工作比较繁杂，负责体育工作的管理者缺乏，而且群众体育工作的管理者多是身兼数职。管理者对备案工作认识不足，重视不够。另外，一些基层社区的体育健身团队，组织条件比较差，活动时有时无，还没有形成稳定的组织。

体育健身团队是组织基层群众开展体育健身活动的重要形式，也成为政府管理和服务大众体育健身的重要抓手。但由于健身团队活动时间、地点相对不固定，分布不集中，发展不稳定，管理部门在准确掌握团队信息上仍然存在一定困难。本次调查结果显示，街道（乡镇）体育健身团队的均值是20.6个（见表2）。

表2　街道（乡镇）体育健身团队数量（N=100）

单位：个

区	街道（乡镇）样本数	体育健身团队平均数
东　城	5	18.8
西　城	5	15.8
朝　阳	13	20.2
丰　台	6	33.5
石景山	3	28.0
海　淀	9	30.7
门头沟	4	19.3
房　山	9	19.2
大　兴	6	37.0
昌　平	5	19.6
顺　义	8	17.3
通　州	5	26.6
怀　柔	5	11.6
平　谷	5	13.4
密　云	6	6.3
延　庆	6	10.0
总　计	100	20.6

研究表明，目前由于健身团队的活动项目和活动场地等方面的差异，健身团队规模不一。由于城区的活动场地较紧张，大多数的健身团队规模不大，其中20人以内及21~40人的团队所占比重最大。绝大部分健身团队只有一个固定的活动地点，拥有3个以上活动地点的健身团队数量极少。在健身团队活动地点的类型上，大多数健身团队主要在广场、社区空地上开展健身活动。还有小部分在社区居委会、村委会的室内或室外场地开展健身活动。多数团队在活动项目安排上以健身操舞为主，健身秧歌、太极拳、太极剑、气功也较为普及。此外近年来踢毽子、跳绳、健步走、跑步等活动的参与率也有所提高。从活动频率上来看，大多数健身团队每天能坚持开展活动。健身团队活动开展的时间集中在早上9点以前，晚上7点以后，在上午

和下午开展活动的健身团队数量较少。晚上开展最多的活动项目是健身操舞和健身秧歌。

（二）街道（乡镇）体育社会组织的管理扶持情况

基层体育社会组织无论是居民自发建立还是行政主导建立，都离不开街道（乡镇）体育工作者的宣传与扶持。发展体育社会组织也是街道（乡镇）作为政府派出机构的重要职责。但是，通过问卷调查发现，街道（乡镇）的专职体育管理者数量少，100个街道乡镇中只有104名专职管理者，兼职人员和外聘人员共有538人（见表3）。其中，没有专职体育工作人员的街道（乡镇）有35个，占调查样本的1/3。导致这种结果的原因，一方面是我国管理体制改革和精简机构，作为政府派出机构的街道（乡镇）办事处的人员编制有限，专职体育管理者少，需要兼职管理其他业务；另一方面，随着人们健身意识的提高，街道和社区大众健身活动开展得越来越频繁，比赛、表演等交流活动增加。为满足大众越来越多元化的体育健身需求，基层大众体育组织和管理工作增加，造成管理者数量不足。

表3　街道（乡镇）体育工作人员数量

单位：个，人

区	街道（乡镇）样本数	体育专职人员数量	体育兼职人员数量	体育外聘人员数量
东　城	5	6	18	1
西　城	5	11	19	26
朝　阳	13	13	61	20
丰　台	6	4	45	1
石景山	3	3	43	5
海　淀	9	10	78	4
门头沟	4	0	28	0
房　山	9	11	3	13
大　兴	6	4	27	1
昌　平	5	6	11	5
顺　义	8	2	10	2

区	街道(乡镇)样本数	体育专职人员数量	体育兼职人员数量	体育外聘人员数量
通 州	5	5	26	31
怀 柔	5	2	8	1
平 谷	5	9	11	15
密 云	6	6	6	0
延 庆	6	12	19	0
总　计	100	104	413	125

对体育社会组织的调查结果显示，街道（乡镇）管理者对体育社会组织重要性的认识基本一致，认为重要的占绝对多数（见表4、表5）。但是，有37%的管理者认为，目前体育社会组织发展的限制较多，制度环境有待进一步改善。

表4　关于体育社会组织在社区建设中的作用的认识

单位：人，%

重要程度	频数	百分比	重要程度	频数	百分比
一般	2	2.0	非常重要	65	65.0
重要	5	5.0	合计	100	100
比较重要	28	28.0			

表5　关于体育社会组织在全民健身中的作用的认识

单位：人，%

重要程度	频数	百分比	重要程度	频数	百分比
一般	3	3.0	非常重要	73	73
重要	4	4.0	合计	100	100
比较重要	20	20.0			

政策支持和管理是体育社会组织长期稳定发展的重要保障。调查结果显示，只有29%的街道（乡镇）有体育社会组织的扶持与管理政策，而71%的街道（乡镇）没有。现有扶持与管理政策主要包括以下几种类型：①健

身团队、健身活动、赛事等的奖励（办法）制度。②公益基金的使用说明、协会专项建设基金管理办法、文化经费审批制度等资金管理制度。③健身俱乐部会员入会制度等备案管理制度。④社区体育组织扶持管理办法、体育俱乐部的管理办法等组织管理制度。⑤志愿者管理制度。⑥文体活动考核实施细则等。

调查结果显示，在扶持体育社会组织发展中，有57个街道（乡镇）每年有从3000元到70万元金额不等的扶助资金，其中扶持金额每年在3000元到10万元之间的最多，占75.4%。而有43%的街道（乡镇）完全没有扶持资金。

根据街道（乡镇）体育社会组织扶持方式及其排序的调查结果，扶持方式排序为第一的如表6所示。资金支持（占91.2%）、提供办公场所（占65.7%）、提供固定活动场所（占41.1%）、提供培训机会（占31.8%）、提供优惠和支持政策（占27.6%）、协助体育社会组织进行活动宣传（占22.8%）。

表6　扶持体育社会组织的主要方式（多项选择）

单位：个，%

扶持方式	第一		第二		第三		第四		第五	
	数量	百分比	数量	百分比	数量	百分比	数量	百分比	数量	百分比
资金支持	52	91.2	2	3.5	1	1.8	1	1.18	1	1.8
提供办公场所	10	28.6	23	65.7	2	5.7	0	0	0	0
提供固定活动场所	22	30.1	30	41.1	21	28.8	0	0	0	0
提供优惠和支持政策	1	3.4	6	20.7	8	27.6	12	41.4	2	6.9
提供培训机会	7	10.6	16	24.2	21	31.8	13	19.7	9	13.9
协助体育社会组织进行活动宣传	1	1.8	8	14	15	26.3	13	22.8	13	22.8

根据具体每一种扶持方式街道（乡镇）是否给予了具体扶持的调查结果可知，提供了资金的街道占57%，提供了办公场所的占35%，提供了固定活动场所的占73%，提供优惠支持政策的占29%，提供了培训机会的占66%，协助体育社会组织进行活动宣传的占50%。

（三）小结

街道（乡镇）体育社会组织是反映基层群众体育健身需求，提供体育健身服务，贯彻政府群众体育发展方针，实现体育发展目标的重要桥梁和纽带。北京市街道（乡镇）体育社会组织还处于建设发展的初级阶段，街道（乡镇）层级的体育组织主要是单项体育项目协会、社区体育协会等。体育健身团队是基层体育社会组织的主力军。各街道（乡镇）的管理者对建设本级体育社会组织的重要性都有充分的认识，并对基层体育社会组织发挥的作用给予肯定。在扶持方面，政府主要采取了资金支持、提供办公场所、提供固定活动场所、提供优惠支持政策、提供培训机会、协助体育社会组织进行活动宣传等方式。其中，提供固定活动场所占第一位，提供培训机会占第二位，第三位是资金支持，第四位是协助体育社会组织进行活动宣传。街道（乡镇）层级体育社会组织在北京市全民健身活动开展中发挥了重要作用。但是，组织管理相对松散，备案的组织占29%；管理人员不足，各组织之间缺乏沟通；组织资源有限，政策支持不够是影响基层体育社会组织长期稳定发展的重要因素。

四　北京市街道（乡镇）体育社会组织发展的个案研究

随着北京奥运会的成功举办，北京市基层体育社会组织网络初步建立，目前已形成市、区和街道乡镇三级行政管理网络，体育社会组织数量迅速增长，类型不断增多，初步形成了政府主导、社会兴办、充满生机与活力的全民健身工作运行机制。

北太平庄街道隶属海淀区，有38个社区委员会，其中有北京师范大学、北京邮电大学、中国政法大学研究生院、首都体育学院等高校；还有中影集团、人民教育出版社印刷厂、北京电影洗印录像技术厂、北京市政总院等企事业单位，辖区内各类文化资源丰富。特别是我国体育设施集中在学校，北京师范大学、北京邮电大学和首都体育学院的大型体育场馆和丰富的体育设施，为北太平庄街道的社区体育发展提供了较好的物质资源，也为社区体育俱乐部等体育社会组织发展提供了条件。

（一）北太平庄街道体育社会组织的基本情况

课题组通过文献研究和走访调查了解到，北太平庄街道有各类体育组织89个，其中包括正式注册的市（区）级体育社会组织、社区群众体育社团组织、学生体育社团和企事业单位职工（退休老干部）体育协会等四类体育社会组织①（见表7）。

表7　北太平庄街道体育社会组织数量及类型

单位：个

体育社会组织类型	市区级体育社会组织	市区级体育类民办非企业	社区健身俱乐部及团队	学生体育社团	企事业单位职工体协	总计
数量	3	1	29	27	29	89

89个体育社会组织在各级管理部门中进行了注册和备案。其中，北京市社会体育指导员协会和北京市木球运动协会，在北京市民政局注册并接受北京市体育局的业务主管；北京市海淀区定向运动协会，在海淀区民政局注册；作为区级民办非企业单位的北京市海淀区一二三体育俱乐部，在海淀区民政局注册并接受海淀区体育局的业务主管；今典花园社区体育健身俱乐部是北京市体育局批准建立的市级社区体育健身俱乐部。社区健身俱乐部及团队有29个，分布在15个社区中，主要是由社区居民构成的以体育健身休闲为宗旨的团队，包括晨晚练点、体育兴趣队等，这类组织多数在社区居委会备案并提供一定的管理及支持。学生体育社团有27个，其中首都体育学院设有9个，北京邮电大学设有6个，北京师范大学设有12个，主要是经学

---

① 王佳妮：《北京市海淀区北太平庄街道体育社会组织发展研究》，硕士学位论文，首都体育学院，2013，第22~24页。

校团委或学生联合会（学生会）牵头，由学生组成的体育类兴趣团体，其活动项目类型包括街舞、健美操、球类、自行车等，这类组织多由所在学校的团委、学生联合会备案管理。企事业单位职工（退休老干部）体育协会有29个，主要是经单位工会和离退办发起，由单位职工（退休职工）组成的体育类兴趣团体，其活动类型以休闲健身为主兼具一定的竞赛性，这类组织由单位工会和离退办备案管理。由于有些企事业单位拥有自己的居民社区，所以有一部分单位离退休老干部体育组织在单位离退办和单位社区居委会双重备案。但是，我国管理体制是政府行政与企事业单位及社会团体组织各自为营，联系及互动较少，这造成北太平庄街道中的学生、社区居民和单位职工的体育组织管理"各自为政"，使得北太平庄街道基层体育组织数据缺乏统一的整合管理，甚至有些社区管理者对所管辖的社区的体育组织情况不清楚。

（二）北太平庄街道体育社会组织的管理扶持情况

基层体育社会组织的发展离不开组织管理人员、组织资源和组织制度保障。通过对北太平庄街道的走访调查，课题组了解到38个社区中有47.36%的社区没有负责体育组织的管理者，34.21%的社区有管理人员，但同时兼职负责其他工作。其中，体育组织管理部门多以"社区服务站"或"工会、团委、离退办"的形式出现，这类部门的管理者身兼多职，并不能把精力完全放在体育组织管理上；只有5.26%的基层管理部门通过体育协会的形式进行专门管理。北太平庄街道下设公共事业管理科（文教科），负责组织协调辖区单位开展群众性文化体育活动。北太平庄街道社区服务中心，负责组织协调社区民间体育组织开展公益性、群众性活动，及组织38个社区居委会文体干部的培训。在开展文体活动方面，公共事业管理科受北京市文委号召，每年举办"北太平庄街道'五月的鲜花'文艺汇演"，而北太平庄街道社区服务中心响应北京市精神文明办号召，举办"夏日文化广场"系列活动。这两个部门关于北太平庄街道群众体育活动职责有交集，在调查中也发现，这两个部门对社区群众体育组织的备案资料共享，但不掌握辖区单位及学校的体育组织情况。政府对体育社会组织的扶持，仅限于组织社区体育健身团队参与上级政府部门活动，及为了参加这些活动提供服装、道具等①。

课题组通过对管理者的访谈了解到，对基层体育社会组织的管理扶持，主要采取登记注册、参与并指导日常健身活动、组织体育健身表演和竞赛活动、提供经费、组织培训、协调活动场地等方式。其中组织体育健身表演和竞赛活动为主要的管理扶持方式。关于组织经费问题，大多数基层体育社会组织没有稳定的年度经费来源，多数组织的活动经费是通过按次结算的方式来筹集和使用。基层体育社会组织体育活动经费主要通过街道（社区）拨给、单位支持、会员集资、社会赞助等渠道获得，但都不是定期的、稳定的经费来源。基层体育社会组织整体显现出经费短缺，以及很多活动由于资金限制无法开展等问题。由于经费短缺，几乎没有组织作年度财务报告。

场地设施是基层体育社会组织开展体育活动的物质基础，是顺利开展群众体育活动的必要条件。由于北太平庄街道的地理位置特点，决定了街道内除高校社区体育社会组织之外，其他基层体育社会组织不可能拥有太多的场地设施。课题组从访谈中得知，除今典花园社区体育健身俱乐部有自己固定的体育设施之外，多数基层体育社会组织都是在公共区域，或者所在的社区或单位场地上开展活动，这些社区或单位有数量不等的健身器械、乒乓球（台球）室、棋牌室以及健身公园小广场等场地设施，且这些设施多为无偿地对公众完全开放的。但是，多数被访社区管理者认为基层体育组织缺乏场地器材设施，不能满足社区居民的体育健身需求，也影响基层体育社会组织的稳定发展。

在组织制度建设方面，有部分体育社会组织制定了章程或会员制度等规章制度，但内容都比较简单，多数组织没有规章制度。大多数体育社会组织没有固定办公场所，有个别的是设在所属社区或单位办公室中。组织管理还处于初级管理阶段。

---

① 王佳妮：《北京市海淀区北太平庄街道体育社会组织发展研究》，硕士学位论文，首都体育学院，2013，第31～32页。

（三）北太平庄街道体育社会组织发展的启示

北太平庄街道体育社会组织体系基本形成，在全民健身中发挥了重要作用。通过对北太平庄街道体育社会组织的调查研究，本课题组得到以下启示。

（1）积极开展区域内组织的合作，推动辖区体育社会组织发展。北太平庄街道利用辖区高校体育优势资源，通过街道办事处组织筹建，由驻区单位与社区群众社团组成"北太平庄文体社团联盟"，街道和学校共建社会实践合作项目，进行街道与高校联合的积极尝试，为社区居民体育组织与高校职工、学生体育组织的合作创造了条件。

（2）现阶段基层体育社会组织建设和管理不到位，是影响基层组织稳定发展的主要障碍。由于各街道辖区内体育社会组织资源发展不均衡，特别是社区体育健身团队组织对上级主管部门的依赖性强，与外界联系较少，受资金、场地器材、人力条件限制，部分社区体育社会组织生存能力较弱。加上组织内部管理分工不明确，靠负责人（队长）带领，活动开展全凭成员自觉，组织稳定性差。组织管理中，呈现"街道－社区、单位－职工、学校－师生"各类体育社会组织各管一段的格局，缺乏对街道辖区基层体育组织的统一管理，影响了体育社会组织的协调发展。

（3）北太平庄街道体育社会组织发展状况也反映出基层体育社会组织具有以下特点。①基层体育社会组织都是契合居民不同体育需求而生成的，表明了公民主体意识和自主、自治意识的增强。这些组织虽然没有合法地位，但以灵活、便捷的方式将社区居民组织起来开展健身活动，因而展现出较为强盛的生命力。②基层体育社会组织与政府的关系不再是排斥和单纯的依赖关系，而是认同与合作的关系。③社会分化带来的体育需求分化，使基层体育社会组织呈现出满足不同社会群体的多元化需求的发展特点。④基层体育社会组织因组织条件和管理方式不同，发展水平参差不齐，需要政府进一步扶持和引导。

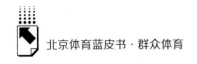

五 北京市街道（乡镇）体育社会组织发展的经验及遇到的困难

（一）发展经验

开放性问卷调查结果显示，组织发展平稳、体育健身活动开展好的基层体育社会组织的共同之处是，社区领导重视，有一定资金支持，加大宣传力度，将日常体育健身活动与比赛有机结合，增加培训等。一些街道和社区还总结了一些具体的管理经验。

（1）采用协会式管理、项目式运作、比赛式推进的方式，提供一定的经费保障，将群众性体育活动、赛事、展示等事务交给基层体育社会组织，街道通过加强管理和监督，实现作为政府基层部门的街道的公共责任和义务。

（2）通过提供资金支持和进行资金使用审核的方式，来支持社区体育组织开展活动。

（3）建立体育健身队伍花名册，每支队伍由专人负责管理，既满足了各利益群体实现个体的体育兴趣爱好的需要，又便于社区街道掌管和给予支持帮助。

（4）定期通过会议交流等方式，加强与各健身团队的沟通，掌握实际情况，及时解决具体问题等。除此之外，如北太平庄街道与高校建立合作共建关系，对基层体育社会组织的建设和发展起到了有效的促进作用。

（二）遇到的困难

问卷调查结果显示，北京市街道（乡镇）体育社会组织发展中遇到的主要困难，按填写次数由多到少排序。

（1）缺少资金投入和使用的监督机制，资金不足，影响组织活动的开展和组织建设。

（2）体育健身设施和器材不足，缺乏组织固定活动的场地。

（3）缺少专职工作人员，兼职和外聘工作人员流动性大，影响组织工作的开展。

（4）缺乏专业性的指导人员和具有针对性的培训。

（5）规章制度建设不健全，缺乏优惠政策和扶持措施及有效的管理机制。

（6）没有系统的理论支撑，工作思路模糊；组织规模小，社会化程度较低，能力弱，组织发展不稳定等。

这些问题许多是老生常谈、没有得到根本解决的问题，需要相关政府部门加强重视，着眼实际，逐步出台具体措施有效地解决。

（三）基层管理者的期望

在问卷调研中，课题组通过设置开放式问题，收集了基层体育管理者对街道（乡镇）体育社会组织发展的期望和建议，综合归纳为以下几点。

（1）出台税收优惠政策，吸引企业及民资投入，解决基层体育社会组织经费问题。

（2）建立政府行政专项经费的"投入、拨付、检查"机制，使经费得到有效使用。

（3）增加和完善体育健身场地设施，开放学校等公共体育场地设施，保障居民体育健身的基本条件。

（4）建立各组织之间的联系，多为体育社会组织提供交流平台。

（5）加大需求调研，根据需求开展具有创新特色的体育项目活动。

（6）应增配体育组织协管员，并适当给予工补，解决体育组织工作缺乏及管理人员严重不足问题，等等。

六　结论与建议

（一）结论

（1）街道（乡镇）体育社会组织是实现北京市群众体育发展目标，满足基层群众体育需求的重要桥梁和纽带。基层体育社会组织以社区体育协会、社区单项体育运动协会、体育健身团队等组织形式，在全民健身中发挥着重要的作用。

（2）街道（乡镇）通过提供固定活动场所、提供培训机会、协助各体育社会组织进行活动宣传以及资金支持等方式，对基层体育社会组织进行扶持。基层体育社会组织与政府的关系不再是排斥和单纯的依赖关系，而是认同与合作的关系。

（3）街道（乡镇）体育社会组织发展中还存在着资金不足、缺乏场地设施、缺乏组织管理人员、规章制度建设不健全等问题，组织条件不足、管理松散等严重影响体育社会组织稳定发展。北京市街道（乡镇）体育社会组织处于建设发展的初级阶段。

（二）建议

根据对调查研究结果的讨论与分析，针对今后北京市基层体育社会组织的发展，本研究提出以下建议。

（1）参考和借鉴国内外大众体育发达地区基层体育社会组织建立和发展的经验及具体办法，逐步完善基层体育社会组织网络体系建设。

①由街道行政部门、街道社区体育协会、社区文体中心或社区体育俱乐部、健身团队形成四位一体的组织建设架构。

②注重体育场地建设与体育组织建设之间的内在联系机制，将建设体育健身场地与发展体育社会组织结合起来。

（2）在基层体育社会组织发展中，政府需要给予资金援助和政策保障。

①坚持社区体育俱乐部自主经营，民办官助、自营自治的发展方向。

②通过采取税收减免与慈善捐赠扣除等手段支持非政府组织发展，制定优惠政策，为体育社会组织发展拓展空间。

（3）推动体育资源整合，解决场地缺乏问题。在不断加强社区基层体育设施建设的同时，实现学校等公共体育设施向社会开放，帮助社区与学校、单位之间实现资源互补，为广大的居民提供尽可能多的健身场地。

（4）加强基层体育社会组织自身能力建设，改善管理，增强组织成员的社会责任感和组织凝聚力；注重树立组织品牌，并以此为资源展开与政府、企业及媒体等的合作，扩大资源获取渠道，提升组织的独立性和动员能力。

参考文献

邓荣彪：《世界发达国家和地区社区体育发展的启示》，《山东体育科技》2005 年第 8 期。

侯海波：《德国大众体育发展现状及成功经验探析》，《山东体育科技》2014 年第 6 期。

唐建军、胡永全：《日本综合型社区体育俱乐部基本特征、发展模式和面临的问题》，《体育与科学》2002 年第 1 期。

张龙：《国外社区体育组织管理及其启示》，《体育文化导刊》2008 年第 10 期。

郑丽：《社会体育组织参与体育公共服务的路径选择》，《体育文化导刊》2011 年第 7 期。

钟武、胡科：《实践取向与推进模式：基层体育组织建设的战略思考》，《武汉体育学院学报》2014 年第 6 期。

赵文杰：《上海社区体育组织的现状特征及发展对策研究》，《体育科研》2005 年第 4 期。

北京市体育局：《2013 年北京市体育工作总结》，www. bjsports. gov. cn/publish/main/116307/。

王佳妮：《北京市海淀区北太平庄街道体育社会组织发展研究》，硕士学位论文，首都体育学院，2013。

调 研 篇

Research Reports

B.6
北京市居民体育活动参与现状

李骁天*

摘　要：　北京 2008 年奥运会后市民体育活动参与现状呈现什么样的特
　　　　　点及趋势备受人们关注。采用问卷调查法、数理统计法对北
　　　　　京市 16 个区和两个开发区的户籍居民进行了抽样调查，从人
　　　　　口学、体育学视角分析了以下几个方面内容，第一，不同性
　　　　　别、年龄、学历、区域、职业居民的体育活动参与状况、参
　　　　　加方式、参加时间；第二，北京市居民参加体育活动的影响
　　　　　因素、最希望参与的体育活动；第三，北京市居民中断体育
　　　　　活动的原因。研究发现，北京市户籍居民经常参加体育锻炼
　　　　　的人达到 49.8%，女性经常参加体育锻炼的人超过了男性。
　　　　　不同年龄的居民经常参加体育锻炼的参与率表现出先上升后

---

* 李骁天，副教授，硕士生导师，研究方向为群众体育。

下降的趋势。非城六区经常参加体育锻炼的人参与率较高，中学学历的经常参加体育锻炼的北京市市民参加体育活动主要是健步走、跑步、健身路径。北京市居民是受同事或朋友影响、受家庭成员影响、受体育新闻及电视转播或体育广播的影响参加体育活动。缺乏兴趣、惰性、工作忙缺少时间是制约人们参加体育活动的主要原因。

关键词： 北京市　市民　体育活动参与

一　前言

群众体育是我国体育事业发展的根本，也是实现体育大国向体育强国迈进的唯一路径。2008 年北京奥运会前期，北京市体育局与首都体育学院携手开展了第二次北京市群众体育现状调查。2008～2014 年北京市群众体育得到巨大的发展。2014 年 10 月国务院出台文件，提出将全民健身上升到国家战略的高度，全民健身必将掀起一个发展的高潮。2015 年是北京市群众体育全面完成"十二五"规划的收官之年，也是"十三五"规划的启动之年，在"承前继后、回顾与前瞻"的主旋律引导下，北京市体育局与首都体育学院、零点数据调查公司携手联合开展了第三次北京市群众体育状况调查。课题组在继续保持前两次调研的基本内容的基础上，增加了市民体育需求、体育活动及生活方式的内容。主要针对北京市群众体育工作中户籍居民参与体育锻炼情况，逐步建立北京市市民体育活动状况的基础数据库。本研究以此次调查的主要数据为依据，对 2014 年北京市城乡居民体育活动参与、体育消费现状进行分析，为科学制定北京市群众体育"十三五"规划及 2016～2020 年《全民健身计划纲要》第四阶段的实施提供科学参考。

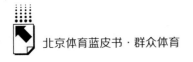
二 研究对象

本文的研究对象是北京市户籍居民的体育活动参与现状，以下北京市户籍居民简称市民。

三 调查对象

调查对象采用多阶段随机抽样的方法进行抽样，按照 PPS 的方法分配样本量。首先进行分层。将北京市 16 个区（城 6 区：东城、西城、朝阳、丰台、石景山、海淀；其他 10 个区：房山、通州、顺义、昌平、大兴、门头沟、怀柔、平谷、密云、延庆）及亦庄和燕山两个开发区划分为第一层。划分标准包括：人口规模、经济发展水平等。核心城 6 区的人口以城镇居民为主（占 97%），此部分居民只考虑城辖区的户籍城镇居民。其他 10 个区，课题组按照城镇和乡村人口的实际比例在每个区内均进行覆盖城镇居民和乡村居民的抽样设计，且在统计学上认为 30 个以上的样本可以视为大样本，具有较强的推断意义，故各区的城区和乡村人口最低样本量为 30。

然后课题组分两个阶段进行抽样。第一阶段抽样中，按照北京市统计局 2012 年末各区户籍人口规模数据，确定各个区的城区和乡村抽样样本量；第二阶段抽样中城区和乡村分开进行样本抽样。选取城区样本：采用居委会抽样的方法。每个居委会内最多完成 20 个样本，结合每个城区的计划样本量计算出居委会数量。通过国家统计局公布的居委会名单进行简单随机抽样，选中执行居委会。在抽中的居委会中随机选取居民社区，在居民区内，采用右手原则，隔五抽一进行居民户的抽取与访问。选取乡村样本：10 个区内除要执行城镇样本外，还要执行农村样本。根据区的行政村列表，随机抽取区下辖的行政村，在行政村内走访自然村，在自然村中选定样本户，进行入户访问。隔三抽一，同样采用右手原则。本次调查共完成样本量 3316个，在 95% 的置信度下本次调查的抽样误差为 1.13%。本次问卷调查的时间节点为 2014 年 9 月 30 日。

四 研究内容

本研究的内容分为以下几个部分。首先，对北京市参与体育活动的总体情况进行描述。其次，从性别、年龄、参与体育活动的方式等几个方面对北京市居民参加体育活动的情况进行分析。再次，北京市市民中断体育活动的原因也是本文重点探讨的方面，从市民体育活动中断的时间、原因以及受到哪些方面的影响参加体育活动等方面进行了综合分析。本研究将每周参加体育锻炼频度 3 次及以上，每次体育锻炼持续时间 30 分钟及以上，每次体育锻炼的运动强度达到中等及以上的人，归为经常参加体育锻炼。将有体育活动但未达到经常参加体育锻炼标准的人归为参加体育锻炼。本文中的体育活动参与分为三种状态：经常参加体育锻炼、参加体育锻炼、没有参加体育锻炼。将经常参加体育锻炼、参加体育锻炼的两类人统称为体育活动参与者。

五 研究方法

（一）问卷调查法

本研究针对研究主题设计了北京市市民体育活动参与的调查问卷。问卷调查了市民的体育活动参与频率、时间、周体育活动次数、参与体育活动的强度、参与体育活动的形式、参加体育活动的类型、制约参与体育活动的原因。本次问卷共计回收问卷 3316 份，其中有 12 份问卷中的学历变量有误，将其删除，剩余 3304 个样本（见表 1）。

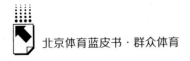

表1　北京市市民体育活动参与调查问卷样本年龄分布情况

单位：人，%

年龄段		男	女	总计
20 岁以下	人数	53	28	81
	百分比	1.6	0.85	2.45
20～29 岁	人数	296	283	579
	百分比	8.96	8.57	17.53
30～39 岁	人数	285	294	579
	百分比	8.63	8.9	17.52
40～49 岁	人数	254	332	586
	百分比	7.69	10.05	17.74
50～59 岁	人数	312	355	667
	百分比	9.44	10.74	20.18
60～69 岁	人数	360	382	742
	百分比	10.9	11.56	22.46
70 岁及以上	人数	27	43	70
	百分比	0.82	1.3	2.12
总计	人数	1587	1717	3304
	百分比	48.03	51.97	100

（二）数理统计法

本文主要采用描述性统计研究方法，对数据进行统计分析；其次，数据采用卡方统计方法进行分析。

六　北京市民体育活动参与状况分析

（一）北京市市民体育活动参与的人口学要素分析

1. 市民体育活动参与的总体概况

北京市2013年统计年鉴中北京市16～70岁总人口为1038.4万人，7～70岁为1095.2万。北京市户籍的小学生、初中生有110万人，高中生有

18.76 万人，大一、大二学生有 29.5 万人。北京市民经常参加体育锻炼的比例计算方法应是，北京市民中小学、中学、大学加上北京市市民中的经常参加体育锻炼的除以 7～70 岁北京市人口 1095.2 万。那么北京市经常参加体育锻炼的人口比例为 49.8%，其中 16～70 岁经常参加锻炼的比例为 37.20%。北京市民 16～70 岁参加体育锻炼的比例达到 79%，没有体育锻炼的北京市民达到 20.07%。

2. 不同性别市民体育活动参与情况

对北京市不同性别市民体育活动参与情况研究发现，性别与体育活动参与关系不显著，即 Pearson chi 2 (2) = 6.0307，$Pr = 0.049 < 0.05$，表明性别同体育活动参与没有关联。男性经常参加体育锻炼的占 17.52%，女性经常参加体育锻炼的占 21.04%，北京市经常参加体育锻炼的人中，女性经常参加体育锻炼的比例超过了男性。参加体育锻炼的男性市民占到 20.97%，女性市民占到 20.82%，男性高出女性 0.15 个百分点（见表 2）。

表 2　不同性别市民体育活动参与情况

单位：人，%

		经常参加体育锻炼	参加体育锻炼	没有参加体育锻炼	总计
男	人数	579	693	315	1587
	百分比	17.52	20.97	9.53	48.03
女	人数	695	688	334	1717
	百分比	21.04	20.82	10.11	51.97
总计	人数	1274	1381	649	3304
	百分比	38.56	41.80	19.64	100

3. 不同年龄段市民体育活动参与情况

对北京市不同年龄段市民体育活动参与情况研究发现，年龄与体育活动参与显著相关，即 Pearson chi 2 (12) = 124.7407，$Pr = 0.000 < 0.05$，表明年龄对体育活动参与有显著影响。2014 年北京市 20 岁以下经常参加体育锻炼的户籍居民占到 0.97%，参加体育锻炼的达到 1.39%，从没有参加体育锻炼的占到 0.09%。20～29 岁经常参加体育锻炼的户籍居民占到 4.33%，

参加体育锻炼的达到8.57%，没有体育锻炼的占到4.63%。30~39岁经常参加体育锻炼的户籍居民达到5.66%，参加体育锻炼的达到8.11%，没有参加体育锻炼的达到3.75%；40~49岁经常参加体育锻炼的占到6.51%，参加体育锻炼的达到7.23%，没有参加体育锻炼的北京户籍居民占到4%。50~59岁的户籍居民经常参加体育锻炼的占到9.62%，参加体育锻炼的达到7.32%，没有参加体育锻炼的占到3.24%。60~69岁经常参加体育锻炼的占到10.56%，参加体育锻炼的达到8.38%，没有参加体育锻炼的市民占到3.51%。70岁及以上居民经常参加体育锻炼的占到0.91%，参加体育锻炼的占到0.79%，不参加体育锻炼的占到0.42%（见表3）。

表3 不同年龄居民体育活动参与情况

单位：人，%

年龄段		经常参加体育锻炼	参加体育锻炼	没有参加体育锻炼	总计
20岁以下	人数	32	46	3	81
	百分比	0.97	1.39	0.09	2.45
20~29岁	人数	143	283	153	579
	百分比	4.33	8.57	4.63	17.53
30~39岁	人数	187	268	124	579
	百分比	5.66	8.11	3.75	17.52
40~49岁	人数	215	239	132	586
	百分比	6.51	7.23	4	17.74
50~59岁	人数	318	242	107	667
	百分比	9.62	7.32	3.24	20.18
60~69岁	人数	349	277	116	742
	百分比	10.56	8.38	3.51	22.45
70岁及以上	人数	30	26	14	70
	百分比	0.91	0.79	0.42	2.12
总计	人数	1274	1381	649	3304
	百分比	38.56	41.8	19.64	100

2015年11月，国家体育总局发布了《2014年全民健身活动状况调查公报》，指出2014年全国共有4.1亿20岁及以上城乡居民参加过体育锻炼，比2007年增加0.7亿人。从年龄分布看，呈现随年龄增大参加体育锻炼的

人数百分比降低的特点（见图1）。其中，20～29岁人群参加体育锻炼的人数百分比最高，为48.2%，70岁及以上人群参加体育锻炼的人数百分比最低，为26.0%。与第三次北京市群众体育现状调查相比，《公报》数据显示全国20～29岁、60～69岁、70岁及以上经常参加体育锻炼人数的百分比超过北京。其余年龄段的北京市居民经常参加体育锻炼的百分比都大于全国。特别是在50～59岁阶段，北京经常参加体育锻炼的比例高出全国10.95个百分点（见图2）。

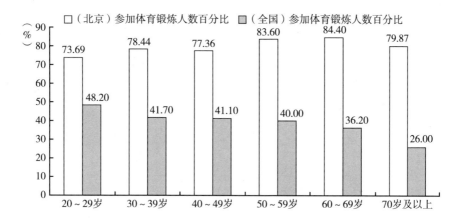

图1　全国与北京20岁及以上人群各年龄组参加体育锻炼人数百分比

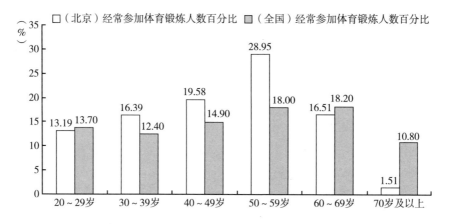

图2　全国与北京20岁及以上人群各年龄组经常参加体育锻炼人数百分比

4. 不同学历市民体育活动参与情况

对北京市不同学历市民体育活动参与情况研究发现,学历与体育活动参与有显著关系,即 Pearson chi 2 (4) = 23.5220, $Pr = 0.000 < 0.05$,表明学历与体育活动参与存在一定关联。中学学历经常参加体育锻炼的人数占到 23.12%,比例要高于小学学历和大学学历经常参加体育锻炼的人数比例。中学学历的北京市民没有参加体育锻炼的比例高于其他两类学历的北京市民(见表4)。

表4 不同学历居民体育活动参与情况

单位:人,%

学历		经常参加体育锻炼	参加体育锻炼	没有参加体育锻炼	总计
小学	人数	61	50	36	147
	百分比	1.85	1.51	1.09	4.45
中学	人数	764	735	336	1835
	百分比	23.12	22.25	10.17	55.54
大学	人数	449	596	277	1322
	百分比	13.59	18.04	8.38	40.01
总计	人数	1274	1381	649	3304
	百分比	38.56	41.8	19.64	100

5. 不同行政区域市民体育活动参与情况

对北京市不同行政区域的市民体育活动参与情况研究发现,不同行政区域与体育活动参与程度显著相关,即 Pearson chi 2 (34) = 471.7067, $Pr = 0.000 < 0.05$,表明区域与体育活动参与存在一定关联。城六区中经常参加体育锻炼人数比例最高的是海淀区,达到 7.02%,朝阳区经常参加体育锻炼的比例达到 5.30%,西城区经常参加体育锻炼的比例达到 3%,丰台区经常参加体育锻炼的人数占到 2.21%,东城区经常参加体育锻炼的人数占到 1.94%,石景山经常参加体育锻炼的人数占到 0.61%。对城乡户籍居民参与体育活动情况研究发现,对城乡经常参加体育锻炼、参加体育锻炼、没有参加体育锻炼进行卡方检验,发现 Pearson chi 2 (2) = 4.935, $Pr = 0.1015 < 0.05$,表明城乡居民的户籍与体育活动参与无关。具有城市户籍的

经常参加体育锻炼的人数比农村户籍经常参加体育锻炼的人数多4.27个百分比。农村参加体育锻炼的人数比城市户籍的多4.82个百分比。没有参加体育锻炼的，城市户籍的比农村户籍的多0.5百分比对城六区与非城六区参加体育锻炼、没有参加体育锻炼进行卡方检验，发现城六区和经常参加体育锻炼的人数、参加体育锻炼、没有参加体育锻炼有关，即 Pearson chi 2（2）= 25.73，$Pr = 0.000 < 0.05$（见表5）。

表5　不同地区居民体育活动参与情况

单位：人，%

行政区		经常参加体育锻炼	参加体育锻炼	没有参加体育锻炼	总计
东城区	人数	64	108	77	249
	百分比	1.94	3.27	2.33	7.54
西城区	人数	99	90	114	303
	百分比	3	2.72	3.45	9.17
朝阳区	人数	175	208	55	438
	百分比	5.3	6.3	1.66	13.26
丰台区	人数	73	156	42	271
	百分比	2.21	4.72	1.27	8.2
石景山区	人数	20	103	16	139
	百分比	0.61	3.12	0.48	4.21
海淀区	人数	232	170	98	500
	百分比	7.02	5.15	2.97	15.14
房山区	人数	75	63	32	170
	百分比	2.27	1.91	0.97	5.15
通州区	人数	49	98	6	153
	百分比	1.48	2.97	0.18	4.63
顺义区	人数	70	31	41	142
	百分比	2.12	0.94	1.24	4.3
昌平区	人数	45	65	25	135
	百分比	1.36	1.97	0.76	4.09
大兴区	人数	46	58	36	140
	百分比	1.39	1.76	1.09	4.24

续表

行政区		经常参加体育锻炼	参加体育锻炼	没有参加体育锻炼	总计
门头沟区	人数	41	7	49	97
	百分比	1.24	0.21	1.48	2.93
怀柔区	人数	66	25	9	100
	百分比	2	0.76	0.27	3.03
平谷区	人数	26	61	10	97
	百分比	0.79	1.85	0.3	2.94
密云区	人数	49	62	2	113
	百分比	1.48	1.88	0.06	3.42
延庆区	人数	41	33	17	91
	百分比	1.24	1	0.51	2.75
燕山开发区	人数	54	19	7	80
	百分比	1.63	0.58	0.21	2.42
亦庄开发区	人数	49	24	13	86
	百分比	1.48	0.73	0.39	2.6
总计	人数	1274	1381	649	3304
	百分比	38.56	41.8	19.64	100

从居住的社区类型来看，对社区类型与体育活动参与类型进行卡方检验，发现市民居住的社区类型与体育活动参与类型有关，即 Pearson chi 2 (12) = 32.2059，$Pr = 0.001 < 0.05$（见表6）。

表6 不同社区类型居民参加体育活动参与情况

单位：人，%

社区类型		经常参加体育锻炼	参加体育锻炼	没有参加体育锻炼	总计
单位社区	人数	218	203	103	524
	百分比	6.6	6.14	3.12	15.86
老社区	人数	385	465	221	1071
	百分比	11.65	14.07	6.69	32.41
商品社区	人数	259	246	89	594
	百分比	7.84	7.45	2.69	17.98
经适社区	人数	35	46	37	118
	百分比	1.06	1.39	1.12	3.57
回迁社区	人数	104	105	44	253
	百分比	3.15	3.18	1.33	7.66
农村社区	人数	266	299	148	713
	百分比	8.05	9.05	4.48	21.58

续表

社区类型		经常参加体育锻炼	参加体育锻炼	没有参加体育锻炼	总计
其他社区	人数	7	17	7	31
	百分比	0.21	0.51	0.21	0.94
总计	人数	1274	1381	649	3304
	百分比	38.56	41.8	19.64	100

6. 不同职业市民体育活动参与情况

对北京市不同职业市民体育活动参与情况研究发现，职业与体育活动参与类型显著相关，即 Pearson chi 2（18）= 161.3783，$Pr = 0.000 < 0.05$，表明职业与体育活动参与存在一定关联。在经常参加体育锻炼的人群中，退休人员所占到 9.78%，近一年没有参加体育锻炼的商业、服务人员占到 4.33%。商业、服务人员是北京市民是在职人群中经常参加体育锻炼人群中所占比例最高的，居于第二位是办事员及有关人员占到 5.39%，第三位的是专业技术相关人员占到 4.12%（见表7）。

表7 不同职业居民体育活动参与情况

单位：人，%

职业		经常参加体育锻炼	参加体育锻炼	没有参加体育锻炼	总计
国有企事业单位	人数	108	126	48	282
	百分比	3.27	3.81	1.45	8.53
专业技术人员	人数	136	209	87	432
	百分比	4.12	6.33	2.63	13.08
办事员及有关人员	人数	178	217	104	499
	百分比	5.39	6.57	3.15	15.1
商业、服务人员	人数	197	237	143	577
	百分比	5.96	7.17	4.33	17.46
农林牧副渔	人数	59	71	30	160
	百分比	1.79	2.15	0.91	4.85
操作有关人员	人数	40	53	38	131
	百分比	1.21	1.6	1.15	3.96

续表

职业		经常参加体育锻炼	参加体育锻炼	没有参加体育锻炼	总计
学生	人数	39	64	4	107
	百分比	1.18	1.94	0.12	3.24
失无业	人数	108	84	89	281
	百分比	3.27	2.54	2.69	8.5
其他人员	人数	86	118	43	247
	百分比	2.6	3.57	1.3	7.47
退休	人数	323	202	63	588
	百分比	9.78	6.11	1.91	17.8
总计	人数	1274	1381	649	3304
	百分比	38.56	41.8	19.64	100

对北京市不同工作状态的市民的体育活动参与类型进行调查发现，不同的工作状态与体育活动参与有显著关系，即 Pearson chi 2（4）= 60.1615，$Pr = 0.00 < 0.05$。表明工作状态与体育活动参与存在一定关联。每日工作市民中经常参加体育锻炼所占比例达到 20.46%，参加体育锻炼的占到 26.97%，也是不同工作状态中所占比例最高的一类（见表8）。

表8 不同工作状态居民体育活动参与情况

单位：人，%

工作状态		经常参加体育锻炼	参加体育锻炼	没有参加体育锻炼	总计
每日工作	人数	676	891	428	1995
	百分比	20.46	26.97	12.95	60.38
工作不定时	人数	112	135	57	304
	百分比	3.39	4.09	1.73	9.2
不工作	人数	486	355	164	1005
	百分比	14.71	10.74	4.96	30.42
总计	人数	1274	1381	649	3304
	百分比	38.56	41.8	19.64	100

（二）北京市民具体参加体育活动分析

1. 体育活动参与者现状分析

（1）不同性别体育活动参与者分析

北京市民中体育参与动机最高依次是增强体力与健康，占 31.82%；其次是跑步消遣娱乐，占 20.21%；再次是防病治病，占 15.11%。男女参与体育动机仅在提高运动技能技巧、健美和美容、减肥与塑身上有性别的显著差异，其余项目没有显著差异。

（2）不同年龄体育活动参与者分析

20 岁以下的北京市民中体育参与动机排前三位的为：增强体力与健康占 75.31%，消遣娱乐占 50.62%，减轻压力、调节情绪占 39.51%。20~29 岁的北京市民中参与动机排前三位的有：增强体力与健康占 59.07%，消遣娱乐占 43.87%，减轻压力、调节情绪占 33.68%。30~39 岁的北京市民中体育参与动机排前三位的有：增强体力与健康占 70.29%，消遣娱乐占 41.62%，减轻压力、调节情绪占 34.02%。40~49 岁的北京市民中体育参与动机排前三位的有：增强体力与健康占 69.28%，消遣娱乐占 44.71%，减轻压力、调节情绪占 32.42%。50~59 岁的北京市民中体育参与动机排前三位的有：增强体力与健康占 76.91%，消遣娱乐占 47.83%，防病治病占 44.23%。60~69 岁的北京市民中体育参与动机排前三位的有：增强体力与健康占 78.57%，防病治病占 53.37%，消遣娱乐占 47.98%。70 岁及以上的北京市民中体育参与动机排前三位的有：增强体力与健康占 72.86%，防病治病占 47.14%，消遣娱乐占 40.00%。以上数据表明不同年龄段市民在体育参与动机上的显著性差异。增强体力与健康在不同年龄间的卡方检验 $P = 0.000 < 0.05$，说明在增强体力与健康上，不同年龄段的北京市城乡居民具有显著性差异；防病治病在不同年龄段的卡方检验 $P = 0.000 < 0.05$，说明在防病治病上，不同年龄段的北京市城乡居民具有显著性差异；减轻压力、调节情绪在不同年龄段的卡方检验 $P = 0.000 < 0.05$，说明在减轻压力、调节情绪上，不同年龄段的北京市城乡居民具有显著性差异；美

容、减肥与塑身在不同年龄段的卡方检验 $P = 0.000 < 0.05$，说明在美容、减肥与塑身上，不同年龄段的北京市城乡居民具有显著性差异；健美在不同年龄段的卡方检验 $P = 0.000 < 0.05$，说明在健美上，不同年龄段的北京市城乡居民具有显著性差异；提高运动技能、技巧在不同年龄段的卡方检验 $P = 0.000 < 0.05$，说明在提高运动技能、技巧，不同年龄段的北京市城乡居民具有显著性差异；陪伴子女共同锻炼在不同年龄段的卡方检验 $P = 0.000 < 0.05$，说明在陪伴子女共同锻炼上，不同年龄段的北京市城乡居民具有显著性差异；其他体育参与动机在不同年龄段的卡方检验 $P = 0.045 < 0.05$，说明在其他体育参与动机上，不同年龄段的北京市城乡居民具有显著性差异。

（3）不同学历体育活动参与者分析

小学学历的北京市民中体育参与动机排前三位的有：增强体力与健康占72.11%，消遣娱乐占45.58%，防病治病占46.26%；中学学历的北京市民中参与动机排前三位的有：增强体力与健康占73.73%，消遣娱乐占47.74%，防病治病占39.29%；大学学历的北京市民中体育参与动机排前三位的有：增强体力与健康占68.38%，消遣娱乐占42.21%，减轻压力、调节情绪占33.74%。在体育参与动机上呈现出不同学历市民的显著性差异。增强体力与健康在不同学历间的卡方检验 $P = 0.044 < 0.05$，说明在增强体力与健康上，不同学历的北京市城乡居民具有显著性差异；防病治病在不同学历间的卡方检验 $P = 0.000 < 0.05$，说明在防病治病上，不同学历的北京市城乡居民具有显著性差异；减轻压力、调节情绪在不同学历间的卡方检验 $P = 0.000 < 0.05$，说明在减轻压力、调节情绪上，不同学历的北京市城乡居民具有显著性差异；美容、减肥与塑身在不同学历间的卡方检验 $P = 0.000 < 0.05$，说明在美容、减肥与塑身上，不同学历的北京市城乡居民具有显著性差异；健美在不同学历间的卡方检验 $P = 0.000 < 0.05$，说明在健美上，不同学历的北京市城乡居民具有显著性差异。提高运动技能、技巧在不同学历间的卡方检验 $P = 0.043 < 0.05$，说明在提高运动技能、技巧上，不同学历的北京市城乡居民具有显著性差异。

（4）不同地域体育活动参与者分析

城区的北京市居民中体育参与动机排前三位的有：增强体力与健康占69%，消遣娱乐占42.42%，防病治病占32.32%；郊区的北京市居民中体育参与动机排前三位的有：增强体力与健康占74.93%，消遣娱乐占49.50%，防病治病占36.18%。

在体育参与动机上城乡居民呈现出不同的选择差异。健美在城乡间的卡方检验 $P=0.044<0.05$，说明在健美上，北京市城乡居民具有显著性差异；消遣娱乐在城乡间的卡方检验 $P=0.001<0.05$，说明在消遣娱乐上，北京市城乡居民具有显著性差异；增强体力与健康城乡间的卡方检验 $P=0.002<0.05$，说明在增强体力与健康上，北京市城乡居民具有显著性差异。

单位社区中北京市居民的体育参与动机排前三位的有：增强体力与健康占72.14%，消遣娱乐占39.31%，防病治病占29.39%。老社区的北京市居民中体育参与动机排前三位的有：增强体力与健康占70.40%，消遣娱乐占47.99%，防病治病占32.31%。商品社区的北京市居民中体育参与动机排前三位的有：增强体力与健康占74.41%，消遣娱乐占45.29%，减轻压力、调节情绪占35.69%。经适社区的北京市居民中体育参与动机排前三位的有：增强体力与健康占58.47%，消遣娱乐占33.90%，防病治病占33.05%。回迁社区的北京市民中体育参与动机排前三位的有：增强体力与健康占74.70%，消遣娱乐占41.50%，防病治病占38.34%。农村社区的北京市居民中体育参与动机排前三位的有：增强体力与健康占71.81%，消遣娱乐占48.95%，防病治病占38.01%。其他社区的北京市居民中体育参与动机排前三位的有：增强体力与健康占61.29%，消遣娱乐占58.06%，防病治病占29.03%。

在体育参与动机上社区居民呈现出不同的选择性差异。其他动机在不同社区间的卡方检验 $P=0.008<0.05$，说明在其他动机上，不同社区的北京市居民具有显著性差异；陪伴子女锻炼在不同社区间的卡方检验 $P=0.003<0.05$，说明在陪伴子女锻炼上，不同社区的北京市居民具有显著性差异；社交方式在不同社区间的卡方检验 $P=0.000<0.05$，说明在社交方

式上，不同社区的北京市居民具有显著性差异；减轻压力、调节情绪在不同社区间的卡方检验 $P = 0.000 < 0.05$，说明在减轻压力、调节情绪上，不同社区的北京市居民具有显著性差异；消遣娱乐在不同社区间的卡方检验 $P = 0.005 < 0.05$，说明在消遣娱乐上，不同社区的北京市居民具有显著性差异。

2. 体育活动参与者情况分析

（1）不同性别体育活动参与者分析

北京市民中最经常参加的体育活动是健步走，选择人数占51%。其次是跑步，占26.97%（见图3）。

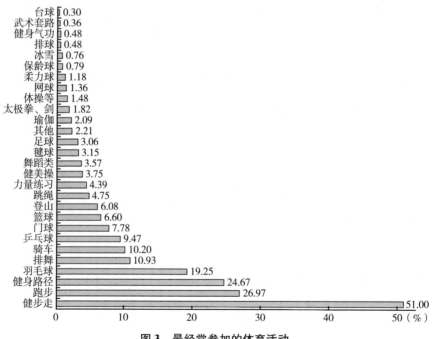

图3 最经常参加的体育活动

北京市民在柔力球、瑜伽、足球、键球、舞蹈类体育活动、健美操、力量练习、跳绳、篮球、乒乓球、骑车、排舞、跑步、健步走等运动项目上有性别的显著差异，其余项目没有显著性别差异。从性别来看，女性以舞蹈类、体操类体育活动为主，男性以球类体育活动为主（见图4）。

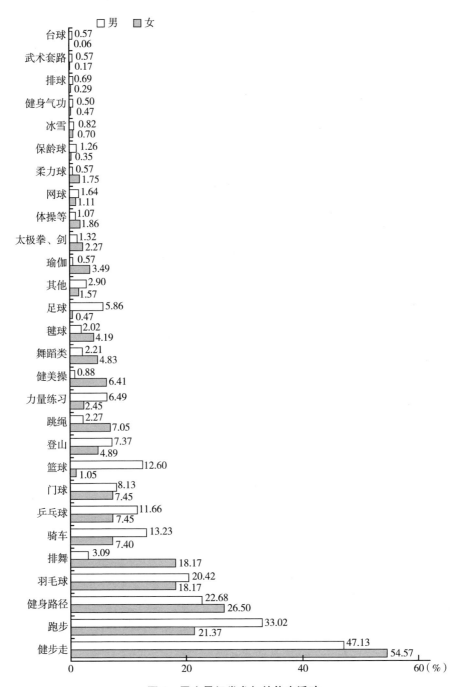

图4 男女最经常参加的体育活动

（2）不同年龄体育活动参与者分析

20 岁以下的北京市民中最经常参加的体育活动中排前三位的有：跑步占 67.50%，篮球占 47.50%，足球占 25%。20~29 岁的北京市民中最经常参加的体育活动中排前三位的有：跑步占 37.22%，羽毛球占 29.74%，健步走占 29.22。30~39 岁的北京市民中最经常参加的体育活动中排前三位的有：健步走占 39.20%，跑步占 32.23%，羽毛球占 28.92%。40~49 岁的北京市民中最经常参加的体育活动中排前三位的有：健步走占 50.95%，跑步占 27.46%，健身路径占 23.83%；50~59 岁的北京市居民中最经常参加的体育活动中排前三位的有健步走占 63.11%，健身路径占 29.57%，跑步占 22.87%。60~69 岁北京市居民中最经常参加的体育活动中排前三位的有健步走占 69.86%，健身路径占 36.58%，跑步占 15.07%。70 岁及以上北京市居民中最经常参加的体育活动中排前三位的有健步走占 64.29%，健身路径占 44.29%，排舞占 15.71%。

（3）不同学历体育活动参与者分析

小学学历的北京市民中最经常参加的体育活动中排前三位的有：健步走占 69.39%，健身路径占 35.37%，排舞占 12.93%。中学学历的北京市民最经常参加的体育活动中排前三位的有：健步走占 58.2%，健身路径占 28.94%，跑步占 24.58%。大学学历的北京市民最经常参加的体育活动排前三位的有：健步走占 38.96%，跑步占 32.45%，羽毛球占 27.31%。在运动项目上不同学历市民呈现出选择性差异。健步走在不同学历居民间的卡方检验 $Pr = 0.000 < 0.05$，说明在健步走上，不同学历的北京市居民具有显著（见图 5）。

（4）不同区域体育活动参与者分析

城区居民中参与体育活动项目排前三位的有：健步走占 45.89%，跑步占 27.95%，健身路径占 2.00%；郊区的居民中参与体育活动项目排前三位的有：健步走占 57.91%，跑步占 25.64%，健身路径占 1.92%；在体育活动参与项目上不同区域居民呈现出显著性差异。太极拳、剑在城乡间的卡方检验 $Pr = 0.012 < 0.05$，说明在太极拳、剑项目上，北京市城乡居民具有显著性差异；冰雪在城乡间的卡方检验 $Pr = 0.015 < 0.05$，说明在冰雪项目上，

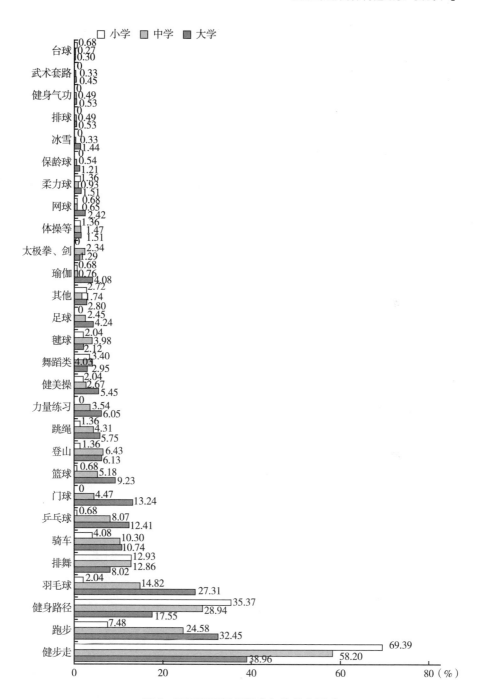

图5　不同学历最经常参加的体育活动

北京市城乡居民具有显著性差异；健步走在城乡间的卡方检验 $Pr = 0.000 <$
0.05，说明在健步走项目上，北京市城乡居民具有显著性差异。总体来说，城区内的居民以室内、技术类体育活动为主，郊区的居民以户外体育活动为主（见图6）。

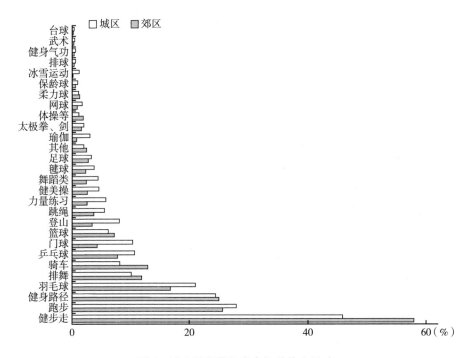

图6　城乡居民最经常参加的体育活动

（5）不同社区体育活动参与者分析

单位社区的北京市居民参与体育活动项目排前三位的有：健步走占
50.76%，跑步占20.99%，健身路径占23.28%；老社区的北京市居民参与
体育活动项目排前三位的有：健步走占46.87%，跑步占27.73%，健身路
径占25.49%；商品社区的北京市居民参与体育活动项目排前三位的有：健
步走占49.49%，跑步占30.30%，健身路径占24.24%；经适社区的北京市
居民参与体育活动项目排前三位的有：健步走占39.83%，健身路径占
24.58%，跑步占19.49%；回迁社区的北京市居民参与体育活动项目排前

三位的有：健步走占 55.34%，跑步占 28.06%，羽毛球和健身路径都占 18.18%；农村社区的北京市居民参与体育活动项目排前三位的有：健步走占 59.47%，跑步占 27.77%，健身路径占 26.79%；其他社区的北京市居民参与体育活动项目排前三位的有：健步走占 38.71%，跑步占 38.71%，健身路径占 32.26%。在体育活动项目上不同社区居民呈现出显著性差异。登山在不同社区间的卡方检验 $P = 0.000 < 0.05$，说明在登山项目上，不同社区的北京市居民具有显著性差异；门球在不同社区的卡方检验 $P = 0.000 < 0.05$，说明在门球项目上，不同社区的北京市居民具有显著性差异；骑车在不同社区间的卡方检验 $P = 0.000 < 0.05$，说明在骑车项目上，不同社区的北京市居民具有显著性差异；健步走在不同社区间的卡方检验 $P = 0.000 < 0.05$，说明在健步走项目上，不同社区的北京市居民具有显著性差异。

3. 参加体育活动的方式分析

北京市民参加体育活动的方式选择最多的是个人锻炼形式，达到 41.36%，和朋友一起达到 32.14%，和家人一起达到 20.39%。北京市居民参加体育活动方式差异性检验中，在社区活动、个人锻炼上有显著性别差异。和朋友一起、和家人一起、参与体育健身组织均没有性别上的显著差异（见图7、图8）。

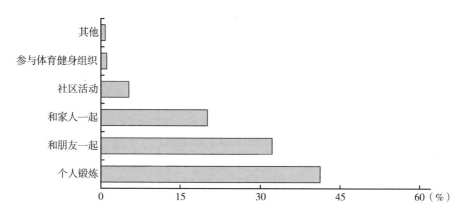

图7 参加体育活动的方式

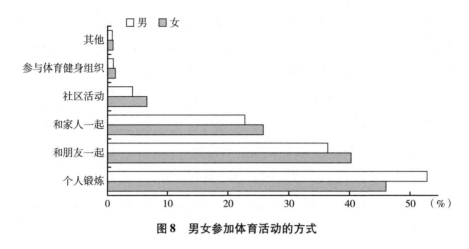

图8　男女参加体育活动的方式

4. 参加体育活动的时间分析

北京市居民在工作日期间参加体育活动的时间段主要是在18点以后，占57.28%，其次是在9点之前，占32.87%，再次是在14：00～18：00，占9.24%（见图9）。北京市居民在体育活动时间段上仅在18点以后性别差异显著，说明男女在工作日期间参加体育活动的时间段有差异（见图10）。

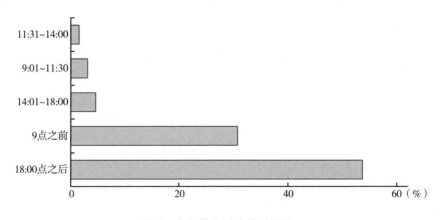

图9　参加体育活动的时间段

北京市居民周末的活动时间段也主要在18：00之后（见图11）。与前文非周末的体育活动时间段相比，周末北京市居民在14：00～18：00参加体育锻炼的性别差异更大（见图12）。

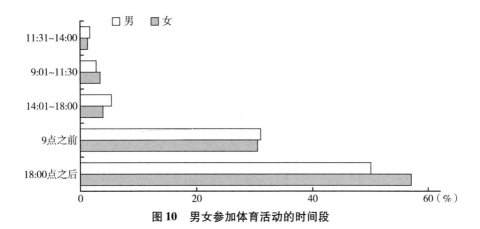

图 10　男女参加体育活动的时间段

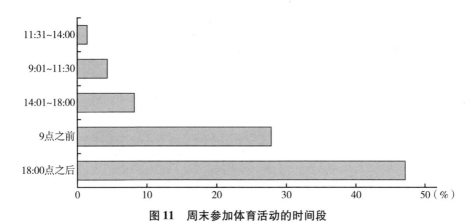

图 11　周末参加体育活动的时间段

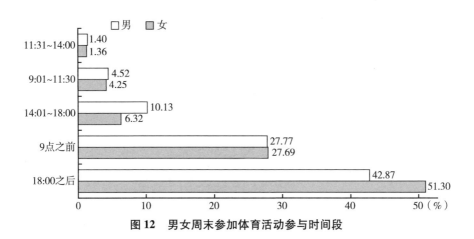

图 12　男女周末参加体育活动参与时间段

北京市居民上述体育活动状态持续平均时间为 6.13 年。男性户籍居民比女性户籍居民平均多 0.8 年。城区大学学历男性、女性体育活动参与年限均比郊区大学学历男性、女性要短；城区中学学历男性体育参与年限比郊区中学学历男性要短，城区中学学历女性体育参与年限比郊区中学学历女性要长；城区小学学历女性体育参与年限比郊区小学学历女性要长，城区小学学历男性体育参与年限比郊区小学学历男性要短（见图 13）。

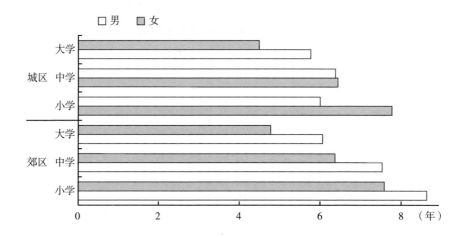

图 13　北京市城乡居民体育活动参与年限（不同性别、学历）

5. 参与体育活动影响因素分析

北京市居民参加体育活动受到哪方面因素的影响调查中，占据前三位的因素分别是，受到同事或朋友影响的占 54.30%、受家庭成员影响的占 43.58%、受体育新闻影响的占 25.45%（见图 14）。对北京市男性、女性户籍居民参加体育活动影响因素的调查中，男女无显著性差异，表明男女在参加体育活动的影响因素方面没有差异（见图 15）。

关于体育活动在您生活中的重要性的调查中，有 33.97% 的北京市民认为非常重要，有 52.96% 的人认为比较重要，有 10.53% 的人认为一般，有 2.22% 的人认为不太重要，有 0.31% 的人认为完全不重要。

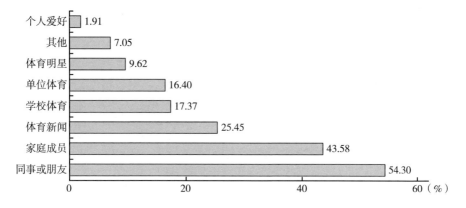

图 14　参加体育活动受到哪些因素的影响

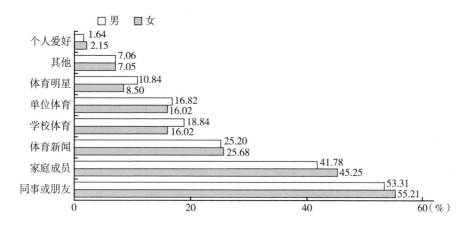

图 15　男女参加体育活动受到哪些因素的影响

6. 最希望参加的体育活动项目分析

对今后您最希望参加的体育活动项目的调查中，北京市市民中男性与女性的选择无显著差异。北京市男性居民在力量练习、登山、跑步、骑车、乒乓球、健身路径等项目上的选择比例要高于女性，这类运动基本属于个人类型的体育活动，北京市女性居民在舞蹈类、瑜伽、健美操、游泳、健步走、羽毛球、广场舞等项目上的选择比例要高于男性，这些项目基本属于群体类型的体育活动（见图 16）。健步走是北京市居民最希望参加的体育活动；其次是跑步、打羽毛球（见图 17）。

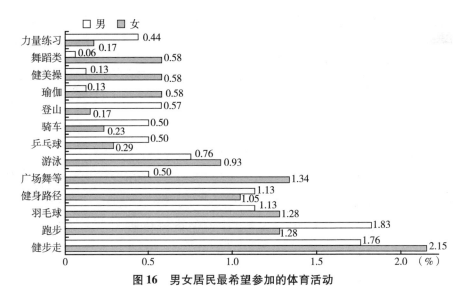

图16 男女居民最希望参加的体育活动

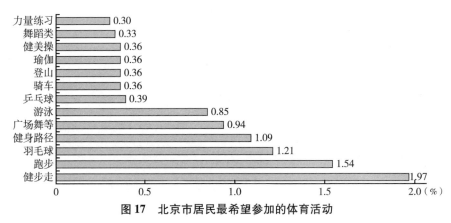

图17 北京市居民最希望参加的体育活动

7. 体育活动参与制约因素分析

制约您参与体育活动的调查中，制约北京市民参与体育活动的原因中居首位的是工作忙缺少时间，其次是没兴趣参加，再次是惰性没有参加（见图18）。该项调查仅分析的是非经常参加体育锻炼的人。对制约北京市民参加体育活动的原因进行性别差异分析，发现男性与女性在制约原因上仅有身体很好不用参加、家务忙缺少时间、工作忙缺少时间等选项上有显著差异，其余选项均无显著差异（见图19）。北京市民中不同学历居民在制约原因如怕受伤、年龄大了、身体弱不宜参加、身体很好不用参加、工作忙缺少时间、家务忙缺少时惰性等选项上有显著性差异，表明不同学历之间有显著性差异。北京市民 20 岁以下制约其参加体育活动的前三位因素是惰性、其他、没有兴趣。20 ~ 29 岁制约其参加体育活动的前三位因素是工作忙缺少时间、没兴趣、惰性。30 ~ 39 岁制约其参加体育活动的前三位因素是工作忙缺少时间、惰性、没兴趣。40 ~ 49 岁制约其参加体育活动的前三位因素是没兴趣、工作忙缺少时间、惰性。50 ~ 59 岁制约其参加体育活动的前三位因素是没兴趣、惰性、工作忙缺少时间。60 ~ 69 岁制约其参加体育活动的前三位因素是没兴趣、身体弱不宜参加、惰性。70 岁及以上市民制约其参加体育活动的因素是身体弱不宜参加、其他、年龄大了。

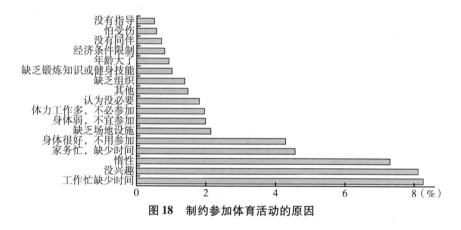

图18　制约参加体育活动的原因

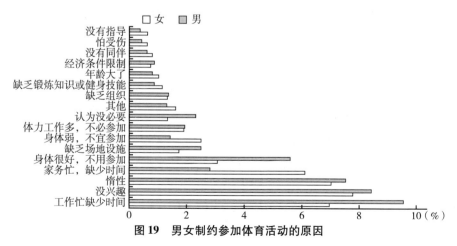

图19　男女制约参加体育活动的原因

（三）北京市居民中断体育活动分析

1.北京市居民中断体育活动分析

北京市居民中断体育活动人数仅占调查总人数的4%，平均中断次数为2.44次。城乡居民在中断体育活动次数方面有显著性差异，城区居民中断体育活动次数明显高于郊区。城区中女性中学学历的居民中断次数高于其他学历的女性居民，男性呈现出学历越高中断体育活动的次数越多的趋势。郊区小学学历男性中断体育活动次数明显高于女性，大学学历的女性中断体育活动次数明显高于男性（见图20）。

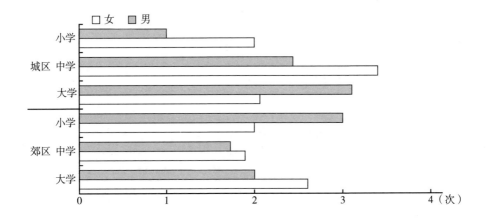

图20　北京市民中断体育活动次数（不同性别、学历）

北京市民体育活动有过中断的人数占10.32%。北京市男性市民平均中断时间为2.46年，女性市民平均中断时间为2.43年，女性与男性居民中断时间没有显著性差异。在学历方面，小学学历的北京市民的体育中断时间最短，为2年，中学学历的北京市民为2.48年，大学学历的北京市民为2.44年。不同学历的户籍居民体育活动中断时间没有显著性差异。对出现最长一次中断时您的年龄的调查中，平均年龄为40.3岁，区间为23~57岁。对于北京市女性市民来说，随着学历的升高，中断体育活动的平均年龄在逐渐提前，由60岁向20岁过渡。对北京市男性市民来说，随着学历的升高，中断体育活动的平均年龄由 40 岁向 50 岁提升，大学学历的北京市男性居民中断体育活动的平均年龄则降低到了 40 岁以下。

2. 北京市民体育活动中断的原因

北京市民中断体育活动的原因调查中，占据前三位原因的是，工作忙占 27.55%，家务忙占 20.21%，生病占 13.77%（见图 21）。男女在中断原因，如怀孕、失去锻炼场地、惰性、家务忙上呈现出性别差异（见图 22）。

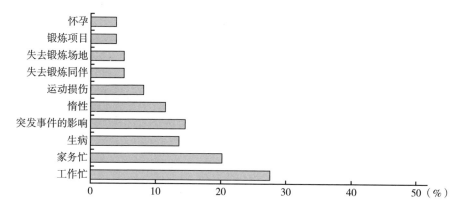

图 21　中断体育活动原因调查

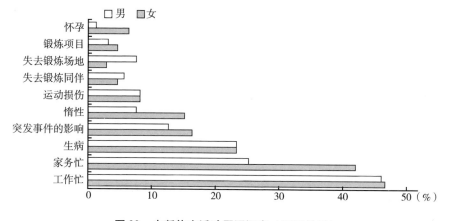

图 22　中断体育活动原因调查（不同性别）

北京市民参加体育活动的原因调查中，占据前三位的是，增强体力与健康占31.80%，消遣娱乐占20.23%，防病治病占18.31%（见图23）。男女参加体育活动的原因有差异，分别是提高运动技能、技巧，健美，美容、减肥与塑身，表明男女参加体育活动的原因是不一样的（见图24）。

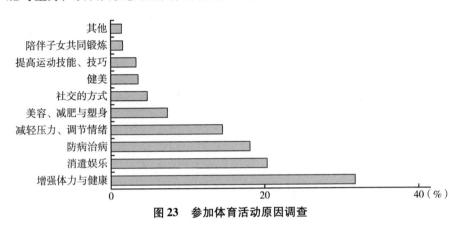

图23 参加体育活动原因调查

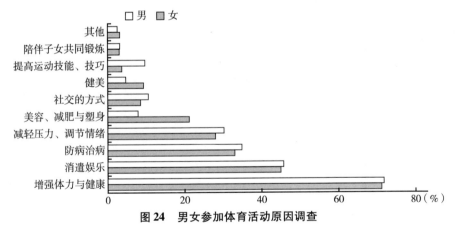

图24 男女参加体育活动原因调查

七 结论

（一）北京市居民体育活动参与情况小结

通过对北京市16个区、两个开发区的户籍居民年龄段在16～70岁，共计 3304 人的入户问卷调查发现，目前北京市居民经常参加体育锻炼的人数占户籍居民的 49.8%，没有体育锻炼的北京市民占 20.07%。相对于 2000 年、2008 年北京市群众体育现状调查中经常参加体育锻炼的人数比例 41.8%、49.1%，分别提高了 8 个、0.7 个百分点；体育活动参加者人数比例分别提高了 12.45 个、0.7 个百分点；不参加体育活动的比例分别降低了 12 个、7.55 个百分点。

女性经常参加体育锻炼的超过男性经常参加体育锻炼的。20 岁以下的经常参加体育锻炼的人数占该年龄段调查人数的 0.97%，20~29 岁的经常参加体育锻炼的人数占该年龄段调查人数 4.33%，30~39 岁经常参加体育锻炼的人数占该年龄段调查人数的 5.66%，40~49 岁经常参加体育锻炼的人数占该年龄段调查人数的 6.51%，50~59 岁的经常参加体育锻炼的人数占该年龄段调查人数的 9.62%，60~69 岁的经常参加体育锻炼的人数占该年龄段调查人数的 10.56%，70 岁及以上经常参加体育锻炼的人数占该年龄段调查人数的 0.91%。

城六区经常参加体育锻炼的人数比例低于非城六区，中学学历经常参加体育锻炼的人数比例要高于小学学历、大学学历。职业分类中经常参加体育锻炼的人数由多到少的依次是，商业、服务业人员，办事人员和有关人员，专业技术人员，国家机关、党群组织、企业事业单位负责人，农、林、牧、渔、水利业生产人员，生产、运输设备操作人员及有关人员。

（二）北京市居民体育活动项目参与小结

北京市居民参加体育活动主要是健步走、跑步、健身路径三类，可见北京市民参与的体育活动对场地设施依赖程度、体育技能要求、体育装备要求都比较低。在所参与的体育活动中，北京市民在柔力球、瑜伽、足球、毽球、舞蹈类体育活动、健美操、力量练习、跳绳、篮球、乒乓球、骑车、排舞、跑步、健步走等运动项目上有显著性别差异。男性以力量型体育活动为主，女性以操、舞蹈类活动为主。健步走、跑步、羽毛球是北京市居民最希望参加的体育活动。可见目前北京市居民的体育活动项目还有待发展。参加体育活动的原因调查中，占据前三位的是，增强体力与健康、消遣娱乐、防病治病。城区内的居民以室内、技术类体育活动为主，郊区的居民以户外体育活动为主。

（三）北京市民体育活动制约因素小结

调查显示，北京市居民参加体育活动主要受同事或朋友、家庭成员、体育新闻的影响。制约居民参加体育活动的前三大原因是工作忙缺少时间、没兴趣、惰性，上述原因多属于主观因素。对北京市居民中断体育活动调查发现，有10.32%的人中断过，中断时间平均为2.44年；中断原因居前三位的是，工作忙、家务忙、生病。北京市居民体育活动中断年龄随着学历提高而降低。小学学历的居民中断年龄的区间相对于其他学历的居民来说较为靠后。

参考文献

北京市体育局：《北京市第二次群众体育现状调查》，北京体育大学出版社，2008。

中国群众体育现状调查课题组：《第二次中国群众体育现状调查》，北京体育大学出版社，2005。

国家体育总局：《第三次中国群众体育现状调查》，人民体育出版社，2010。

王凯珍、李丽莉、李相如、骆秉全、颜纳新、朱宏、汪流：《北京市第二次群众体育现状调查与研究》，《首都体育学院学报》2010年第4期。

周登嵩、李林、刘昕、茹秀英、周建梅、李捷、杜俊娟：《北京市城乡体育发展差异及对策研究》，《北京体育大学学报》2008年第8期。

郭立平：《城镇居民家庭体育消费现状的调查研究》，《北京体育大学学报》2006年第6期。

李国、孙庆祝、刘超：《我国三次群众体育现状调查比较研究》，《沈阳体育学院学报》2013年第2期。

张彦峰、江崇民、蔡睿、邹金辉、武东明：《中国城镇与乡村居民参加体育锻炼的差异分析》，《中国体育科技》2010年第3期。

范宏伟、秦椿林、靳厚忠、张春萍、朱亚坤、刘晚玲：《中国都市群众体育现状与特点的调查研究》,《武汉体育学院学报》2011 年第 10 期。

成君、赵冬、曾哲淳、孙佳艺、王淼、李岩:《北京市居民体育锻炼现状及其影响因素分析》,《中国公共卫生》2007 年第 5 期。

王凯珍:《中国城市不同类型社区居民体育活动现状的调查研究》,《北京体育大学学报》2005 年第 8 期。

栗锋、庞元宁、张东黎:《我国不同年龄人群参加体育活动的项目动态特征研究》,《北京体育大学学报》2005 年第 8 期。

江崇民、张彦峰、蔡睿、张一民、王梅、孟亚峥、张铭、邹金辉:《2007 年中国城乡居民参加体育锻炼现状分析》,《体育科学》2009 年第 3 期。

蔡睿、李然、张彦峰、张铭、王梅、江崇民:《中国居民参加体育锻炼的区域差异比较》,《体育科学》2009 年第 7 期。

王崇喜、袁凤生、姚树基、赵宗跃、李鹏、张学研:《我国不同职业人群的体育现状研究》,《中国体育科技》2001 年第 9 期。

崔丽丽、叶加宝、苏连勇:《天津市社区体育活动点现状调查及发展对策研究》,《天津体育学院学报》2002 年第 2 期。

B.7
北京市居民体育健身服务
使用与需求分析报告

邢晓燕　李骁天　王凯珍*

摘　要：　本研究利用"2014 年北京市城乡居民体育活动参与和体育需
　　　　　求现状调查"数据，对北京市居民体育健身设施、体育健身
　　　　　组织、大众体育赛事活动、科学健身知识信息、体育健身指
　　　　　导、体质测量与评定等健身服务的使用情况、满意程度、未
　　　　　来需求进行分析，据此提出政策建议。就体育服务需求而言，
　　　　　在首要需求层面，北京市居民最主要的体育健身服务需求为
　　　　　体育活动场地，其次为体质测量与评定、体育健身组织；在
　　　　　次要需求层面，最主要的需求为体育健身组织，其次为体育
　　　　　活动场地、科学健身知识信息。

关键词：　北京市居民　体育健身服务使用　体育服务需求　全民健身

一　前言

（一）问题的提出

全民健身是我国推动体育发展的基本国策。自 1995 年国务院颁布《全

---

* 邢晓燕，副教授，硕士生导师，研究方向为体育消费者行为与文化、国际体育政策；李骁天，
副教授，硕士生导师，研究方向为群众体育；王凯珍，教授，博士生导师，研究方向为群众
体育、高等教育专业管理。

民健身计划纲要》以来，我国出台多部有关全民健身的政策法规，自上而下稳步推进公共体育服务体系的构建，为公众参与体育健身活动营造了良好的氛围。1995 年 6 月发布的《全民健身计划纲要》提出通过十五年两期工程，在 2010 年基本建成具有中国特色的全民健身体系[①]。2009 年 8 月，《全民健身条例》（国务院令第 560 号）公布，明确参加全民健身活动是公民的法定权利[②]。2014 年 10 月发布的《国务院关于加快发展体育产业促进体育消费的若干意见》（国发〔2014〕46 号）将全民健身上升为国家战略[③]。《国家基本公共服务体系"十二五"规划》提出衣食、居住、健康、文体是贯穿我国公民一生的生存发展基本需求，群众体育健身活动是国家基本公共服务的重要组成部分[④]。

经常参加体育锻炼人数（体育人口）是评价地方政府全民健身实施效果的核心指标[⑤]。《北京市全民健身实施计划（2011～2015 年）》提出，"到 2015 年，城乡居民体育健身意识进一步增强，经常参加体育锻炼人数达到发达国家水平并长期保持，身体素质明显提高，初步形成覆盖城乡的全民健身公共服务体系"[⑥]。体育健身设施、体育健身组织、大众体育赛事活动、科学健身知识信息、体育健身指导、体质测量与评定是实施全民健身计划的重要任务与措施保障，也是我国公共体育服务体系的重要

---

① 国务院：《全民健身计划纲要》，http：//www. sport. gov. cn/n16/n1092/n16849/312943. html，1995 年 6 月 20 日。

② 国务院：《全民健身条例》，http：//www. sport. gov. cn/n16/n1092/n16834/1417788. html，2009 年 8 月 30 日。

③ 国务院：《关于加快发展体育产业促进体育消费的若干意见》，http：//www. gov. cn/zhengce/content/2014－10/20/content_ 9152. htm，2014 年 10 月 20 日。

④ 国务院：《国家基本公共服务体系"十二五"规划》，http：//www. jxmzw. gov. cn/llb/zcfg/2012－08/22/content_ 1691426. htm，2012 年 7 月 11 日。

⑤ 国家体育总局：《关于开展〈全民健身计划（2011～2015 年）〉实施效果评估的通知》，http：//qts. sport. gov. cn/n16/n33193/n33208/n33418/n33598/5478276. html，2014 年 6 月 25 日。

⑥ 北京市体育局：《全民健身实施计划（2011～2015 年）》，http：//www. bjsports. gov. cn/publish/main/116307/116324/116326/2013/01/29/20130129095613417400981/index. html，2013 年 1 月 29 日。

组成部分①。从政策制定逻辑来看，有必要了解政策所制定的任务、部署的保障措施是否服务于政策目标的实现。就我国全民健身政策而言，其核心政策目标是保持与增加经常参加体育锻炼人数，实施该目标的重要任务与措施包括增加体育健身设施、体育健身组织、大众体育赛事活动、科学健身知识信息、体育健身指导、体质测量与评定等体育健身服务的供给。本研究对北京市城乡居民使用体育健身服务、参加体育健身活动的情况进行全面深入的描述，从个体层面呈现全民健身政策目标与任务措施之间的联动关系。

从公民个体消费者的视角来看，需求产生动机，动机引发行动。个体对体育健身的需求不同，动机各异，参加体育活动、使用体育服务的行为模式也存在差异②。根据年龄、性别、动机、忠诚度、使用度等人口心理行为变量对消费者市场进行细分，甄别同质消费群体，据此制定营销策略，是市场营销学的基本原理③。营销学的市场细分原则同样适用分析公民体育健身服务的需求与利用行为。公民健身需求的个体差异势必导致体育健身服务使用的差异。本研究通过比较北京市城乡居民不同人群体育服务使用和需求的异同，为增强全民健身政策干预的针对性与有效性提供依据。

（二）研究内容

本研究所指北京市城乡居民体育健身服务为我国全民健身、公共体育服务政策所包含的六大类体育服务，包括体育健身设施、体育健身组织、大众体育赛事活动、科学健身知识信息、体育健身指导、体质测量与评定。研究所用数据来自问卷调查、由被访者自述的近一年上述六大类体育服务的使用与需求情况。研究所指体育健身服务涵盖北京市城乡居民通过各类途径获得

---

① 国务院：《全民健身计划（2011～2015 年）》，http：//www. sport. gov. cn/n16/n1077/n1467/ n1808585/1808663. html，2011 年 2 月 15 日。

② 〔美〕马修·尚克：《体育营销学——战略性观点》（第 2 版），董进霞、邱招义、于静译，清华大学出版社，2002，第 162～163 页。

③ 〔美〕科特勒、〔美〕阿姆斯特朗：《市场营销原理》，郭国庆等译，清华大学出版社，2007。

的服务，供给方包括政府、社会组织、企事业单位等多类型体育服务生产部门。具体研究内容如下。

北京市城乡居民近一年使用的体育活动场地、场地使用的满意度、场地满足个体体育需求的程度、周边学校体育活动场地的开放程度、希望增加的体育活动场地类型。

北京市城乡居民近一年参加的体育健身组织、参加后的满意度、这些健身组织希望获得的政府支持、这些健身组织满足个体体育需求的程度、希望增加和改善的健身组织类型。

北京市城乡居民近一年参加的大众体育比赛或展示活动、这些活动的组织部门、活动满足个体体育需求的程度、今后希望组织大众体育比赛或展示活动的部门。

北京市城乡居民近一年获取科学健身知识和健身活动信息的途径、健身信息满足个体体育需求的程度、今后希望增加的健身信息传播途径。

北京市城乡居民近一年接受体育活动项目的指导情况，包括是否收费、接受指导的体育活动项目、提供指导的人员类型、体育活动项目指导满足个体体育需求的程度、今后希望获得指导的体育活动项目。

北京市城乡居民参加体质测量和评定的情况，包括是否参加、最近一次参加国民体质监测的评定结果、今后希望增加的体质测试项目。

总体而言，本研究是想获取北京市城乡居民最需要的体育健身服务、第二需要和第三需要的体育健身服务。

（三）分析框架与结构

本研究以六大体育健身服务为主脉络，以市场细分、个体差异为基本分析原则。主体报告采用总分结构，总述部分描述北京市城乡居民六大体育健身服务的利用与需求概况；根据被访者是否达到经常参加体育锻炼标准及利用六大体育健身服务的情况，将北京市城乡居民分为五大体育服务利用群体。分述部分分别对各个体育健身服务的利用与需求进行深入分析，高度凝练，挖掘北京市城乡居民体育健身服务利用、需求与需求满足的内在联系，据此提出相关政策建议。数据概述部分以行政区、性别、年龄、城乡、居住社区类型、是否达到体育人口标准为分类标准（自变量），对比不同类别北京市城乡居民利用、评价体育服务，以及体育服务需求的异同。数据概述部分全面描述、分析了使用该类体育服务的北京市城乡居民的基本人口特征。图 1 显示了本研究的基本分析框架和结构。

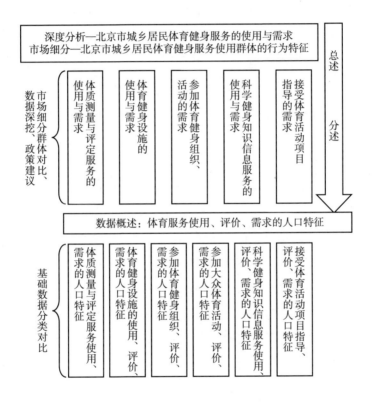

图 1　北京市城乡居民体育健身服务的利用与需求分析框架和结构

二　研究对象与方法

本研究的调查对象为 16~70 岁城市及农村的北京市户籍居民。研究使用文献资料法、问卷调查法、统计分析法、逻辑分析法。

（一）文献资料法

本研究通过中国知网、SPORTDISCUS 等数据库查询管理学、营销学、全民健身、体育消费等相关领域文献资料，形成分析框架；通过政府网站、图书馆获取二十年来我国全民健身、公共服务的相关政策文本、智库报告，进行解读分析。

（二）问卷调查法

首都体育学院研究团队设计了《2014 年北京市城乡居民体育活动参与和体育需求现状调查问卷》，问卷设计过程持续数月。首都体育学院研究团队参考群众体育、体育锻炼、公共体育服务等相关领域的研究成果，汲取"我国城乡居民身体锻炼调查"、相关省市"公共体育服务现状与需求调查"、"我国居民生活、休闲、健康状况综合调查"、"北京市第二次群众体育现状调查"的相关成果，形成问卷结构框架；邀请北京体育大学、首都体育学院群众体育、体育组织、学校体育、科学健身领域的 8 位专家对问卷进行论证，提出修改建议；北京市体育局群体处多次审阅，确保问卷设计符合北京市全民健身政策实施现状；北京零点指标信息咨询有限公司专业人员对问卷问题的调查可行性、问题获取数据的有效性进行评估、提出修改意见；问卷历经十二轮修改，两轮小样本的预测试，第一轮主要针对中青年群体，第二轮主要针对中老年群体。上述程序确保问卷设计的科学性、全面性与可操作性。

问卷包括四个部分，分别为体育活动参加情况、体育健身服务、日常体育活动状况、个人基本情况。北京零点指标信息咨询有限公司于 2014 年 10 月组织专业入户访谈员，采用多阶段随机抽样，进入市民家中对被访者进行面对面的问卷调查，共获取有效样本 3316 份。本研究主要使用问卷第二部分的数据进行分析。

（三）统计分析法

本研究使用 SPSS Statistics 22 统计软件，通过 K-Means 聚类、单因素 ANOVA、独立样本 T 检验、交叉表格等统计方法对数据进行分析。

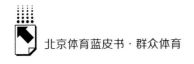
（四）逻辑分析法

本研究对获取数据进行梳理，结合管理学、营销学、消费者行为学相关理论，进行逻辑分析与推理，得出相关结论，形成政策建议。

三　结果与分析

（一）总述

1. 体育健身服务的使用与需求

如表1所示，79.9%的北京市16～70岁的城乡居民在过去一年参加了体育活动，其中达到经常参加体育锻炼活动标准（体育人口）的比例为37.2%。各类体育服务的利用率由高至低依次为使用体育活动场地（81.1%）、关注科学健身知识或健身活动信息（34.6%）、参加体质测量与评定（18.0%）、参加体育健身组织（17.6%）、参加大众体育比赛或者展示活动（12.1%）、接受体育活动项目指导（8.3%）。被访者认为，目前周边体育服务供给满足自身体育需求的程度处于中上水平，表明体育服务基本能够满足需求，单因素ANOVA分析结果显示，北京市各项体育健身服务满足居民个体体育需求的程度不存在显著差异。

表1　16～70岁北京市城乡居民体育健身服务的利用情况

单位：人，%

类型	样本数	占总样本百分比	现有体育服务是否满足需求 *
过去一年参与体育活动	2649	79.9	
经常参加体育锻炼人数 **	1234	37.2	
使用体育活动场地	2689	81.1	3.67
关注科学健身知识或健身活动信息	1146	34.6	3.65
参加体质测量与评定	596	18.0	
参加体育健身组织	582	17.6	3.61

类型	样本数	占总样本百分比	现有体育服务 是否满足需求*
参加大众体育比赛或展示活动	401	12.1	3.53
接受体育活动项目指导	275	8.3	3.54
总样本量	3316		

*使用五级量表，1代表不能满足，2代表基本不能满足，3代表一般，4代表基本能满足，5代表能满足。

**不包括16岁以下人群，2014年北京市包括在校学生在内的全人群经常参加体育锻炼人数占比为49.2%。

如表2所示，被访者对体育健身服务的首要需求前三位依次为使用体育活动场地、参加体质测量与评定、参加体育健身组织；次要需求前三位依次为参加体育健身组织、使用体育活动场地、关注科学健身知识或健身活动信息。上述结果表明体育活动场地依然是体育健身服务的主要需求。将参加体质测量与评定作为首要体育需求的被访者人数远高于使用体育活动场地之外的其他体育服务，提示随着生活水平的提高，北京市城乡居民日益关注身体健康状况，促使体质监测需求的释放。将参加体育健身组织作为首要需求的样本比例为9.0%，但在次要需求中样本占比最高（22.1%），提示在使用体育健身场地、参加体质测量与评定需求得到满足后，发展培育体育健身组织将成为满足北京市城乡居民体育需求的关键步骤。

表2　北京市城乡居民对各类体育健身服务的需求概况

单位：人，%

体育服务类型	首要需求		次要需求	
	样本数	占比	样本数	占比
使用体育活动场地	1677	50.6	550	16.6
参加体质测量与评定	564	17.0	371	11.2
参加体育健身组织	299	9.0	733	22.1
关注科学健身知识或健身活动信息	260	7.8	484	14.6
接受体育活动项目指导	205	6.2	343	10.3
参加大众体育比赛或展示活动	173	5.2	444	13.4
其他	138	4.2	391	11.8
总样本量	3316	100	3316	100

2. 不同体育健身服务使用群体

从服务营销的角度来看，不同群体的体育健身服务使用模式不同，相应产生不同的需求。通过实际消费行为对消费者进行细分，不仅能够更好地了解个体的行为消费模式，也有助于有的放矢提供服务，增加满意度。本研究使用 K-Means 聚类分析法，以被访者过去一年是否参加体育活动、是否达到体育人口标准、是否使用体育活动场地、是否关注科学健身信息、是否参加体质测量与评定、是否参加体育健身组织、是否参加大众体育比赛或展示活动、是否接受体育活动项目指导为分类变量，得出 5 类特征迥异的体育健身服务使用群体。ANOVA 分析显示这 5 个群体参加体育健身活动、使用体育健身服务的比例存在显著统计差异（$49.890 \leqslant F \leqslant 5879.863$；$p < 0.001$）。判别分析显示聚类的分组准确率达到 97.7%，说明这 5 个群体（类间）存在较大的差异，类内具有较高的共性。

如图 2 所示，北京市城乡居民体育健身服务的使用呈现为 5 个细分市场。低服务群体与信息群体的所有成员均达到"经常参加体育锻炼"标准（体育人口），分别占总人数的 19.3% 和 14.9%；高服务群体的部分成员达到体育人口标准，占总人数的 13%；参加体育活动群体与不参加体育活动

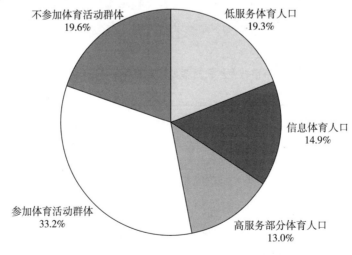

图 2 北京市城乡居民体育健身服务使用群体的比例分布

群体的所有成员均没有达到体育人口标准。这两个群体分别占总人数的33.2%和19.6%。

表3　北京市城乡居民体育健身服务使用群体的具体情况

单位：人，%

细分市场	低服务体育人口	信息体育人口	高服务部分体育人口	参加体育活动群体	不参加体育活动群体	总体
人数	640	494	432	1101	649	3316
占比	19.3	14.9	13.0	33.2	19.6	100
达到经常参加体育锻炼标准	100.0	100.0	31.7	0.0	0.0	37.2
过去一年参加体育活动	100.0	100.0	96.7	98.6	3.8	79.9
使用体育活动场地	97.9	99.0	100.0	99.5	8.6	81.1
关注科学健身知识或健身活动信息	0.0	100.0	62.5	31.4	8.5	35.9
参加体质测量与评定	15.4	25.4	36.5	16.1	6.1	18.4
参加体育健身组织	8.9	12.9	93.9	3.6	1.7	17.6
参加大众体育比赛或展示活动	2.3	3.5	78.4	2.0	0.4	12.1
接受体育活动项目指导	4.4	9.0	29.5	6.2	0.9	8.4

如表3所示，低服务体育人口细分市场的典型特征是所有成员达到经常参加体育锻炼标准，但是都不关注健身知识或健身活动信息。除了使用开展体育健身活动所必需的体育活动场地外，低服务体育人口参加体育健身组织、参加大众体育比赛或展示活动、参加体质测量与评定、接受体育活动项目指导的比例均低于样本均值。

信息体育人口细分市场的典型特征是所有成员达到经常参加体育锻炼标准、关注健身知识或健身活动信息。此外，信息体育人口参加体质测量与评定的比例高于样本均值，而参加体育健身组织、大众体育比赛或展示活动的比例低于样本均值。

高服务部分体育人口的典型特征是关注科学健身知识或健身活动信息、参加体质测量与评定、参加体育健身组织、参加大众体育比赛或展示活动、接受体育活动项目指导这5类体育服务使用的比例远高于样本均值：93.9%的成员是体育健身组织的成员；78.4%的成员在过去一年参加大众体育比赛或展示活动；62.5%的成员关注体育健身知识或健身活动信息；36.5%的成员参加了体质测量与评定；29.5%的成员接受过体育活动项目指导。与信息、低服务群体不同，高服务群体中仅有31.7%的人达到体育人口标准。

参加体育活动群体是最大的体育健身服务使用群体。该细分市场的典型特征是，虽然成员在过去一年使用了体育活动场地，参加了体育活动，但是均未达到体育人口标准。不参加体育活动样本占总样本量的19.6%。该细分市场的典型特征是成员在过去一年基本没有参加体育活动，使用各类体育服务的比例极低。

3. 体育健身服务使用群体的需求分析

如表4所示，虽然5个细分市场的体育健身服务使用存在差异，使用体育活动场地、参加体质测量与评定在各群体中均为占比最高与次高的首要需求，提示全民健身实施方案应注重落实体育活动场地的供给、体质测量与评定服务的提供。尤其值得注意的是，不参加体育活动群体将参加体质测量与评定列为首要需求的占比（24.2%）远高于其他群体，将使用体育活动场地列为首要需求的占比（39.9%），远低于其他群体，提示目前尚未参加体育活动的市民对参加体质测量与评定的需求较高，可以在体质测量与评定服务中增加运动处方等内容，有意识引导该群体成员逐步尝试参加体育健身活动。

表4　体育健身服务使用群体的首要体育需求

单位：人，%

细分市场	低服务体育人口	信息体育人口	高服务部分体育人口	参加体育活动群体	不参加体育活动群体	样本均值
使用体育活动场地	53.6	57.1	51.6	51.8	39.9	50.6
参加体质测量与评定	18.3	12.6	12.3	15.9	24.2	17.0
参加体育健身组织	9.8	7.3	8.6	9.3	9.4	9.0
关注科学健身知识或健身活动信息	5.3	9.9	7.4	8.0	8.8	7.8
接受体育活动项目指导	4.1	6.1	10.0	5.5	6.9	6.2
参加大众体育比赛或展示活动	5.3	5.5	8.3	4.9	3.4	5.2
其他	3.6	1.6	1.9	4.6	7.4	4.2
人数总计	640	494	432	1101	649	3316

（二）分述

1. 参加体质测量与评定情况及需求

在首要需求中北京市民参加体质测量与评定仅排在使用体育活动场地之后，不同细分市场对体质测评的使用、需求及评定结果也不尽相同。卡方检验显示，细分市场群体之间的体质评定结果存在显著差异（chi-square = 50.563，$P < 0.001$）。虽然不参加体育活动群体的体质不合格率（24.4%）明显高于其他群体，但该群体的体质优秀率（14.6%）却仅次于信息体育人口（见表5）。可以推导，不参加体育活动群体存在两极分化的情况，部分成员体质较好，没有感受到体育健身的必要，另一部分成员可能因为体质较弱，不适合参加健身活动。上述结果提示通过参加体质测量与评定为该群体中体质弱、有健身需求的成员提供量身定制的运动处方，能够引导这部分人群通过健身活动提高健康水平、提升生活质量。

表5　体育健身服务使用群体的体质测量与评定情况

单位：人，%

细分市场	信息体育人口	低服务体育人口	高服务部分体育人口	参加体育活动群体	不参加体育活动群体
优秀	19.2	7.1	11.8	11.8	14.6
良好	40.0	33.7	44.7	36.0	29.3
合格	34.4	45.9	37.5	42.7	31.7
不合格	4.8	8.2	3.3	5.6	24.4
其他	1.6	5.1	2.6	3.9	0.0
参加测评人数总计	125	98	152	178	41
细分市场人数	494	640	432	1101	649
细分市场占比	25.3	15.3	35.2	16.2	6.3

此外，除国家规定体质测试项目外，被访者希望增加的项目依次为骨密度（49.0%）、亚健康（44.4%）、动脉硬化（29.7%）、心肺功能（28.7%）、柔韧性（25.5%）、体成分（24.8%）、平衡能力

（24.0%）、骨龄（20.1%）、糖基化（19.2%），提示有必要增加相关体质测评项目。

2. 体育活动场地的使用与需求

（1）体育活动场地使用需求分析

如表6所示，北京市城乡居民经常使用的体育活动场地依次为住宅小区空地（31.2%）、公园（29.9%）、住宅小区体育场地（27.8%）、自然区域（18.2%）、公路旁（17.0%）、广场（16.3%）、公共体育场馆（11.2%）、单位体育场馆（8.4%）、健身会所（7.2%）、自家庭院或室内（3.3%）。2013年我国20~69岁人群体育健身活动和体质状况抽测显示，在单位或小区的体育场所健身的人数比例为23.1%，其后依次为公共体育场馆（15.2%）、公园（12%）、住宅小区空地（8.7%），公路、街道旁和广场、场院健身的人数比例合计为14%①。2014年全民健身活动状况调查显示，我国城乡居民参加体育锻炼的场所的人数分布依次为公共体育场馆（18.4%）②、健身路径（15.5%）、广场和场院的空地（15.1%）、自家庭院或室内（12.8%）、单位或社区的体育场所（12%）、住宅社区的空地（9.2%）、公路旁（7.6%）、公园内的空地（5.4%）、健身会所（3.6%）③。由于统计口径存在差异，无法对调查结果直接进行比较。但是从排序来看，北京市居民在住宅小区周边、公园内锻炼的人数比例相对较高，在公共体育场馆健身的人数比例相对较低。

如表6所示，北京市城乡居民最希望增加的体育场地类型依次为住宅小区体育场地（43.6%）、公园（35.5%）、住宅小区空地（29.5%）、公共体育场馆（29.4%）、自然区域（24.5%）、健身会所（20.5%）。

---

① 刘国永、杨桦、任海：《中国群众体育发展报告（2014）》，社会科学文献出版社，2014，第288~294页。

② 调查中的公共体育场馆是指全民健身活动中心，大型体育场馆或城镇体育中心，学校体育场馆，公园内的体育场馆、健身步道等。

③ 国家体育总局：《2014年全民健身活动状况调查公报》，国家体育总局官网，2015年11月16日。

表6 北京市城乡居民经常使用及希望增加的体育场地类型

单位：%

类别	场地类型	经常使用比例	希望增加比例
明星类	住宅小区体育场地	27.8	43.6
	公园	29.9	35.5
	自然区域	18.2	24.5
问题类	公共体育场馆	11.2	29.4
	健身会所	7.2	20.5
	单位体育场馆	8.4	14.1
金牛类	住宅小区空地	31.2	29.5
	广场	16.3	18.7
瘦狗类	公路旁	17.0	8.0
	自家庭院或室内	3.3	4.5

注：本题为多选题，百分比之和大于100%；N=3316。

管理学中的波斯顿矩阵根据市场占有率和市场增长率将企业的业务分为四种类型：占有率高、增长率高的明星业务；占有率高、增长率低的金牛业务；占有率低、增长率高的问题业务；占有率和增长率均低的瘦狗业务①。将波斯顿矩阵应用于健身场地的发展规划，可以将不同场地类型视为企业业务，场地使用比例视为市场占有率，希望增加比例视为市场增长率。

如表6所示，"明星类场地"包括住宅小区体育场地、公园、自然区域。"明星类场地"的使用比例和希望增加比例均较高，且希望增加比例明显高于现有使用比例，说明这类场地在满足市民健身活动场地需求中已经发挥重要作用，且有较大的增长空间。例如，27.8%的被访者目前经常使用住宅小区体育场地；43.6%的被访者希望增加该类场地的供给；29.9%的被访者经常在公园进行健身活动，希望今后增加该类场地供给的被访者高达35.5%。鉴于"明星类场地"在全民健身中的重要作用，建议稳步增加住宅小区体育场地、公园、自然区域体育活动场地的供给。

"问题类场地"包括公共体育场馆、健身会所、单位体育场馆。"问题

---

① 杨跃之：《管理学原理》，人民邮电出版社，2012。

类场地"目前使用比例较低，希望增加比例远高于使用比例，提示"问题类场地"具有较大的增长空间。仅7.2%的被访者经常在健身会所健身，而20.5%的被访者希望增加这类场馆的供给。将"问题类场地"转变为"明星类场地"是满足公众体育活动场地需求的关键所在。因此，应重点投入资源，增加公共体育场馆、健身会所、单位体育场馆的供给。

"金牛类场地"包括住宅小区空地、广场。虽然希望增加比例略低于"明星类场地"，但"金牛类场地"具有较高的使用比例。比如31.2%的被访者经常在住宅小区空地健身，29.5%的被访者希望增加该类型场地的供给。总体来看，"金牛类场地"虽然在全民健身中发挥着重要作用，但是增长空间相对有限，维持这类场地的供给，将有利于缓解现阶段体育活动场地的供需矛盾。

"瘦狗类场地"包括公路旁、自家庭院或室内。这类型体育活动场地的使用比例和希望增加比例较低，被访者目前虽然使用但是并非最优选择。可以预期，随着其他三类体育活动场地供给的增加，使用"瘦狗类场地"的体育健身者将进一步减少。

（2）体育活动场地的功能设置分析

使用场地的目的是进行体育健身活动，场地需求与参加体育活动需求密切相关。较高比例的被访者希望增加"问题类场地"和"明星类场地"的供给，因此重点对这两类场地的体育活动项目需求进行分析。如表7所示，就"问题类场地"而言，希望增加公共体育场馆供给的被访者今后希望参加且与公共体育场馆功能相吻合的体育活动项目依次为游泳（20.6%）、羽毛球（14.7%）、乒乓球（11.7%）、跑步（9.0%）、力量练习（6.9%）、网球（6.0%），提示公共体育场馆功能配置应优先考虑游泳池、乒羽场地、多功能健身房（含跑步机、力量练习器械）。希望增加健身会所供给的被访者今后希望参加的且与健身会所功能相吻合的项目依次为游泳（21.0%）、跑步（6.5%）、健美操（6.2%）、瑜伽（6.0%）、交际舞等（5.9%），提示健身会所功能配置应优先考虑游泳池、操房（用于瑜伽、舞蹈、健美操等团操类活动）、小型健身房（以跑步机为主）。

表7 "问题类场地"的体育活动项目需求

单位：人次，%

公共体育场馆需求群体（$N=976$）			健身会所需求群体（$N=681$）		
今后希望参加的项目	频率	百分比	今后希望参加的项目	频率	百分比
游泳	201	20.6	游泳	143	21.0
羽毛球	143	14.7	羽毛球	72	10.6
乒乓球	114	11.7	乒乓球	67	9.8
登山	93	9.5	登山	60	8.8
跑步	88	9.0	排舞、广场舞	46	6.8
健身路径	71	7.3	健步走	44	6.5
力量练习	67	6.9	跑步	44	6.5
排舞、广场舞	67	6.9	健美操	42	6.2
网球	59	6.0	瑜伽	41	6.0
健步走	57	5.8	交际舞等	40	5.9

注：本题为多选题，表中仅列出需求最多的10个项目。

如表8所示，就"明星类场地"而言，希望增加住宅小区体育场地的被访者今后最希望参加的且与住宅小区体育场地功能相吻合的项目依次为羽毛球（13.6%）、乒乓球（11.1%）、排舞和广场舞（9.2%）、跑步（8.1%）、健身路径（7.0%）、太极拳和太极剑（6.5%）、各类舞蹈（6.4%），提示住宅小区体育场地功能配置应优先考虑乒羽、健身广场，以及健身步道。希望增加公园健身场地供给的被访者今后希望参加的且与公园健身场地功能相吻合的项目依次为登山（11.3%）、羽毛球（10.5%）、排舞和广场舞（9.3%）、乒乓球（9.1%）、跑步（8.6%）、太极拳和太极剑（7.6%）、健身路径（7.4%）、各类舞蹈（6.1%）、柔力球（5.9%），提示公园健身场地功能配置应优先考虑乒羽、多类型的健身广场及健身步道。此外，地理地貌适宜的公园应为市民登山徒步提供便利。希望增加自然区域健身场地的被访者今后希望参加的且与自然区域功能相吻合的项目依次为登山（9.5%）、跑步（9.2%）、太极拳和太极剑（7.1%）、排舞和广场舞（6.4%）、骑车（5.9%），提示自然区域休闲健身功能配置优先考虑登山路径、健身步道、骑游路线，并合理利用市民居住空间周边的自然区域开辟健身空地。从项目来看，游泳、羽毛球在各类需求群体中均排在前三位，提示大力增加游泳、羽毛球场地的供给有利于满足北京市城乡居民的健身需求。

表8 "明星类场地"的体育活动项目需求

单位：人次，%

住宅小区体育场地需求群体（N=1446））			公园需求群体（N=1178）			自然区域需求群体（N=813）		
今后希望参加的项目	频率	百分比	今后希望参加的项目	频率	百分比	今后希望参加的项目	频率	百分比
游泳	254	17.6	游泳	209	17.7	游泳	118	14.5
羽毛球	197	13.6	登山	133	11.3	羽毛球	86	10.6
乒乓球	161	11.1	羽毛球	124	10.5	登山	77	9.5
排舞和广场舞	133	9.2	排舞和广场舞	110	9.3	跑步	75	9.2
跑步	117	8.1	乒乓球	107	9.1	乒乓球	68	8.4
健身路径	101	7.0	跑步	101	8.6	健身路径	62	7.6
太极拳、剑	94	6.5	太极拳、剑	90	7.6	太极拳、剑	58	7.1
舞蹈	93	6.4	健身路径	87	7.4	排舞和广场舞	52	6.4
登山	88	6.1	舞蹈	72	6.1	网球	51	6.3
健美操	77	5.3	柔力球	70	5.9	骑车	48	5.9

注：本题为多选题，表中仅列出需求最多的10个项目。

3. 参加健身组织、健身活动需求

体育健身组织是除了体育活动场地、国民体质监测之外需求较大的体育健身服务。17.9%的被访者（592人）在过去一年参加了体育健身组织，12.1%的被访者（401人）在过去一年参加了大众体育比赛或展示活动，其中80%的大众体育活动参加者（321人）同时是体育健身组织的成员，两项服务的使用者重合度较高。从市场细分来看，高服务群体中93.9%的成员在过去一年是体育健身组织的成员，78.4%的成员参加了大众体育比赛或展示活动，提示体育健身团队是动员、吸引市民参加全民健身比赛或体育活动的有效载体。

如表 9 所示，被访者较多参加的健身组织类型依次为社区的自发组织（182 人，5.5%）、由社区发起的组织（155 人，4.7%）、由单位发起的组织（130 人，3.9%）、社区单位之外的自发组织（118 人，3.6%）、单位的自发组织（72 人，2.2%）。被访者希望增加和改善的体育健身组织依次为社区的自发组织（857 人，25.8%）、由社区发起的组织（842 人，25.4%）、由单位发起的组织（395 人，11.9%）。此外，被访者对体育部门（协会）发展体育健身组织有较高的期望，10.1% 的被访者（336 人）希望增加和改善体育部门（协会）的健身组织。可见，社区和单位是市民参加体育健身组织的主要载体，社会与商业健身组织成为有益补充，众多被访者希望增加体育部门（协会）在体育健身组织中的作用。

表 9　被访者体育健身组织的参加情况及希望增加和改善的体育健身组织

单位：人，%

参加的体育健身组织			最希望增加和改善的体育健身组织		
组织类型	样本数	百分比	组织类型	样本数	百分比
社区的自发组织	182	5.5	社区的自发组织	857	25.8
由社区发起的组织	155	4.7	由社区发起的组织	842	25.4
由单位发起的组织	130	3.9	由单位发起的组织	395	11.9
社区单位之外的自发组织	118	3.6	由体育部门发展的体育健身组织	336	10.1
单位的自发组织	72	2.2	社区和单位联合组成的组织	226	6.8
由体育部门发展的体育健身组织	40	1.2	单位的自发组织	134	4.0
商业组织	29	0.9	社区单位之外的自发组织	81	2.4
社区和单位联合组成的组织	25	0.8	商业组织	45	1.4
其他	36	1.1	其他	300	9.0

注：本题为多选题，所有应答率之和大于 100%。

在 592 名参加体育健身组织的被访者中，335 人（56.6%）清晰地描述了所参加体育健身组织的名称或运动项目。通过编码、归类、统计得出，被访者参加的健身组织共计开展约 22 个体育健身项目。如表 10 所示，开展多个健身项目的综合性健身团队的占比最高（100 个，29.9%）。开展单项活动的健身组织中，数量排在前9位的依次为广场舞等（63个，18.8%）、羽毛球（22个，6.6%）、篮球（21个，6.3%）、乒乓球（14个，4.2%）、健步走（12个，3.6%）、登山（12个，3.6%）、健身操（12个，3.6%）、太极拳剑队（12个，3.6%）、足球（9个，2.7%）。323名被访者（54.6%）认为自己参加的体育健身组织需要政府支持，希望获得支持的类型依次为资金支持（140人，39.8%）、场地支持（110人，31.2%）、政策支持（45人，12.8%）、人员培训（19人，5.4%）。

表10　被访者参加体育健身组织的项目分布

单位：人，%

项目	样本数	百分比	健身队名称举例
多项目	100	29.9	永定路社区快乐老年队、广电总局单位健身队
广场舞等	63	18.8	小区健身广场舞队、香山老年秧歌队
羽毛球	22	6.6	离退休中心羽毛球队、中科院地质所羽毛球协会
篮球	21	6.3	单位篮球队、小区篮球队
乒乓球	14	4.2	乒乓球俱乐部、单位乒乓球队
健步走	12	3.6	徒步协会、小区徒步走队
登山	12	3.6	单位登山队、驴友红星登山队
健身操	12	3.6	金凤凰健身操队、拍手操队
太极拳剑	12	3.6	马坡二区太极队、小区太极拳队
足球	9	2.7	中电兴发足球队、好哥们足球队

与体育健身组织的类型相似，在401位被访者参加的大众体育比赛或展示活动中，占比最高的为社区/村委会组织的活动（200人，49.9%），按参加人数排序，依次为单位（148人，36.9%）、体育协会（56人，14.0%）、体育行政部门（41人，10.2%）组织的活动。就需求而言，被访者（3316人）最希望由社区/村委会组织活动（1665人，50.2%），其次为体育行政部门（410人，12.4%）、体育协会（400人，12.1%）、单位（400人，12.1%）。就使用而言，单位组织的大众健身活动仅排在社区/村委会之后，然而就需求而言，被访者更希望体育部门（协会）组织活动，提示市民希望体育部门（协会）在大众体育比赛或展示活动中发挥更大的作用。

4. 科学健身知识或健身活动信息的获取与需求

34.6%的被访者（1146人）在过去一年通过各类信息渠道关注健身知识或健身活动信息。主要的信息获取渠道依次为电视（963人，80.4%）、纸质报刊（421人，36.8%）、网站（397人，34.6%）、社区宣传（296人，25.8%）、自媒体（223人，19.5%）、电台（146人，12.8%）。被访者希望今后增加的健身知识或健身活动信息获取渠道依次为电视（2202人，66.4%）、社区宣传（1508人，45.5%）、网站（998人，30.1%）、纸质报刊（825人，24.9%）、讲座（779人，23.5%）、自媒体（589人，17.8%）。课题组对前6项信息渠道需求进行分析，发现不同年龄段的信息渠道需求存在显著差异（$23.525 \leqslant chi - square \leqslant 465.682$；$0.009 \leqslant p \leqslant 0.000$）。如表11所示，45岁以上的被访者希望通过电视获取健身信息的百分比高于样本均值（66.4%）；45岁以下的被访者低于样本均值，年龄越小，该比例越低（15~19岁组为50.8%），年龄越大，通过电视获取健身信息的比例越高（65~70岁组为74.6%）。与电视健身信息获取相似，40岁以上的被访者通过社区宣传获取健身信息的占比高于样本均值（45.5%）；年龄越小的被访者该比例越低（15~19岁组为29.2%）；年龄越大的被访者该比例越高（60~64岁组为61.4%）。被访者通过讲座、纸质报刊获取健身信息的年龄分布基本与电视、社区宣传相似。44岁及以下的被访者通过网站获取健身信息的百分比高于样本均值（30.1%），该比例随着年龄增长而降低（65~70岁组为6.0%），随着年龄减小而增加（15~19岁组为58.5%）。被访者通过自媒体（微信、微博）获取健身信息的年龄分布与网站相似，提示各年龄段的人群接触媒体习惯不同，对体育健身信息传播途径的需求存在差异，建议通过电视、社区宣传、讲座、纸质报刊重点投放针对中老年群体（40岁及以上）的健身知识或健身活动信息；通过网站、自媒体（微信、微博）重点投放针对中青年群体（44岁及以下）的健身知识或健身活动信息。

5. 接受体育活动项目指导的需求

仅8.3%的受访者（275人）近一年曾接受过体育项目指导。如表12所示，最经常接受指导的体育活动项目前五项依次为游泳（15.6%）、跑步（15.3%）、

表 11　各年龄段被访者希望增加的健身信息获取渠道

单位：人，%

年龄段	电视		社区宣传		网站		讲座		纸质报刊		自媒体	
	样本数	比例	样本数	比例	样本数	比例	样本数	比例	样本数	比例	样本数	比例
15~19 岁	66	50.8	38	29.2	76	58.5	18	13.8	20	15.4	43	33.1
20~24 岁	172	59.9	96	33.3	134	46.5	60	20.9	60	20.8	109	38.0
25~29 岁	233	63.7	128	35.0	175	47.8	63	17.2	84	23.0	104	28.4
30~34 岁	231	62.4	128	34.6	181	48.9	80	21.6	87	23.5	86	23.2
35~39 岁	168	65.6	94	36.7	102	39.8	46	17.9	56	21.8	60	23.4
40~44 岁	210	63.3	155	46.7	113	34.0	71	21.4	86	25.9	67	20.2
45~49 岁	227	67.8	157	46.9	95	28.3	77	23.0	99	29.6	48	14.3
50~54 岁	279	71.7	210	53.8	54	13.9	108	27.7	104	26.7	39	10.0
55~59 岁	267	72.6	217	59.0	39	10.6	123	33.4	113	30.6	16	4.3
60~64 岁	199	71.3	172	61.4	17	6.1	83	29.7	72	25.8	11	3.9
65~70 岁	150	74.6	113	56.2	12	6.0	50	24.9	44	21.9	6	3.0
总计	2202	66.4	1508	45.5	998	30.1	779	23.5	825	24.9	589	17.8

篮球（13.1%）、羽毛球（12.7%）、瑜伽（11.3%）。在接受过体育项目指导的被访者中，30.5%的人表示自己接受的指导需要收费。被访者付费接受指导占比较高的项目依次为网球（77.8%）、瑜伽（77.4%）、游泳（72.1%）、保龄球（58.3%）、健美操（41.7%）、力量练习（40%）。

表 12　被访者接受体育活动项目指导及付费情况

单位：人，%

项目	接受指导的人数		其中付费接受指导的人数	
	样本数	百分比	样本数	百分比
游泳	43	15.6	31	72.1
跑步	42	15.3	7	16.7
篮球	36	13.1	5	13.9
羽毛球	35	12.7	6	17.1
瑜伽	31	11.3	24	77.4
广场舞	27	9.8	1	3.7
力量练习	25	9.1	10	40.0
健美操	24	8.7	10	41.7
交际舞等	24	8.7	4	16.7
太极	23	8.4	4	17.4
体操	22	8.0	2	9.1
乒乓球	21	7.6	3	14.3
健步走	15	5.5	1	6.7
保龄球	12	4.4	7	58.3
足球	11	4.0	1	9.1
网球	9	3.3	7	77.8

注：本题为多选题，所有应答率之和大于100%。

在接受过指导的 275 人中，得到健身教练指导的被访者占比最高（25.1%），其次为体育老师（22.1%）、专业教练（21.3%）、社会体育指导员（20.6%）、其他接受过专业训练的人士（15.4%）。健身教练是调查中提供指导服务最多的群体，而社会体育指导员则是体育部门多年来大力培育的指导群体。如表 13 所示，对这两类指导群体对比结果显示，健身教练提供指导的运动项目基本是健身会所开展的项目，例如游泳、瑜伽、健美操、力量练习等；社会体育指导员提供指导的项目中广场舞占比最高（26%），其后依次为羽毛球（19%）、交际舞（14%）、跑步（14%）、乒乓球（14%）。如表14所示，从接受过这两类人员指导的被访者最经常使用的体育活动场地来看，接受健身教练指导的被访者超过半数使用健身会所（55%），接受社会体育指导员指导的被访者最经常使用的体育活动场所主要为住宅小区体育场地（23%）和公园（18%）。

表13　被访者接受指导的项目

单位：人次，%

接受健身教练的指导(N=69)			接受社会体育指导员的指导(N=57)		
项目	频数	百分比	项目	频数	百分比
游泳	23	33	广场舞	15	26
瑜伽	20	29	羽毛球	11	19
健美操	13	19	交际舞	8	14
力量练习	9	13	跑步	8	14
保龄球	7	10	乒乓球	8	14

表14　被访者接受指导经常使用的体育活动场地

单位：人次，%

接受健身教练的指导(N=69)			接受社会体育指导员的指导(N=57)		
项目	频数	百分比	项目	频数	百分比
健身会所	38	55	住宅小区体育场地	13	23
公共体育场馆	6	9	公园	10	18
住宅小区空地	4	6	公共体育场馆	7	12
广场	4	6	住宅小区空地	6	11
公园	4	6	广场	5	9
住宅小区体育场地	3	4	单位体育场地	5	9

如表15所示，除了已经接受指导的项目，近一年接受过指导的被访者希望获得指导的项目按百分比排序依次为游泳（19.6%）、羽毛球（9.8%）、乒乓球（8.4%）、健步走（6.9%）、健美操（6.9%）、瑜伽

（6.2%）。在近一年未接受过体育项目指导的被访者中，有22.2%的人计划在未来接受指导，按百分比排序希望接受指导的项目依次为游泳（28.5%）、羽毛球（23.4%）、健步走（17.4%）、乒乓球（16.5%）、排舞、广场舞（15.0%）。综上所述，游泳和羽毛球是市民体育指导需求最大的体育活动项目。

表15　被访者今后希望获得指导的体育活动项目

单位：人次，%

近一年接受过指导的被访者(N＝275)			近一年没有接受过指导、希望今后接受指导的被访者(N＝674)		
项目	频数	百分比	项目	频数	百分比
游泳	54	19.6	游泳	192	28.5
羽毛球	27	9.8	羽毛球	158	23.4
乒乓球	23	8.4	健步走	117	17.4
健步走	19	6.9	乒乓球	111	16.5
健美操	19	6.9	排舞、广场舞	101	15.0
瑜伽	17	6.2	健身路径	94	13.9
篮球	17	6.2	跑步	79	11.7
网球	14	5.1	太极拳、剑	74	11.0
太极拳、剑	13	4.7	瑜伽	70	10.4
滑雪	13	4.7	网球	64	9.5

四　讨论与建议

（一）体育服务使用个体差异显著，建议加强全民健身政策干预的针对性

北京市不同人群体育健身服务的使用差异显著，存在5个细分市场：低服务体育人口（19.3%）虽然经常参加体育锻炼，却较少使用体育活动场地之外的各类体育服务；信息类体育人口（14.9%）的所有成员使用科学健身知识或体育活动信息服务；高服务部分体育人口中近70%的成员没有

达到经常参加体育锻炼的标准，而该群体使用各类体育服务的占比在各细分市场中最高；一般体育活动群体（33.2%）在所有细分市场中人数最多，该群体成员虽然在过去一年参加了体育活动，但是均没有达到经常参加体育锻炼人口标准，使用各类体育健身服务的人数比例低于样本均值；无体育活动群体（19.6%）基本没有在过去一年参加任何体育活动，极少使用各类体育健身服务。经常参加体育锻炼人数比例长期保持不低于49%，是《北京市"十二五"全民健身实施计划》的首要目标。对北京市民体育服务使用行为的市场细分显示，除了体育活动场地之外，是否达到经常参加体育锻炼标准与相关体育健身服务（参加体育健身组织与活动、关注体育健身信息、接受体育活动指导、接受体质测评）的使用率没有必然联系。部分北京市体育人口并不经常使用各类体育服务（如本研究中的低服务体育人口），反之，经常使用者（本研究中的高服务部分体育人口）未必达到体育人口标准。北京市第二次群众体育现状调查显示，2008年北京市16~75岁经常参加体育锻炼人数占比为43.2%，已经达到甚至超过发达国家的水平，研究者认为在今后一段时间，北京市经常参加体育锻炼的人数比例可能会在一定范围内上下波动①。重点针对不经常参加体育活动的人群（如一般体育活动群体、无体育活动群体）进行政策干预，是进一步保持、增加北京市经常参加体育锻炼人数的潜在突破口；对这部分人群的干预措施不能够局限于增加现有体育健身服务的供给，应重点提高政策干预的精准度。

从需求的角度来看，北京市体育健身服务各个使用群体共同的需求是场地与体质监测。体育活动场地属于刚性需求，体质监测上升到首要需求的第二位，体现了社会生活水平提高对北京市城乡居民健身意识的积极影响，尤其是2008年奥运会以来北京市民日益关注自身健康状况，对体质监测的需求得到很大程度的释放。体质测量与评定能够衡量体育锻炼的成效，为如何进行体育锻炼提供科学依据，该服务的使用不要求实际参加体育活动，因而

---

① 李丽莉、王凯珍等：《北京市第二次群众体育现状调查与研究》，北京体育大学出版社，2012，第8~25页。

更容易为不参加体育活动的市民所接受。本次调查中的不参加体育活动群体过去一年使用体质监测的占比远低于其他四个细分市场，然而，该群体将体质监测作为首要需求的占比远高于其他群体。有重点地面向不参加体育活动的群体提供体质监测服务，通过运动处方等方式引导该群体科学健身锻炼，是北京市进一步提升体育参与率、增加体育人口的突破口。

（二）全民健身体育服务需求动态变化，不易预测，应持续跟踪监测

本研究发现，北京市城乡居民对体育健身信息、体育技能指导、体育健身服务、体育健身组织、大众体育比赛或展示活动服务的需求与使用度相关，使用度越高、需求越强。信息类体育人口将体育健身信息服务作为首要需求，高服务部分体育人口将体育技能指导服务作为首要需求的占比均高于其他细分市场。全民健身体育需求是否得到满足不仅取决于服务供给，也取决于被访者是否存在健身需求；而被访者个人的体育健身服务需求存在变数，可能现在需求很低，却在使用过程中逐步释放、增加。全民健身体育服务需求的动态变化与不可预测性增加了科学制订、实施全民健身计划的难度，建议持续跟踪、监测北京市城乡居民各类体育健身服务的使用与需求情况，为科学决策提供依据。

（三）场地是刚性需求，应分类增加场地供给

场地是开展体育活动的基本条件，也是各类服务中使用比例最高的。在北京这样人口密集的超大城市，体育活动场地更是稀缺资源，超过半数被访者将体育活动场地作为自身的首要体育需求。不同的体育活动项目对场地要求不同，场地的供给在一定程度上影响、限制大众的体育活动选择范围。被访者最经常使用的场地依次为住宅小区空地（31.2%）、公园（29.9%）、住宅小区体育场地（27.8%）、自然区域（18.2%）、公路旁（17.0%）、广场（16.3%）；今后希望增加的场地依次为住宅小区体育场地（43.6%）、公园（35.5%）、住宅小区空地（29.5%）、公共体育场馆（29.4%）、自然

区域（24.5%）、健身会所（20.5%）。无论是目前使用还是希望增加的场地类型都显示相当数量的北京市城乡居民在非体育活动场地（如住宅小区空地、公路旁、广场）开展体育健身活动，建议在维持现有供给的基础上，有针对性地加大多功能体育活动场地的供给。

应用管理学波斯顿矩阵原理，将场地使用率视为市场占有率，将场地需求率视为市场增长率，可以将体育活动场地分为四种业务类型，据此制定场地的供给策略。建议稳步增加"明星类场地"（包括住宅小区体育场馆、公园、自然区域）的供给；重点投入资源，增加"问题类场地"（包括公共体育场馆、健身会所）的供给；维持"金牛类场地"（包括住宅小区空地、广场）的供给；通过增加上述三类场地的供给，减少对"瘦狗类场地"（包括公路旁、自家庭院或室内）的依赖。

（四）扎根社区，形成项目人群组织活动体系

参加体育健身组织与大众体育比赛或展示活动的被访者高度重合，提示健身团队是动员、吸引北京市民参加大众体育比赛与活动的有效载体，组织与活动互为依托。北京市城乡居民参加的健身组织多为基于社区或者单位的小型松散健身团队，开展项目主要有适合中老年的健身活动，如广场舞、健身操、太极等；群众基础好的体育活动项目，如羽毛球、乒乓球、健步走、登山等；大球类项目，如篮球、足球等。鉴于此，建议在坚持社区体育的基础上，根据在广大健身团队中开展较为普及的项目、参与人群的人口特征，以项目和人群为主线，通过体育公共服务购买的方式，大力扶持相关项目、群体的市、区级体育协会，重点支持健身团队的骨干成员在体育协会的运作中发挥决策作用，加强体育协会的代表性和动员力，以体育协会为抓手，为健身团队提供资金、场地、人员培训等支持，最终形成扎根基层（以健身团队为基本单位）、组织有序（由点到面、市区级协会统领）、动员有力（如健身骨干培训、健身活动组织）、绩效清晰（以健身团队数量、项目参加者人数、所组织的健身活动为考核指标）、以社区为自然行政单元、基于项目和人群的健身组织与活动体系。

（五）健身信息服务使用量较大、需求较低，应大力发展社区信息渠道

科学健身知识或健身活动信息是被访者中除了体育活动场地之外使用比例最高的体育健身服务，但是在6类体育健身服务的首要需求中仅排在第4位，这样的反差在一定程度上说明北京市城乡居民可以通过体育健身服务之外的多种渠道获取信息，因此虽然关注健身信息的被访者较多，但是体育健身信息服务在需求排序中相对靠后。考虑到健身信息的传播途径多元、具有较强的可获取性，建议在公共体育服务健身信息资源配置中，将重点放在制作专业性强、科技含量高的健身知识信息，通过受众广泛的大众媒体（如电视、报纸、网站）进行发布，同时致力于发展大众媒体覆盖面较小而需求较大的健身信息渠道（如社区宣传、讲座）。

（六）公益和付费指导并存，应发挥社会体育指导员的主体作用

仅8.3%的被访者（275人）在过去一年接受过体育活动项目指导，其中30.5%使用了付费指导。提供体育活动项目指导的主体依次为健身教练（25.1%）、体育老师（22.1%）、专业教练（21.3%）、社会体育指导员（20.6%）、其他接受过专业训练的人士（15.4%）。

北京市民付费接受指导的项目多为健身会所开展的项目，如游泳、瑜伽、健美操、力量练习、保龄球，主要由健身教练提供指导。公益免费接受指导的项目主要包括参与广泛的健步走和跑步；在中老年群体中较为普及的排舞、广场舞、交际舞、太极拳剑；中青年喜爱的羽毛球、篮球、乒乓球、足球。

健身教练与专业教练成为体育活动项目指导的主要提供者，提示北京市全民健身服务业在市民体育活动参与中发挥了重要作用。建议持续扶持体育健身服务业，同时重点发挥社会体育指导员在全民健身中的主体作用。

（七）其他相关建议

1. 场馆功能设置

结合被访者希望参加的体育活动项目情况，在场馆功能配置中做到如下

几点。

- 公共体育场馆优先考虑游泳池、乒羽场地、多功能健身房（含跑步机、力量练习器械）。
- 健身会所优先考虑游泳池、操房（用于组织瑜伽、舞蹈、健美操课程）、小型健身房（以跑步机为主）。
- 住宅小区体育场地优先考虑乒羽场地、健身广场、健身步道。
- 公园健身场地优先考虑乒羽场地、多类型的健身广场、健身步道。地理地貌适宜的公园应为市民登山提供便利。
- 自然区域优先考虑登山路径、健身步道、骑游路线，并合理利用市民居住空间周边的自然区域开辟健身空地。

2. 重点发展的体育活动项目

游泳和羽毛球是被访者最希望参加、最希望获得指导的项目，应想方设法加大这两个项目的场地供给，加大游泳和羽毛球项目健身指导人员的培训。

3. 增加相关体质监测项目

根据不同年龄段市民需求，增加相关体质测评项目，依次为骨密度、亚健康、动脉硬化、心肺功能、柔韧性等。

4. 根据各年龄段媒体接触习惯提供体育信息服务

各年龄段使用媒体的习惯不同，对健身信息的需求存在差异，通过电视、社区宣传、讲座、纸质报刊，重点传播针对中老年群体（40岁及以上人群）的健身知识、健身活动信息；通过网站、自媒体（微信、微博）重点传播针对中青年群体（44岁及以下人群）的健身知识、健身活动信息。

五 研究的局限性与后续研究方向

本研究为横向截面研究，在特定时间段对北京市城乡居民体育健身服务的使用、评价与需求进行调查，分析被访者体育健身服务的核心需求，据此提出政策建议。个体的需求受外部环境和实际供给的影响，当外部环境和供给发生变化，例如引进新的健身项目、科技进步带来健身方式的重大改变，需求也会发生变化。在特定的条件下，供给可能会引导需求，比如 iPad 和 iPhone 的出现改变人们对平板电脑功能的认识、手机通信的使用习惯。因而，本研究的成果仅在当前北京市体育健身服务环境下适用。后续研究应持续跟踪北京市城乡居民的健身服务使用、评价与需求，结合社会环境的变化，通过纵向追踪研究，更加科学全面地描述、预测北京市体育健身服务的使用与需求趋势。

六　数据概述——体质测量和评定

（一）参加体质测量和评定的现状

18.4% 的被访者在过去一年参加了体质测量和评定。参加体质测量和评定的被访者（N = 579）中，评定结果为优秀的占 14%，良好的占 41%，及格的占 39.8%，不及格的占 5.2%。

就各行政区而言，如图 3 所示，怀柔区接受过体质监测的被访者百分比最高，门头沟区最低，相关组别间存在显著差异。

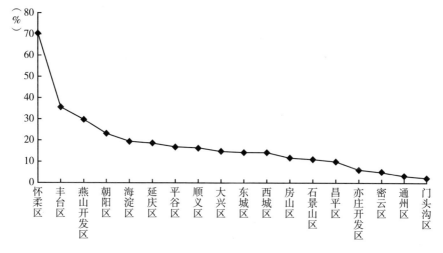

图 3　各行政区被访者中近一年参加了体质测量和评定的百分比（N = 3238）

不同居住社区类型（包括单位居住社区、老城区居住社区、商品房居住社区、经济适用房廉租房社区、拆迁回迁社区、村改居社区、农村社区）

的被访者接受过体质监测的百分比不存在显著差异。

不同年龄段的被访者接受体质监测的百分比不存在显著差异。

男女被访者接受体质监测的百分比不存在显著差异。

城乡被访者接受体质监测的百分比不存在显著差异。

（二）今后希望获得的国民体质监测服务

如图4所示，被访者希望增加的体质测量和评定项目依次为骨密度、亚健康、动脉硬化、心肺功能、柔韧性、体成分和平衡能力、骨龄、糖基化、肌力。

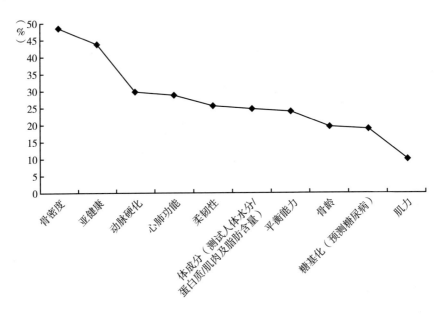

图4 被访者希望增加的体质测量和评定项目（$N = 3316$）

（三）小结

18.4%的被访者在过去一年参加了体质测量和评定。不同行政区的被访者中近一年参加体质测量和评定的百分比存在显著差异，不同居住社区类型、年龄段、性别、城乡被访者之间不存在差异。

被访者今后希望增加前五项体质测量和评定项目依次为骨密度、亚健康、动脉硬化、心肺功能、柔韧性。

七 数据概述——体育活动场地

（一）近一年使用体育活动场地现状

1. 使用体育活动场地的被访者的分布特征

82%的被访者近一年使用了体育活动场地。如图5所示，在通州区、密云区、燕山开发区、怀柔区，90%以上的被访者近一年使用了体育活动场地；门头沟区的被访者使用场地的百分比最低。相关组别间存在显著差异。

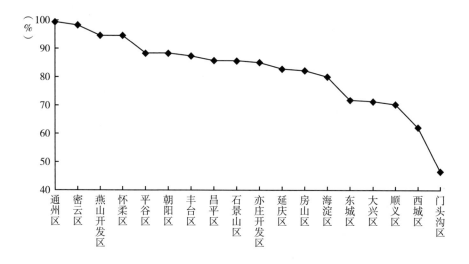

图5 各行政区被访者中近一年使用了体育活动场地的百分比（$N = 3316$）

如图6所示，商品房居住社区的被访者近一年使用体育活动场地的比例最高，经适房、廉租房社区的被访者使用场地的百分比最低。相关组别间存在显著差异。

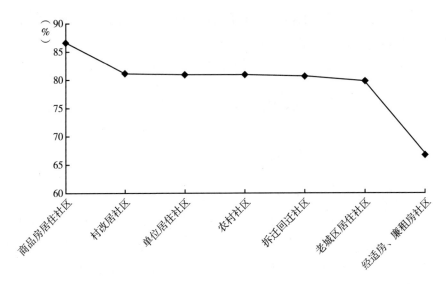

图6 不同居住社区被访者中近一年使用了体育活动场地的百分比 （N = 3316）

如图7所示，60~70岁的被访者近一年使用体育活动场地的比例最高，25~34岁的被访者使用场地的百分比最低。相关组别间存在显著差异。

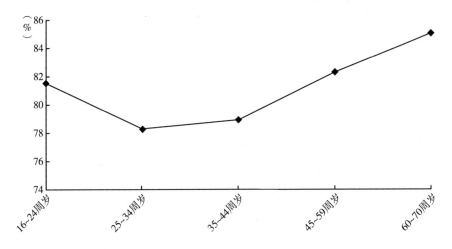

图7 不同年龄段被访者中近一年使用了体育活动场地的百分比 （N = 3316）

男女被访者近一年使用体育活动场地的百分比没有显著区别。

城乡被访者近一年使用体育活动场地的百分比没有显著区别。

2. 近一年经常使用体育活动场地的类型及前往方式

如图 8 所示，被访者经常使用的体育场地类型（多选）依次为住宅小区空地、公园、住宅小区体育场地。

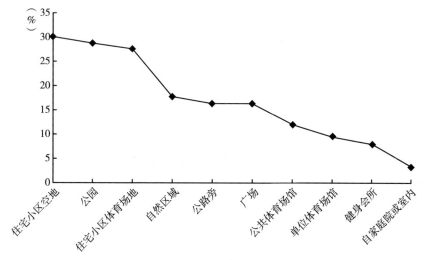

图 8　被访者近一年经常使用的体育活动场地类型（多选，$N = 3316$）

如图 9 所示，被访者过去一年最经常使用的体育场地类型，依次为住宅小区空地、住宅小区体育场地和公园。

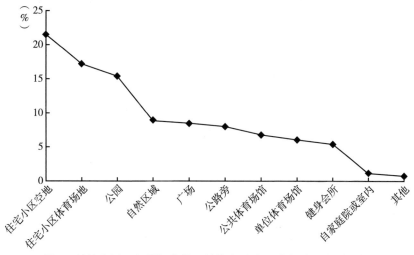

图 9　被访者近一年最经常使用的体育活动场地类型（$N = 2689$）

189

90%的被访者通常从家以步行的方式（占出行方式的80%）前往个人最经常使用的体育活动场地。被访者从家或者单位前往体育活动场地的平均用时为10.7分钟（最少1分钟，最多90分钟）。

3. 不同类型、收费体育活动场地使用者的分布特征

对不同年龄段、性别、城乡被访者中使用了小区体育场地、小区空地、公园、自然区域、公共体育场馆、付费场地的百分比进行分析。如表16所示，45～70周岁城镇女性被访者更倾向于使用住宅小区体育场地、住宅小区空地和公园；45～70周岁农村被访者更倾向于将自然区域作为体育活动场地；16～34周岁城镇男性更加倾向于使用公共体育场馆。同时，16～34周岁城镇男性被访者倾向于付费使用体育活动场地。下文对各类体育活动场地使用者的人口特征进行分析。

表16 不同性别、年龄、城乡被访者使用体育活动场地的分布情况（$N = 2748$）

单位：%

	使用百分比	不同年龄段					性别		城乡	
		16～24周岁	25～34周岁	35～44周岁	45～59周岁	60～70周岁	男性	女性	城镇	农村
住宅小区体育场地	30.1				↑			↑	↑	
住宅小区空地	27.6				↑			↑	↑	
公园	28.8				↑	↑		↑	↑	
自然区域	17.7				↑	↑	—	—		↑
公共体育场馆	12	↑	↑				↑		↑	
付费场地	10.1	↑	↑				↑		↑	

注：↑代表百分比较高，—代表没有差异。

（1）住宅小区空地

30.1%的被访者在过去一年将住宅小区空地作为体育活动场地使用。如图10所示，60～70周岁的被访者使用住宅小区空地的百分比最高，且百分比随着被访者年龄的降低而降低，相关组别间存在显著差异。

相比男性被访者（28.4%），更多的女性被访者（31.9%）在近一年使用了住宅小区空地，两组间存在显著差异。

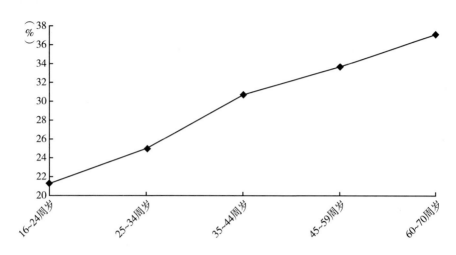

**图 10　不同年龄段被访者将住宅小区空地作为体育活动
场地使用的百分比 （$N = 2748$）**

相比农村被访者（26.2%），更多的城镇被访者（30.9%）在近一年使用了住宅小区空地，两组间存在显著差异。

（2）公园

28.8%的被访者在过去一年将公园作为体育活动场地使用。如图11所示，60～70周岁的被访者使用公园的百分比最高，且百分比随着被访者年龄的降低而降低，相关组别间存在显著差异。

相比男性被访者（26.4%），更多的女性被访者（31.2%）在近一年使用了公园的体育活动场地，两组间存在显著差异。

相比农村被访者（15.3%），更多的城镇被访者（31.6%）在近一年使用了公园的体育活动场地，两组间存在显著差异。

（3）住宅小区体育场地

27.6%的被访者在过去一年使用了住宅小区体育场地。如图12所示，45～59周岁的被访者使用住宅小区体育场地的百分比最高，16～24周岁的被访者最低，相关组别间存在显著差异。

相比男性被访者（26%），更多的女性被访者（29.2%）在近一年使用了住宅小区体育场地，两组间存在显著差异。

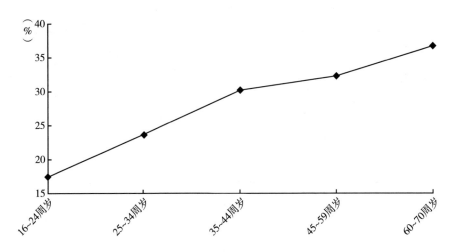

图11 不同年龄段被访者将公园作为体育活动场地使用的百分比（N = 2748）

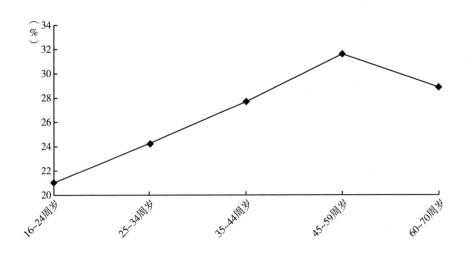

图12 不同年龄段被访者使用住宅小区体育场地的百分比（N = 2748）

相比农村被访者（23.3%），更多的城镇被访者（28.4%）在近一年使用了住宅小区体育场地，两组间存在显著差异。

（4）自然区域

17.7%的被访者在过去一年将自然区域作为体育活动场地使用。如图

13 所示，60～70 周岁的被访者将自然区域作为体育活动场地的百分比最高，且百分比随着被访者年龄的降低而降低，相关组别间存在显著差异。

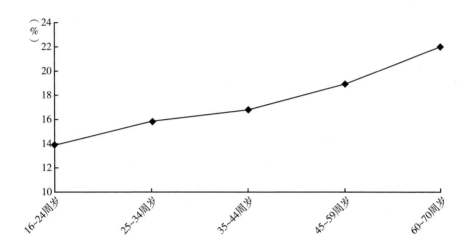

图 13　不同年龄段被访者将自然区域作为体育活动场地使用的百分比 （N = 2748）

不同性别被访者将自然区域作为体育活动场地的百分比不存在显著差异。

相比城市被访者（14.9%），更多的农村被访者（31.2%）在近一年将自然区域作为体育活动场地，两组间存在显著差异。

（5）公共体育场馆

12%的被访者在过去一年使用了公共体育场馆。如图 14 所示，16～24 周岁的被访者使用公共体育场馆的百分比最高，随着被访者年龄的增加，该比例显著下降，相关组别间存在显著差异。

相比女性被访者（8.9%），更多的男性被访者（15%）使用公共体育场馆，两组间存在显著差异。

相比农村被访者（6.5%），更多的城镇被访者（13.1%）使用公共体育场馆，两组间存在显著差异。

（6）使用付费场馆

10.1%的被访者在过去一年最经常使用的体育活动场地为付费场馆。如

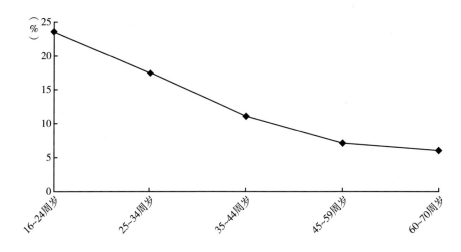

图14 不同年龄段被访者使用公共体育场馆的百分比（$N = 2748$）

图 15 所示，25～34 周岁的被访者最经常使用的体育活动场地是付费场馆，其次为 16～24 周岁组、35～44 周岁组，相关组别间存在显著差异。

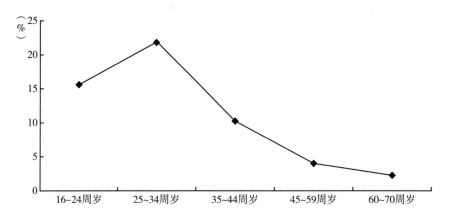

图15 不同年龄段被访者使用付费场馆的百分比（$N = 2748$）

相比女性被访者（8.5%），更多的男性被访者（11.7%）最经常使用的体育活动场地为付费场地，两组间存在显著差异。

相比农村被访者（2.2%），更多的城镇被访者（11.7%）最经常使用的体育场地为付费场地，两组间存在显著差异。

（二）体育活动场地服务满意度评价

1. 对最经常使用体育活动场地的满意度评价

近一年使用了体育活动场地的被访者对最经常使用体育活动场地的评价在一般到比较满意之间（M＝3.78）。图16显示了北京市各行政区近一年使用了体育场地的被访者对最经常使用体育场地的满意度评级（5表示非常满意、4表示比较满意、3表示一般、2表示不太满意、1表示非常不满意）。如图16所示，西城区、昌平区和怀柔区被访者对个人近一年最经常使用的体育场地的评价在比较满意与非常满意之间（4分及以上），其他行政区市民的评价在比较满意与一般之间（低于4分、高于3分），相关组别间存在显著性差异。

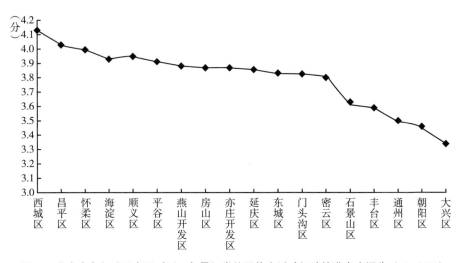

图16 北京市各行政区市民对近一年最经常使用体育活动场地的满意度评分（N＝2621）

如图17所示，农村社区、商品房居住社区、单位居住社区的被访者对个人最经常使用的体育活动场地评价较高，拆迁回迁社区评价较低，相关组别间存在显著性差异。

就年龄段而言，16～24周岁组对最经常使用场地满意度的评价（M＝3.93）高于其他年龄组（3.73～3.78），相关组别间存在显著性差异。

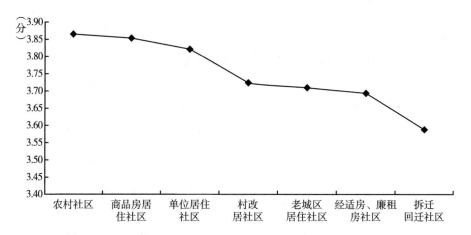

图17 不同居住社区被访者对最经常使用体育活动场地的满意度评价（N = 2621）

不同性别被访者对最经常使用场地满意度的评价没有差异。

农村居民对个人近一年最经常使用的体育场地的满意度评价（M = 3.87）显著高于城镇居民（M = 3.76），两组间存在显著性差异。

2. 住所周边体育活动场地是否能满足健身需求

被访者对住所周边体育活动场地满足个人健身需求的评价为一般到基本能够满足（M = 3.67）。如图18所示，就行政区而言，获得较高评价的为密云区、怀柔区、昌平区，评价较低的为门头沟区、朝阳区和大兴区，相关组别间存在显著性差异。

不同居住社区类型的居民对周边体育活动场地是否能够满足个人健身需求的评价存在差异。如图19所示，评价较高的为商品房居住社区、农村社区的被访者，评价较低的为拆迁回迁社区、经适房和廉租房社区的被访者，相关组别间存在显著性差异。

不同年龄段、男性和女性被访者对住所周边体育活动场地是否满足健身需求的评价均不存在显著差异。

农村被访者对住所周边体育活动场地是否满足健身需求的评价（M = 3.85）显著高于城镇居民（M = 3.64）。

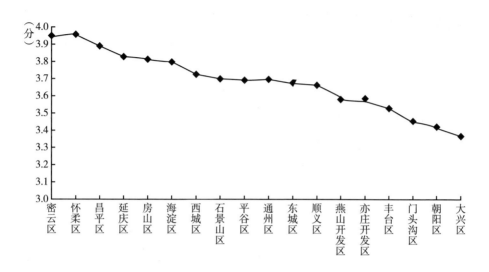

图 18　各行政区被访者对周边体育活动场地满足需求的评价（$N = 3207$）

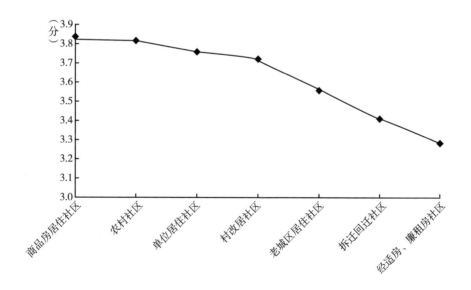

图 19　不同居住社区被访者对周边体育活动场地满足需求的评价（$N = 3207$）

3.住所周边学校体育活动场地的开放程度

政府体育部门多年来一直鼓励支持学校体育活动场地向社会开放。从本次调查结果来看，效果不甚理想。如图 20 所示，67% 的被访者认为住所周边的学校体育活动场地不对社会开放，18% 的被访者不清楚是否开放，5% 的被访者认为住所周边的学校体育活动场地对居民开放但是开放时间不能够满足锻炼需要，7% 的被访者认为住所周边的学校体育活动场地对居民开放且开放时间能够满足锻炼需要。

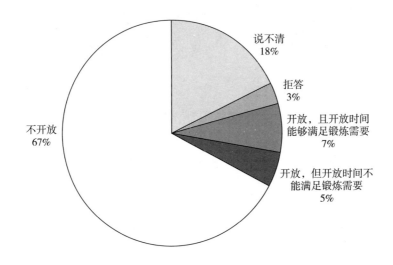

图 20　学校体育活动场地对居民开放情况

（三）今后希望获得的体育活动场地服务

如图 21 所示，被访者最希望增加的三类体育活动场地为住宅小区体育场地、公园、公共体育场馆。对比北京市民目前经常使用的体育场地类型，实际使用人数百分比和希望增加人数百分比差距较大的场地类型分别为住宅小区体育场地、公共体育场馆、健身会所、公园、自然区域和单位体育场馆。

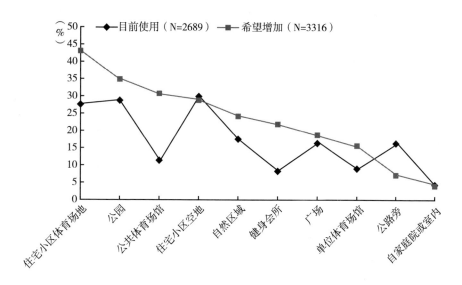

图21 被访者当前使用和今后希望增加的体育活动场地类型

（四）小结

82%的被访者在近一年使用了体育活动场地。不同行政区、居住社区类型、年龄段的被访者中使用体育活动场地的百分比存在显著差异。

被访者主要使用的体育活动场地类型为住宅小区空地、公园、住宅小区体育场地。被访者主要从家步行前往体育活动场地，平均用时为10.7分钟。

45～70周岁、女性、城镇被访者更倾向于使用住宅小区体育场地、住宅小区空地和公园。45～70周岁、农村被访者更倾向于将自然区域作为体育活动场地。16～34周岁、男性、城镇的被访者更加倾向于使用公共体育场馆、付费场地。

被访者对个人最经常使用的体育活动场地的评价在一般到比较满意之间（M=3.78），不同行政区、居住社区类型、年龄组的被访者对此的评价存在差异。

被访者对住所周边体育活动场地能否满足健身需求的评价在一般到基本能满足之间（M=3.67）。不同行政区、居住社区类型、城乡的被访者对此的评价存在差异。

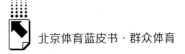

仅7%的被访者认为住所周边的学校体育活动场地对居民开放且开放时间能够满足锻炼需求，5%的被访者认为住所周边的学校体育活动场地对居民开放但是开放时间不能够满足锻炼需求。

被访者最希望增加的三类体育活动场地为住宅小区体育场地、公园、公共体育场馆。就各类体育活动场地而言，实际使用的被访者的百分比和希望增加的被访者百分比差距较大的场地类型，即最需要增加供给的，依次为住宅小区体育场地、公共体育场馆和健身会所。

八　数据概述——体育健身组织

（一）体育健身组织服务使用现状

1. 参加体育健身组织被访者的分布特征

体育健身组织是体育服务的重要组成部分，在一定程度上体现了体育在社会生活中的普及程度。本次调查显示，582名被访者（占总样本量的17.6%）在过去一年参加了一个或以上的体育健身组织。

图22显示了各行政区被访者中近一年参加体育健身组织的百分比，其中石景山区最高，121名来自石景山区的被访者中有59人参加了体育健身组织，达到48.8%；密云区最低，119名来自密云区的被访者中仅1人参加了体育健身组织。

就住宅社区类型而言，如图23所示，经适房、廉租房社区被访者参加体育健身组织的百分比最高，村改居社区的比例最低，相关组别间存在显著性差异。

就年龄段而言，如图24显示，虽然不存在显著性差异，从趋势上来看，各年龄段中，35~44周岁年龄段群体参加体育组织的百分比最低，60~70周岁年龄段群体最高。

19.9%的女性被访者在过去一年参加了体育健身组织，男性被访者此数值为15.3%，两者之间存在显著差异。

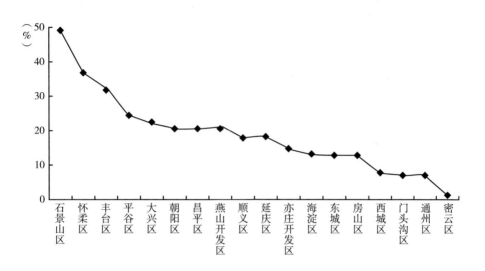

图 22　各个行政区被访者参加体育健身组织的百分比（N = 3316）

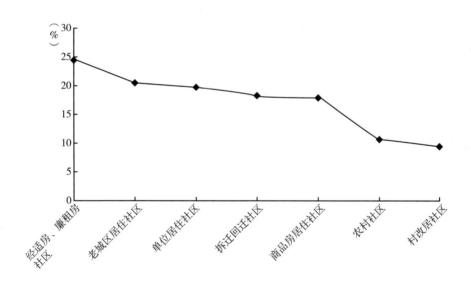

图 23　各类居住社区类型被访者参加体育健身组织的百分比（N = 3316）

19%的城镇被访者在过去一年是体育健身组织的成员，农村被访者此数值为10.6%，两者之间存在显著差异。

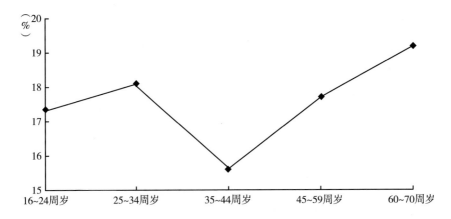

图24　各年龄段被访者参加体育组织的百分比（ $N = 3316$ ）

2. 各类体育健身组织参加者的分布特征

如图25所示，这些被访者主要参加的组织类型依次为社区的自发组织、由社区发起的组织、由单位发起的组织、社区单位之外的自发组织。可见，社区和单位是北京市民加入体育组织的重要途径。此外，被访者参加自发性组织的数量已经超过外部发起的体育健身组织数量，两者之比为271:234。就组织开展的活动而言，335个被访者清晰地描述了所参加体育健身组织的名称或运动项目。分析显示，综合性的健身团队在各类组织中的百分比最高（29.9%）。单项体育健身组织中，广场舞及舞蹈队占比最高（18.8%），随后为羽毛球（6.6%）、篮球（6.3%）、乒乓球（4.2%）、健步走（3.6%）、登山（3.6%）、健美操（3.6%）、太极（3.6%）、足球（2.7%）。

对不同年龄段、性别、城乡被访者中参加了社区自发组织、由社区发起的组织、由单位发起的组织、社区单位之外的自发组织（社会自发组织）的百分比进行分析，结果如表17所示。更多的45~70周岁、女性、城镇被访者参加社区自发或者由社区发起的体育健身组织。更多的25~44周岁、男性、城镇被访者参加单位发起的组织。更多的城镇被访者参加社会自发组织。下文对各类体育健身组织参加者分布进行具体分析。

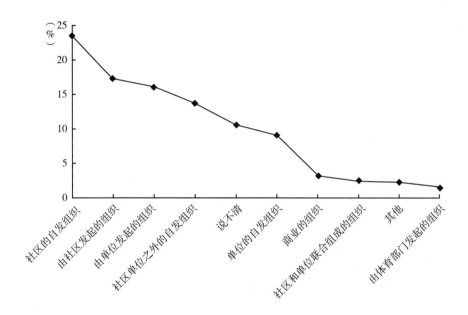

图 25　最经常参加的体育健身组织类型（N = 550）

表 17　不同性别、年龄、城乡被访者参加体育健身组织的分布情况（N = 3316）

单位：%

	参加百分比	不同年龄段					性别		城乡	
		16 ~ 24 周岁	25 ~ 34 周岁	35 ~ 44 周岁	45 ~ 59 周岁	60 ~ 70 周岁	男性	女性	城镇	农村
社区自发组织	5.5				↑	↑		↑	↑	
社区发起组织	4.7			↑	↑			↑	—	—
单位发起组织	3.9		↑	↑			↑	↑		
社会自发组织	3.6	—	—	—	—	—	—	—	↑	

注：↑代表百分比较高，—代表没有差异。

（1）社区自发的体育健身组织

如图 26 所示，参加社区自发组织的被访者的比例随着年龄的增长而提高，16 ~ 24 周岁组最低，60 ~ 70 周岁组最高。相关组别间存在显著差异。

女性被访者参加社区自发组织的百分比（7.8%）远高于男性被访者（3.2%），两组间存在显著差异。

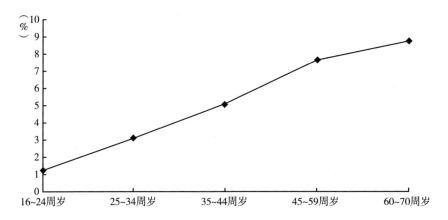

图 26 不同年龄段被访者参加社区自发组织的百分比（$N = 3316$）

城镇被访者参加社区自发组织的百分比（6.0%）远高于农村被访者（3.2%），两组间存在显著差异。

（2）由社区发起的体育健身组织

如图 27 所示，参加社区发起体育健身组织的被访者比例随着年龄的增长而上升，25 ~ 34 岁组最低，60 ~ 70 岁组最高。相关组别间存在显著差异。

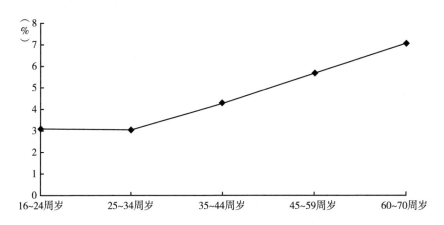

图 27 不同年龄段被访者参加社区发起的体育健身组织的百分比（$N = 3316$）

女性被访者参加社区发起组织的百分比（6.5%）远高于男性被访者（2.9%），两组间存在显著差异。

城乡被访者参加社区发起的体育健身组织的百分比不存在显著差异。

（3）由单位发起的体育健身组织

如图28所示，25～34周岁的被访者参加单位发起的组织的百分比最高，35～44周岁组次之，45～59周岁、60～70周岁组最低。相关组别间存在显著差异。

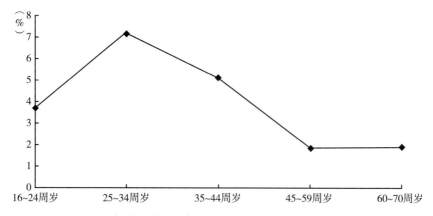

图28 不同年龄段被访者参加单位发起组织的百分比（$N=3316$）

男性被访者参加单位发起组织的百分比（5.3%）远高于女性被访者（2.6%），两组间存在显著差异。

城镇被访者参加单位发起组织的百分比（4.3%）远高于农村被访者（2.1%），两组间存在显著差异。

（4）社会自发体育健身组织

不同年龄段被访者参加社会自发组织的百分比不存在显著差异。

不同性别被访者参加社会自发组织的百分比不存在显著差异。

城镇被访者参加社会自发组织的百分比（4.0%）远高于农村被访者（1.2%），两组间存在显著差异。

（二）体育健身组织服务满意度

1.对所参加的体育健身组织的满意度评价

被访者对近一年参加的体育健身组织的评价为比较满意到非常满意

（M=4.02）。图29显示了各行政区参加体育健身组织的被访者对其所参加的体育健身组织的满意度评价情况。如图29所示，西城区、房山区的被访者对所参加的体育健身组织满意度较高，在比较满意和非常满意之间；朝阳区、通州区的被访者对所参加的体育健身组织满意度较低，在一般到比较满意之间。结合图22的结果，怀柔区被访者中参加体育健身组织的百分比较高且相对满意。鉴于分散到各个行政区的样本量较小，本数据可能不代表北京市各个行政区的体育健身组织普及程度，需结合其他来源的相关数据进行解读。

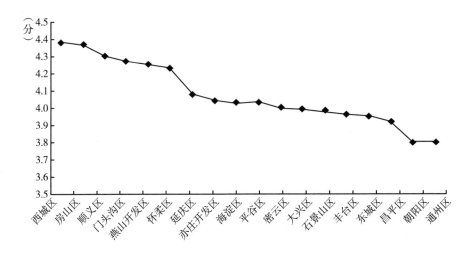

图29　各行政区被访者对所参加的体育健身组织的满意程度（N=550）

各类居住社区类型参加体育健身组织的被访者对所参加健身组织的满意度评价没有显著差异。

各年龄段参加体育健身组织的被访者对所参加健身组织的满意度评价没有显著差异。

不同性别的被访者对所参加健身组织的满意度评价没有显著差异。

城乡被访者对所参加的健身组织的满意度评价没有显著差异。

2. 对住所周边的体育健身组织是否满足自身体育需求的评价

被访者对周边体育健身组织是否能满足个人健身需求的评价为一般到基

本能满足（M＝3.61）。就各行政区而言，如图 30 所示，亦庄开发区的被访者对周边的体育健身组织满足个人健身需求的评价最高，为能够满足到基本能满足。其他行政区的被访者对此的评价为基本能满足到一般。相关行政区获得的评价均值存在显著性差异。

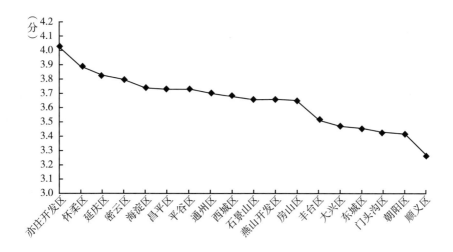

图 30　各行政区被访者对周边体育健身组织能否满足健身需求的评价（N＝3045）

就不同居住社区类型而言，如图 31 所示，对周边体育健身组织满足需求评价较高的为农村社区、商品房居住社区，评价较低的为其他居住类型社区、经济适用房和廉租房社区。相关居住社区类型获得的评价均值存在显著性差异。

不同年龄组对周边体育健身组织满足健身需求的评价不存在显著性差异。

男性和女性对周边体育健身组织满足健身需求的评价不存在显著差异。

相比城镇被访者，农村被访者认为周边的体育健身组织更能满足健身需求，两组的均值分别为 3.76（农村）和 3.58（城镇），存在显著性差异。值得关注的是，事实上农村被访者在过去一年加入体育健身组织的比例（10.6%）远低于城镇被访者（19%），而农村被访者对此的评价相对较高。可能的解释是农村被访者对体育服务的需求较低，进而期望值相对较低，所采用的评价标准与城镇被访者不同。因此，需要谨慎解读这类比较结果。

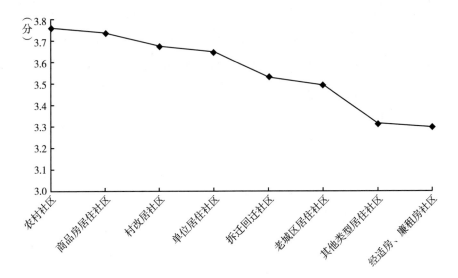

图31 不同居住社区类型被访者对周边体育健身组织能否满足健身需求的评价（N = 3045）

（三）今后希望获得的体育健身组织服务

在过去一年参加了体育健身组织的被访者中（N = 582），55.4%的人认为所参加的体育健身组织需要政府支持。如图32所示，被访者认为所在体育健身组织最需要获得的支持为资金和场地。

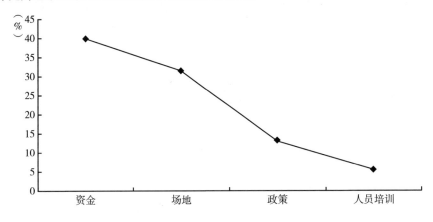

图32 所在健身组织最需要的政府支持类型（N = 353）

图 33 显示了被访者希望增加或者改善的体育健身组织类型。其中，被访者希望增加和改善的组织类型依次为社区的自发组织、由社区发起的组织、由单位发起的体育健身组织、由体育部门发起的健身组织。相比被访者目前参加组织的百分比分布差距较大，需继续增加改善的为由社区发起的组织和由体育部门发起的组织。

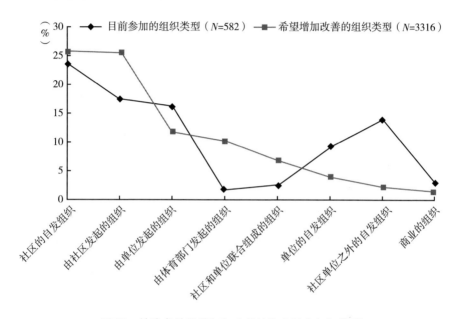

图33　被访者希望增加和改善的体育健身组织类型

（四）小结

17.6%的被访者在近一年参加了体育健身组织的活动。不同行政区、居住社区、年龄段、性别、城乡被访者参加体育健身组织的百分比存在显著差异。

被访者主要参加的组织类型依次为社区的自发组织、由社区发起的组织、由单位发起的组织、社区单位之外的自发组织。被访者参加自发性组织的数量超过社会发起的体育健身组织数量，两者之比为271：234。就活动项目而言，综合性的健身团队占比最高（29.9%），其次为广场舞及舞蹈队

（18.8%）、羽毛球（6.6%）、篮球（6.3%）。

更多的45～70周岁、女性、城镇被访者参加社区自发或者由社区发起的体育健身组织。更多的25～44周岁、男性、城镇被访者参加单位发起的组织。更多的城镇被访者参加社会自发组织。

被访者对近一年所参加的体育健身组织的评价为比较满意到非常满意（M=4.02）；不同行政区的被访者对所参加体育健身组织的满意度评价存在差异。

被访者对周边体育健身组织满足健身需求的评价为一般到基本能满足（M=3.61）；不同行政区、居住社区类型、城乡的被访者对周边体育健身组织满足健身需求的评价存在显著差异。

参加了体育健身组织的被访者中，55.4%的被访者希望所在的组织获得政府的支持。最希望获得的支持为资金和场地。

被访者希望增加和改善的组织类型依次为社区的自发组织、由社区发起的组织、单位发起的体育健身组织、由体育部门发起的健身组织。相比被访者目前参加组织的百分比分布，差距较大、最希望增加改善的组织类型为由社区发起的组织、由体育部门发起的组织。

九　数据概述——大众体育比赛或展示活动

（一）大众赛事服务使用现状

1.参加大众体育比赛被访者的分布特征

如图34所示，12.1%的被访者（N=400）在近一年参加了1次及以上的大众体育比赛或展示活动。其中，9.82%的被访者参加了1～2次；1.78%的被访者参加了3～5次；0.24%参加了6～10次，0.21%参加了10次以上。

就行政区而言，如图35所示，不同行政区的被访者参加大众体育比赛或展示活动的百分比存在差异，石景山区、怀柔区的百分比较高，密云区、门头沟区的百分比较低，相关组别间存在显著性差异。

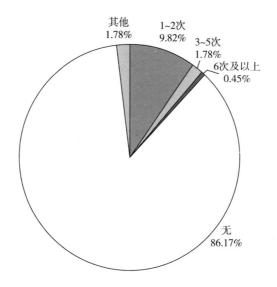

**图34 近一年参加大众体育比赛或展示
活动的百分比（N=3136）**

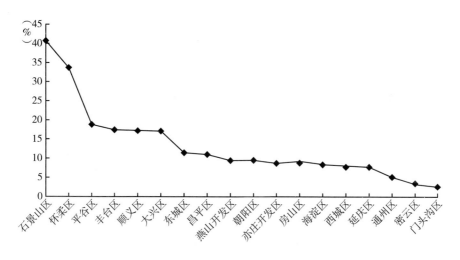

图35 不同行政区被访者参加大众体育比赛或展示活动的百分比（N=3313）

图36 显示了不同居住社区被访者参加大众体育比赛或展示活动的百分比，其中，村改居社区的百分比显著低于其他居住社区的被访者。

211

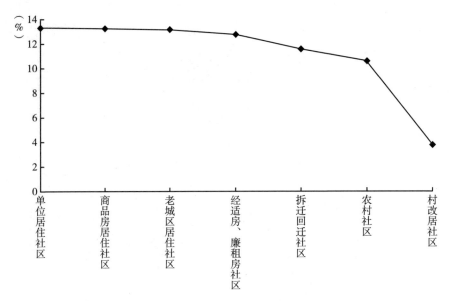

图36 不同居住社区被访者参加大众体育比赛或展示活动的百分比（*N* = 3313）

图37 显示了各年龄段参加大众体育赛事或展示活动的百分比。如图37所示，各年龄段中，16～24周岁组，25～34周岁组参加的百分比高于其他年龄组，相关年龄组之间存在显著性差异。结合各年龄段参加体育健身组织的情况（60～70周岁组最高），60～70周岁的老年群体似乎更倾向于参加体育健身组织，16～24岁的青年群体似乎更倾向于参加大众体育比赛或展示活动。

就性别而言，10.9%的女性被访者近一年参加了大众体育比赛或展示活动，在男性被访者中，此数值为13.3%，两者之间存在显著差异。结合男性和女性参加体育健身组织的情况（女性为19.9%，男性为15.3%），女性似乎更倾向于参加体育健身组织，男性似乎更倾向于参加大众体育比赛或展示活动。

就城乡而言，12.4%的城镇被访者近一年参加了大众体育比赛或展示活动，在农村被访者中，此数值为10.6%；两组之间不存在显著差异。

2. 各类大众体育比赛参加者的分布特征

如图38所示，被访者参加的大众比赛或展示活动的主要组织部门为

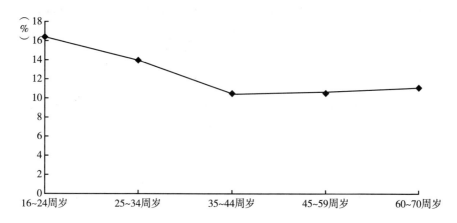

图 37　不同年龄段被访者参加大众体育比赛或展示活动的百分比（$N=3313$）

社区／（村）居委会、单位，其次为体育协会、体育行政部门和草根体育组织。

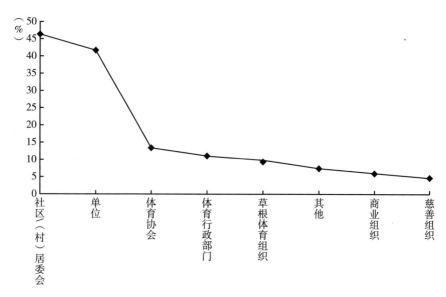

图 38　被访者参加的大众体育比赛或展示活动的组织部门（$N=400$）

对不同年龄段、性别、城乡被访者参加社区／（村）居委会组织的、单位组织的大众体育比赛的百分比进行分析。结果如表 18 所示，更多的

45 ~ 70 周岁、女性被访者参加由社区/（村）居委会组织的大众体育比赛。更多的 16 ~ 44 周岁、男性、城镇被访者参加单位组织的大众体育比赛。

表 18 不同性别、年龄、城乡被访者参加大众体育比赛的分布情况（ N = 3316 ）

单位：%

	参加百分比	不同年龄段					性别		城乡	
		16 ~ 24 周岁	25 ~ 34 周岁	35 ~ 44 周岁	45 ~ 59 周岁	60 ~ 70 周岁	男性	女性	城镇	农村
社区/（村）居委会组织的体育比赛	5.6				↑	↑		↑	—	—
单位组织的体育比赛	5.0	↑	↑	↑			↑		↑	

注：↑代表百分比较高，—代表没有差异。

（1）社区/（村）居委会组织的大众体育比赛

如图 39 所示，被访者中参加由社区/（村）居委会组织的大众体育比赛的百分比随着年龄的增大而增长，相关组别间存在显著差异。

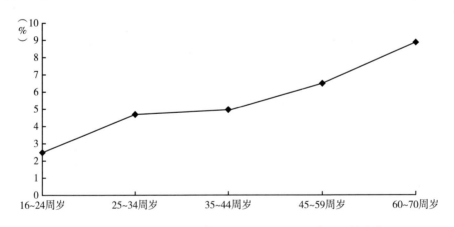

图 39 不同年龄段被访者参加社区/（村）居委会组织的大众
体育比赛的百分比（ N = 3316 ）

相比较男性被访者（4.3%），女性被访者（6.8%）更倾向于参加由社区/（村）居委会组织的大众体育比赛，两组间存在显著差异。

城乡被访者中参加由社区/（村）居委会组织的大众体育比赛的百分比不存在显著差异。

（2）单位组织的大众体育比赛

如图 40 所示，25～34 周岁的被访者中参加由单位组织的大众体育比赛的百分比最高，16～24 周岁组、35～44 周岁组次之，60～70 周岁的被访者最低。相关组别间存在显著差异。

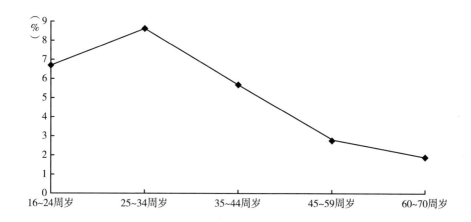

图 40　不同年龄段被访者参加单位组织的大众体育比赛的百分比　（$N = 3316$）

相比较女性被访者（2.8%），男性被访者（7.2%）更倾向于参加由单位组织的大众体育比赛，两组间存在显著差异。

相比较农村被访者（2.8%），城镇被访者（5.5%）更倾向于参加由单位组织的大众体育比赛，两组间存在显著差异。

（二）周边大众体育比赛或展示活动是否满足健身需要

本次调查显示，北京市民认为住所周边的大众体育比赛或展示活动满足个人体育需求的程度为一般到基本满足（M = 3.53）。

从行政区来看，如图 41 所示，亦庄开发区、昌平区、延庆区的被访者对此评价较高，朝阳区、顺义区和密云区的被访者对此评价较低，该数值在不同区之间存在显著差异。值得注意的是，就近一年参加大众体育比赛或展示活动被访者占样本的百分比来看，占比较高的为石景山区和怀柔区，占比较低的为通州区、密云区、门头沟区，该数值在相关区之间存在显著差异。

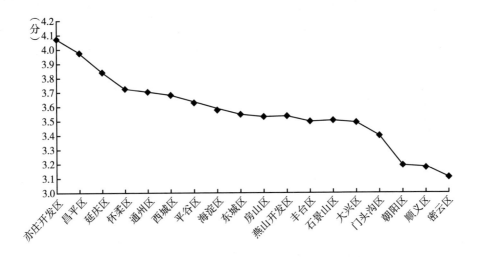

图41 不同行政区被访者对周边大众体育比赛或展示活动是否满足需求的评价（$N = 2985$）

就居住社区类型而言，如图42所示，对周边大众体育比赛或展示活动评价较高的为农村社区、商品房居住社区、村改居社区，评价较低的为经济适用房和廉租房社区，相关居住社区类型获得的评价均值存在显著性差异。

就年龄段而言，60~70周岁年龄段被访者评价最高（$M = 3.64$），35~44、45~59周岁年龄段被访者评价最低（$M = 3.49$），各年龄组间没有显著性差异。

就性别而言，女性被访者对此的评价（$M = 3.57$）高于男性被访者（$M = 3.49$），两组间存在显著性差异。

农村被访者（$M = 3.64$）对此的评价高于城市被访者（$M = 3.51$），两组之间存在显著性差异。

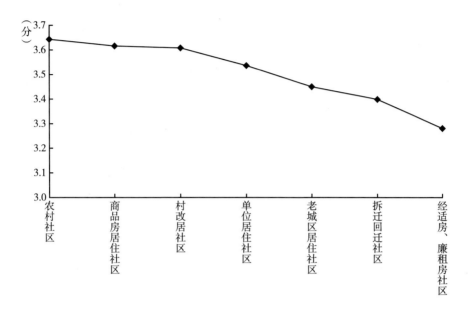

**图 42　不同居住社区类型被访者对周边大众体育比赛或展示活动
是否满足需求的评价（$N = 2985$）**

（三）今后希望获得的大众体育比赛服务

如图 43 所示，被访者最希望由社区/（村）居委会组织大众体育比赛或展示活动，其次为单位、体育行政部门和体育协会。相比之下，目前参与赛事的组织者分布依次为社区/（村）居委会、单位、体育协会、体育行政部门。

（四）小结

12.1% 的被访者在近一年参加了 1 次及以上的大众体育比赛或展示活动。不同行政区、居住社区类型、年龄段、性别的被访者近一年参加大众体育比赛或展示活动的百分比存在显著差异。

被访者参加的大众比赛或展示活动的主要组织部门依次为社区/（村）居委会、单位、体育协会、体育行政部门、草根体育组织。更多的 45～70

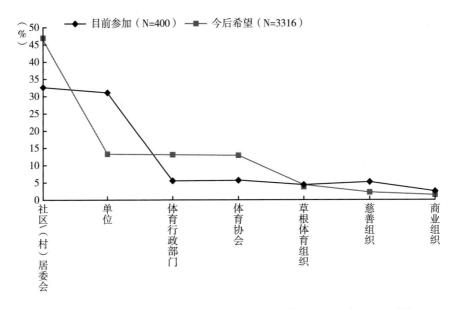

图43 被访者目前参加的及最希望其出面组织大众体育比赛或展示活动的部门

周岁、女性被访者参加由社区/（村）居委会组织的大众体育比赛。更多的16~44周岁、男性、城镇被访者参加单位组织的大众体育比赛。

被访者对周边大众体育比赛或展示活动满足健身需求的评价为一般到基本能满足（M=3.53）；不同行政区、居住社区类型、性别、城乡的被访者对周边大众体育比赛或展示活动满足健身需求的评价存在显著差异。

被访者最希望由社区/（村）居委会组织大众体育比赛或展示活动，其次为单位、体育行政部门和体育协会。

十 数据概述——科学健身知识、健身活动信息

（一）科学健身知识、健身活动信息服务使用现状

1. 关注科学健身知识、健身活动信息被访者的分布特征

35.9%的被访者在过去一年关注过科学健身知识、健身活动信息。就行

政区来看，如图44所示，被访者中关注科学健身知识、健身活动信息百分比较高的行政区为平谷区、怀柔区和燕山开发区，最低的是通州区。相关组别间存在显著性差异。

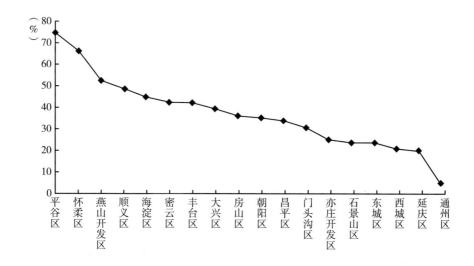

图44　各行政区被访者中近一年关注过科学健身知识、
健身活动信息的百分比（$N=3199$）

就居住社区类型而言，如图45所示，单位居住社区、老城区居住社区的被访者更加倾向于关注科学健身知识、健身活动信息。相关组别间存在显著性差异。

就年龄段而言，如图46所示，被访者对科学健身知识、健身活动信息的关注随着年龄的增长而递增。相关组别间存在显著性差异。

男性被访者中近一年关注过科学健身知识、健身活动信息的人数占比为34.8%，女性为36.9%，两组不存在显著性差异。

在达到经常参加体育锻炼标准的被访者中，46.2%的人在过去一年关注过科学健身知识、健身活动信息，在近一年参加体育活动但是没有达到经常参加体育锻炼标准的被访者中为37.6%，在没有参加过体育活动的被访者中为12.8%，三组存在显著性统计差异。

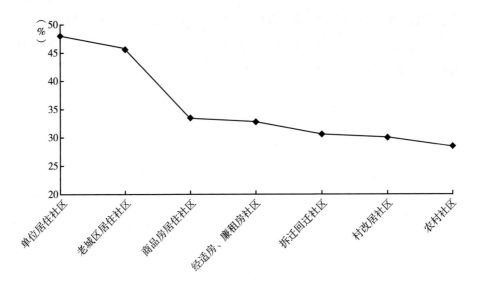

**图45 各居住社区被访者中近一年关注过科学健身知识、
健身活动信息的百分比（N = 3199）**

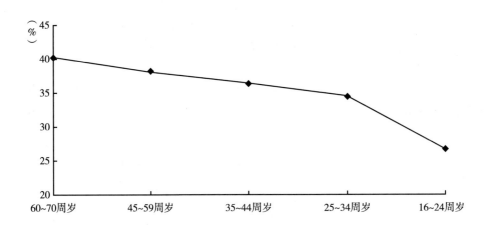

**图46 各年龄段被访者中近一年关注过科学健身知识、
健身活动信息的百分比（N = 3198）**

城镇被访者（37.1%）比农村被访者（30.1%）更关注科学健身知识、
健身活动信息，两组间存在显著性差异。

2.科学健身知识、健身活动信息获取途径使用者的分布特征

如图 47 所示，在过去一年关注过科学健身知识、健身活动信息的被访者中，84%的人曾经通过电视获取信息，其他获取信息的途径依次为纸质报刊、网站、社区宣传、自媒体（微信、微博等）。相关组别间存在显著性差异。

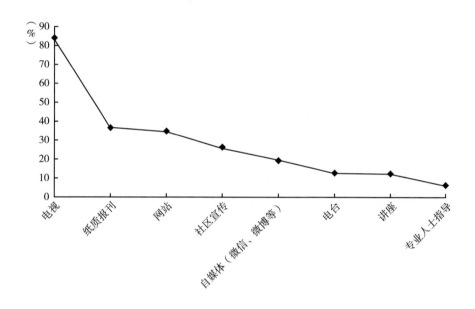

图 47 被访者获取科学健身知识、健身活动信息的主要途径（ *N* = 1147）

本研究对不同性别、年龄、城乡被访者获取科学健身知识、健身活动信息的偏好进行了归纳。如表 19 所示，45 ~ 70 周岁的中老年人更加倾向于通过电视、社区宣传这类传统传播方式获取科学健身知识、健身活动信息；16 ~ 34 周岁的青年人更加倾向于通过网站、自媒体这样的网络传播方式获取科学健身知识、健身活动信息。农村被访者更加倾向于通过电视获取信息；女性被访者更加倾向于通过社区宣传获取信息；男性、城镇被访者更加倾向于通过网站获取信息。下文对被访者中使用这四类传播方式关注体育信息的分布情况进行具体分析。

表19 不同性别、年龄、城乡被访者获取科学健身知识、健身活动信息的
分布情况（N = 1147）

单位：%

	使用 百分比	不同年龄段					性别		城乡	
		16 ~ 24周岁	25 ~ 34周岁	35 ~ 44周岁	45 ~ 59周岁	60 ~ 70周岁	男性	女性	城镇	农村
电视	84				↑	↑	—	—		↑
社区宣传	25.8				↑	↑		↑	—	—
网站	34.6	↑	↑				↑		↑	
自媒体	19.5	↑	↑				—	—	—	—

注：↑代表百分比较高，—代表没有差异。

（1）使用电视获取科学健身知识、健身活动信息的被访者人口特征

如图48所示，45~59周岁年龄段被访者、60~70周岁被访者更加倾向
于通过电视获取科学健身知识、健身活动信息，16~24周岁的被访者的比
例最低，相关组别间存在显著性差异。

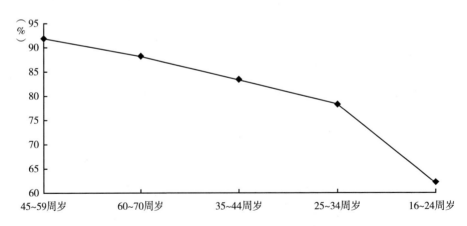

图48 不同年龄段被访者通过电视获取科学健身知识、健身
活动信息的百分比（N = 1147）

不同性别的被访者通过电视获取科学健身知识、健身活动信息的占比没
有差异。

农村被访者（91.7%）比城镇被访者（82.6%）更多地通过电视获取科学健身知识、健身活动信息，两组间存在显著性差异。

（2）使用社区宣传获取信息的被访者人口特征

就社区宣传而言，不同居住社区被访者中，通过社区宣传获得科学健身知识、健身活动信息的百分比不存在显著差异。

相比男性被访者，女性被访者更倾向于通过社区宣传获取科学健身知识、健身活动信息。男、女两组的百分比分别为22%、29.5%，存在显著差异。

城乡被访者通过社区宣传获得科学健身知识、健身活动信息的百分比不存在显著差异。

（3）使用网站获取信息的被访者人口特征

如图49所示，被访者使用网站获取科学健身知识、健身活动信息的百分比随着年龄的增长而递减，其中16~24周岁组最高，60~70周岁组最低。相关组别间存在显著性差异。

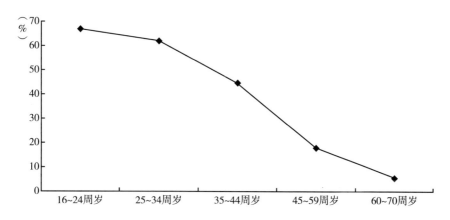

图49 不同年龄段被访者通过网站获取科学健身知识、健身
活动信息的百分比（$N = 1147$）

相比女性被访者，男性被访者更倾向于通过网站获取科学健身知识、健身活动信息。男、女两组的百分比分别为39%、30.3%，存在显著差异。

相比农村被访者，城市被访者更倾向于通过网站获取科学健身知识、健身活动信息。城、乡两组的百分比分别为 36.4%、23.8%，存在显著差异。

（4）使用自媒体获取信息的被访者人口特征

如图 50 所示，被访者使用自媒体（微信、微博）获取科学健身知识、健身活动信息的百分比随着年龄的增长而递减，其中 16~24 周岁组最高，60~70 周岁组最低。相关组别间存在显著性差异。

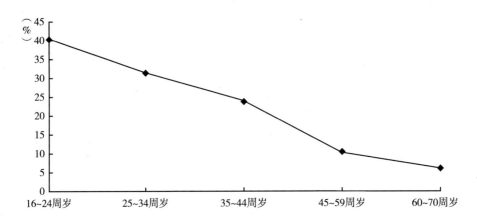

**图 50　不同年龄段被访者通过自媒体获取科学健身知识、健身
活动信息的百分比（N = 1147）**

不同性别的被访者通过自媒体获取科学健身知识、健身活动信息的占比没有差异。

城乡被访者通过自媒体获取科学健身知识、健身活动信息的占比没有差异。

（二）科学健身知识、健身活动信息服务满意度评价

被访者对目前的科学健身知识、健身活动信息满足自身体育需求的评价为一般到基本能满足（M = 3.65）。如图 51 所示，各行政区被访者对科学健身知识、健身活动信息的评价存在显著差异。其中，昌平区、怀柔区、密云区居民的评价较高，朝阳区居民的评价较低。

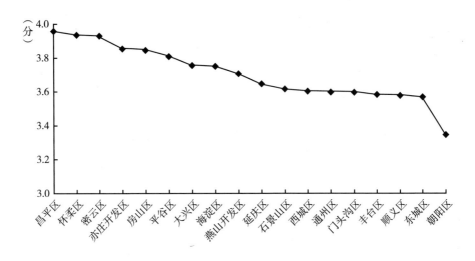

**图51　各行政区被访者对目前的科学健身知识、健身活动信息
满足需求的评价（$N = 3097$）**

如图 52 所示，商品房居住社区的被访者、农村社区的被访者对目前的科学健身知识、健身活动信息满足需求评价较高，经适房、廉租房社区的被访者对此评价最低，相关组别间存在显著性差异。

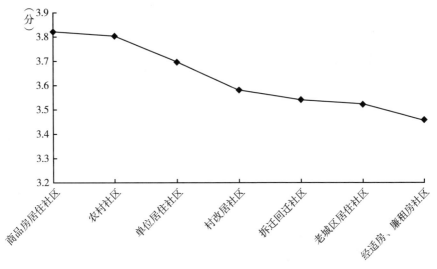

**图52　不同居住社区被访者对目前的科学健身知识、健身活动信息
满足需求的评价（$N = 3097$）**

各个年龄段被访者对目前的科学健身知识、健身活动信息满足需求的评价没有显著差异。

男性和女性被访者对目前的科学健身知识、健身活动信息满足需求的评价没有显著差异。

农村被访者对目前的科学健身知识、健身活动信息满足需求的评价（M＝3.8）高于城镇被访者（M＝3.62），两组存在显著差异。

（三）今后希望获得的科学健身知识、健身活动信息服务

如图53所示，被访者希望增加的科学健身知识、健身活动信息服务主要来自电视、社区宣传和网站。对比被访者目前使用各类信息途径，被访者更希望增加社区宣传、讲座和专业人士指导服务，说明应通过这三种途径向市民增加科学健身知识、健身活动信息服务。

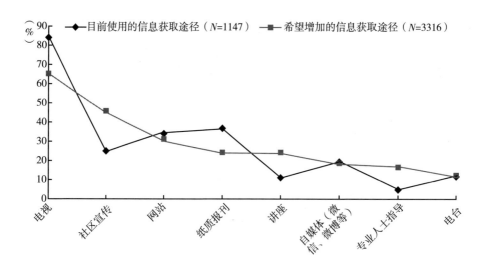

图53 被访者目前使用及今后希望增加的科学健身知识服务

（四）小结

35.9％的被访者在过去一年关注过科学健身知识、健身活动信息。不同

行政区、居住社区类型、年龄段、城乡的被访者中近一年关注过科学健身知识、健身活动信息的百分比存在显著差异。

电视是被访者获取信息的主要途径,其他获取信息的途径依次为纸质报刊、网站、社区宣传、自媒体(微信、微博等)。45~70周岁的中老年人更加倾向于通过电视、社区宣传这类传统传播方式获取科学健身知识、健身活动信息;16~34周岁的青年人更加倾向于通过网站、自媒体这样的网络传播方式获取科学健身知识、健身活动信息。农村被访者更加倾向于通过电视获取信息;女性被访者更加倾向于通过社区宣传获取信息;男性、城镇被访者更加倾向于通过网络获取信息。

被访者对目前的科学健身知识、健身活动信息满足需求的评价为一般到基本能满足(M=3.65)。不同行政区、居住社区类型、城乡的被访者对目前科学健身知识、健身活动信息满足需求的评价存在显著差异。

被访者希望增加的科学健身知识、健身活动信息途径依次为电视、社区宣传和网站。对比目前获取信息的途径分布,差距较大的及最需要增加的是通过社区宣传、讲座、专业人士指导为被访者提供科学健身知识、健身活动信息。

十一 数据概述——体育活动项目指导

(一)获得体育活动项目指导的现状

1. 获得指导的项目和人群分布情况

8.4%的被访者在近一年接受过体育活动项目指导。就项目而言,被访者(N=275)较多接受指导的体育活动项目依次为游泳(15.5%)、跑步(15.4%)、篮球(12.9%)、羽毛球(12.5%)、瑜伽(11.4%)、排舞广场舞(9.8%)、力量练习(9.1%)、其他类舞蹈(8.9%)、健美操(8.6%)、太极拳和剑(8.3%)、体操(8.3%)、乒乓球(7.5%)。

就行政区来看,如图54所示,被访者中获得指导的百分比最高的行政区为怀柔区,最低的为昌平区。相关组别间存在显著性差异。

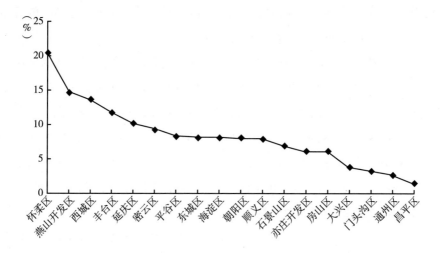

图54　各行政区被访者中近一年获得体育活动项目指导的百分比（N=3274）

就居住社区类型而言，如图55所示，单位居住社区的被访者接受体育活动项目指导的比例最高，商品房居住社区其次，农村社区和村改居社区最低。相关组别间存在显著性差异。

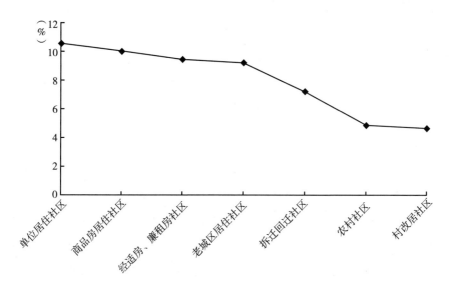

图55　各个居住社区被访者中近一年接受体育活动项目指导的百分比（N=3274）

就年龄段而言，如图56所示，被访者中接受体育活动项目指导的百分比随着年龄的增长而降低，其中16～24岁组接受指导的比例最高。相关组别间存在显著性差异。

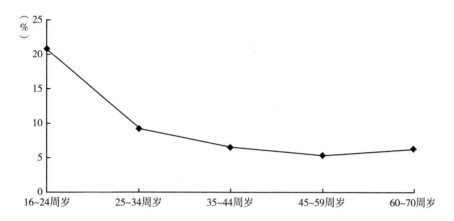

图56 各年龄段被访者中近一年接受体育活动项目指导的百分比（*N* = 3274）

女性被访者（9.7%）比男性被访者（7.1%）在过去一年接受过更多的体育活动项目的指导，两组间存在显著差异。

城镇被访者（9.2%）比农村被访者（4.8%）在过去一年接受过更多的体育活动项目的指导，两组间存在显著差异。

2. 提供指导的人员类型及是否付费

在8.4%的获得过体育活动项目指导的被访者中，30.5%的被访者接受的指导为付费指导。就提供指导的人员类型而言，如图57所示，在获得过指导的被访者中，25.1%的被访者获得过健身教练的指导、22.1%的被访者获得过体育教师的指导、21.3%的被访者获得过专业教练的指导、20.6%的被访者获得过社会体育指导员的指导、15.4%的被访者获得过其他受过专业训练的人士的指导。

表20对获得过健身教练、体育教师、专业教练、社会体育指导员指导、付费接受指导的被访者的年龄、性别和城乡分布特征进行了归纳。如表20所示，更多的16～24周岁的被访者、更多的农村被访者获得体育教师的指

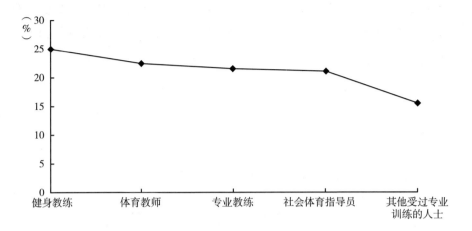

图57　为被访者提供指导的人员类型（N = 275）

导；更多的25～34周岁、35～44周岁的被访者选择通过专业教练、健身教练获取体育活动项目的指导；更多的45～59周岁、60～70周岁的被访者选择通过社会体育指导员获取体育活动项目的指导。此外，更多的25～34周岁、35～44周岁的被访者倾向于付费获取体育活动项目的指导，城镇被访者比农村被访者更加倾向于付费获取指导。

表20　被访者获取不同类型人员体育活动项目指导以及是否

付费的人口、性别和城乡分布特征（N = 275）

单位：%

	所占百分比	不同年龄段					性别		城乡	
		16～24周岁	25～34周岁	35～44周岁	45～59周岁	60～70周岁	男性	女性	城镇	农村
体育教师	22.1	↑					—	—		↑
专业教练	21.3		↑	↑			—	—	—	—
健身教练	25.1		↑	↑			—	—	—	—
社会体育指导员	20.6				↑	↑	—	—	—	—
付费	30.5		↑	↑			—	—	↑	

注：↑代表百分比较高，—代表没有差异。

（1）获得体育教师指导的被访者的年龄、性别、城乡分布特征

如图 58 所示，57% 的 16 ~ 24 周岁年龄段被访者在过去一年获得了来自体育教师的指导，占比远高于其他年龄段。相关组别间存在显著差异。

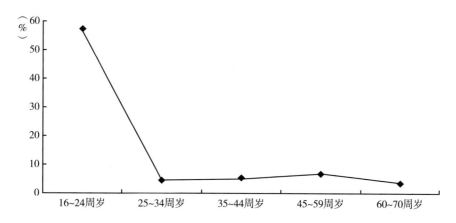

图58　不同年龄段被访者获得体育老师指导的百分比（$N = 275$）

相比女性被访者（18.4%），更多的男性被访者（27.4%）获得了来自体育教师的指导，但是两组间不存在显著的差异。

相比城镇被访者（19%），更多的农村被访者（51.9%）获得了来自体育教师的指导，两组间存在显著性差异。

（2）获得专业教练指导的被访者的年龄、性别、城乡分布特征

如图 59 所示，更多的 25 ~ 34 周岁的被访者获得了专业教练的指导；35 ~ 44 周岁组次之，相关组别间存在显著性差异。

男性被访者（26.5%）比女性被访者（17.7%）获得了更多的专业教练的指导，但是两组之间不存在显著性差异。

城镇被访者（23%）比农村被访者（7.4%）获得了更多的专业教练的指导，但是两组之间不存在显著性差异。

（3）获得健身教练指导的被访者的年龄、性别、城乡分布特征

如图 60 所示，25 ~ 34 周岁组、35 ~ 44 周岁组的被访者更加倾向于通过健身教练获取指导，相关组别间存在显著差异。

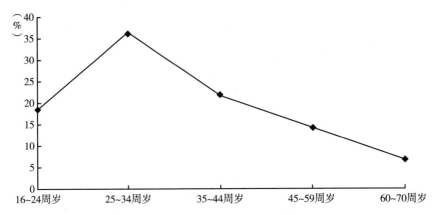

图59 不同年龄段被访者获得专业教练指导的百分比（N=275）

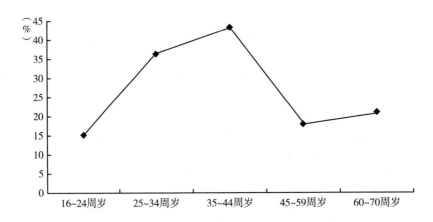

图60 不同年龄段被访者获得健身教练指导的百分比（N=275）

女性被访者（27.8%）比男性被访者（21.4%）获得了更多的健身教练的指导，但是两组之间不存在显著性差异。

城镇被访者（26.2%）比农村被访者（14.8%）获得了更多的专业教练的指导，但是两组之间不存在显著性差异。

（4）获得社会体育指导员指导的被访者的年龄、性别、城乡分布特征

如图61所示，中老年被访者更加倾向于获取社会体育指导员的指导，45～59周岁组为37.5%，60～70周岁组为34.5%，而16～24周岁组仅为4.7%，相关组别间存在显著性差异。

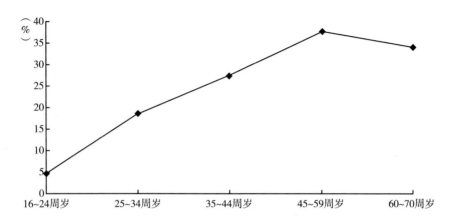

图61　不同年龄段被访者获得社会体育指导员指导的百分比（*N*=275）

女性被访者（21.7%）比男性被访者（18.8%）获得了更多的社会体育指导员的指导，但是两组之间不存在显著性差异。

城镇被访者（21.4%）比农村被访者（14.8%）获得了更多的社会体育指导员的指导，但是两组之间不存在显著性差异。

（5）付费获得指导的被访者的年龄、性别、城乡分布特征

如图62所示，25~34周岁年龄组付费获取指导的比例最高，35~44周岁年龄组次之，中老年组最低。相关组别间存在显著差异。

相比较男性被访者（30.6%），更多的女性被访者（36.5%）付费获得体育活动项目的指导，但是两组间不存在显著性差异。

相比较农村被访者（12%），更多的城镇被访者（36.3%）付费获得体育活动项目的指导，两组间存在显著性差异。

（二）对获得的体育活动项目指导是否满足需求的评价

被访者对获得的体育活动项目指导是否满足需求的评价在一般到基本能满足之间（M=3.54）。如图63所示，在各行政区中，昌平区的被访者对接受的体育活动项目指导是否满足需求的评价最高（M=4.09），顺义区最低（M=2.88），相关组别间存在显著差异。

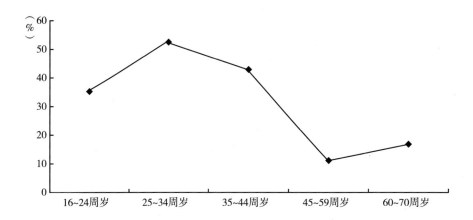

图62　不同年龄段被访者付费获得体育活动项目指导的百分比（$N=275$）

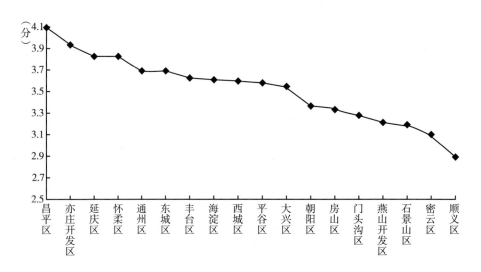

**图63　各行政区被访者对获得体育活动项目指导是否满足
需求的评价（$N=3012$）**

如图64所示，商品房居住社区、拆迁回迁社区的被访者对接受的体育活动项目指导是否满足需求的评价最高（$M=3.64$、$M=3.61$），经适房、廉租房评价最低（$M=3.29$），相关组别间存在显著差异。

不同年龄段的被访者对接受的体育活动项目指导是否满足需求的评价没

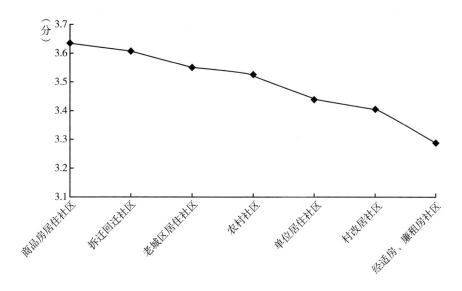

**图 64　不同居住社区被访者对获得体育活动项目指导是否
满足需求的评价（$N = 3012$）**

有差异。

女性被访者对接受的体育活动项目指导是否满足需求的评价（$M = 3.58$）高于男性被访者（$M = 3.49$），两组间存在显著差异。

城乡被访者对接受的体育活动项目指导是否满足需求的评价没有差异。

（三）今后希望获得指导的体育活动项目

对近一年接受过指导的被访者（$N = 275$）而言，除了已经接受指导的项目外，他们还希望在今后接受指导的体育活动项目依次为游泳（19.6%）、羽毛球（9.7%）、乒乓球（8.2%）、健步走（6.9%）、健美操（6.8%）、瑜伽（6.2%）、篮球（6.2%）、网球（5.0%）、太极拳和剑（4.9%）、滑雪（4.9%）、滑冰（4.5%）、健身路径（4.4%）。

在近一年没有接受过指导的被访者（$M = 3041$）中，22.2%的被访者认为自己需要在今后获得体育活动项目的指导。在这些被访者中，希望获得指导的体育活动项目依次为游泳（28.5%）、羽毛球（23.4%）、健步走（17.4%）、乒乓球（16.4%）、排舞广场舞（14.9%）、健身路径（14.0%）、跑步（11.7%）、太极拳和剑（10.9%）、瑜伽（10.4%）、网球（9.4%）、健美操（8.1%）、力量练习（7.7%）。

（四）小结

8.4%的被访者在近一年接受过体育活动项目指导。被访者接受指导最多的五个项目依次为游泳（15.5%）、跑步（15.4%）、篮球（12.9%）、羽毛球（12.5%）、瑜伽（11.4%）。不同行政区、居住社区类型、年龄段、性别、城乡的被访者中近一年获得过体育活动项目指导的百分比存在显著差异。

更多的16~24周岁的被访者、更多的农村被访者获得过体育教师的指导；更多的25~34周岁、35~44周岁的被访者选择通过专业教练、健身教练获取体育活动项目的指导；更多的45~59周岁、60~70周岁的被访者选择通过社会体育指导员获取体育活动项目的指导。此外，更多的25~34周岁、35~44周岁的被访者倾向于付费获取体育活动项目的指导，城镇被访者比农村被访者更加倾向于付费获取指导。

被访者对获取的体育活动项目指导是否满足需求的评价在一般到基本能满足之间（$M = 3.54$）。不同行政区、居住社区类型、性别的被访者对此评价存在显著差异。

对近一年接受过指导的被访者（$N = 275$）而言，除了已经接受指导的项目，最希望在今后接受指导的五个体育活动项目依次为游泳（19.6%）、羽毛球（9.7%）、乒乓球（8.2%）、健步走（6.9%）、健美操（6.8%）。

在近一年没有接受过体育活动项目指导的被访者中（$M = 3041$），22.2%的被访者希望在今后获得体育活动项目的指导，占比最高的五个项目为游泳（28.5%）、羽毛球（23.4%）、健步走（17.4%）、乒乓球（16.4%）、排舞广场舞（14.9%）。

参考文献

戴健：《中国公共体育服务发展报告》，社会科学文献出版社，2013。

〔美〕科特勒、〔美〕阿姆斯特朗：《市场营销原理》，郭国庆等译，清华大学出版社，2007。

李丽莉、王凯珍等：《北京市第二次群众体育现状调查与研究》，北京体育大学出版社，2012。

刘国永、杨桦、任海：《中国群众体育发展报告（2014）》，社会科学文献出版社，2014。

〔美〕马修·尚克：《体育营销学——战略性观点》（第 2 版），董进霞、邱招义、于静译，清华大学出版社，2002。

杨跃之：《管理学原理》，人民邮电出版社，2012。

B.8
附　录

一　北京市城乡居民体育活动参与和体育
需求现状调查问卷

项目代号：

问卷编号：qq001/　　　　　　复核员编号：fh001/

访员编号：in001/　　　　　　审卷员编号：sj001/

督导编号：su001/　　　　　　编码员编号：bm001/

北京市城乡居民体育活动参与和体育需求现状调查问卷

访问对象信息：姓名_____联系电话：

取样类型：　　①普通入户样本　　　②配额样本

访问样本类型：①城镇　　　　　　　②农村

访问对象地址：行政区/街道/镇_____居委会/

　　　　　　　村委会_____具体地址_____

访问日期：　　月日

　　　　　　1. 星期日　2. 星期一　3. 星期二　4. 星期三

　　　　　　5. 星期四　6. 星期五　7. 星期六

访问时间：　　开始时间：

　　　　　　结束时间：【24 小时制】

访问总时长：_____分钟【总分钟数】

☺访问员承诺：

◇我清楚本人的访问态度对调查结果的影响；

238

◇我保证本份问卷的各项资料都是由我本人按照公司规定的访问程序进行访问和记录的，绝对真实无欺；

◇我知道若发现一份作假，本人访问的问卷将全部作废，并需对因此而给公司造成的损失做出赔偿。

访员签字：_____　　访员中心：_____

问卷审核记录	
第一审核	
第二审核	

您好，我是×××公司的访问员。我们正在进行一项有关北京市城乡居民体育活动行为和需求情况的研究，想了解一下居民们的体育活动状况。您是我们按照科学方法随机抽中的访问对象，您的看法和意见对我们的研究很重要。我们的访问大概需要半小时，访问结束后我们将送您一份纪念品。相信能够得到您的支持与帮助，谢谢！【出示介绍信和说明函】

G. 过滤题

G1. 为了按照科学的抽样原则从您家选择一位家庭成员接受我们的这次访问，请您告诉我您家年龄在 16 周岁（包括 16 周岁）以上的北京户籍的家庭成员性别、年龄情况。我指的户籍家庭成员是一个星期至少有五天住在这里的，且为北京市户口的成员，请不要忘了您自己！现在请您告诉我这些家庭成员的年龄和性别好吗？请从年龄最小的开始。

【请访员将符合受访条件的家庭成员按年龄从小到大排序，如遇年龄相同者先按生日时间的先后顺序从小到大排序，再按先男后女的原则排序，然后参照 KISH 表，在随机号和最大成员交叉的号码上画圈，该号码代表的那位成员即是选定的受访者】

住户中符合条件的户籍家庭成员					随机号（G001）									
序号	户籍家庭成员	年龄	性别	生日	1	2	3	4	5	6	7	8	9	0
1					1	1	1	1	1	1	1	1	1	1
2					1	1	1	1	1	2	2	2	2	2

住户中符合条件的户籍家庭成员					随机号（G001）									
序号	户籍家庭成员	年龄	性别	生日	1	2	3	4	5	6	7	8	9	0
3					1	1	1	2	2	2	3	3	3	3
4					1	1	2	2	3	3	3	4	4	4
5					1	1	2	2	3	3	4	4	5	5
6					1	2	3	3	4	4	5	5	6	6

现在我希望与＿＿＿＿＿＿谈谈，请问他/她在家吗？

【如果受访者不在家，则另约时间进行访问，预约成功后，将预约时间填写在入户情况登记表中】

G2.【针对所有受访者提问，包括拦截老年人】请问您是北京市户口吗？

是　　　　1　　➡【继续访问】不是　　　2　　➡【终止访问】

D22. 请问您是城镇户口还是农村户口？【单选】

城镇　　__1__　　农村　　__2__

G3. 请问您的年龄是＿＿＿＿周岁。【请在横线上记录数字，并在下方选项上进行相应勾选】

16~24 周岁	1	
25~34 周岁	2	
35~44 周岁	3	➡【继续访问】
45~59 周岁	4	
60~70 周岁	5	
71~80 周岁	6	
16 周岁以下	7	➡【终止访问】
80 周岁以上	8	

G4.【仅针对配额拦截的老年人提问】您在这个社区居住多久了？

半年及以上　1　➡【继续访问】　不足半年　2　➡【终止访问】

D01. 受访者性别：【访员直接记录】

男　　　　1　　　　女　　　　2

首先，我们来聊聊您参加体育活动的情况。

A1. 【针对所有受访者提问】您近一年来是否参加过体育活动？【单选】

是	1	否	2	说不清【不读出】	3	拒答【不读出】	4
➡【跳答 A1d 题】			➡【继续访问 A1a】				

A1a. 【针对 A1 选择 2/3/4 的受访者提问，出示卡片】您是否考虑在：_____【单选】

未来 3 个月内参加体育活动	1	没有考虑在未来参加体育活动【不读出】	4
未来 3~6 个月内参加体育活动	2	说不清【不读出】	5
未来 6 个月到 1 年内参加体育活动	3	拒答【不读出】	6

A1b. 【A1a 选择 1/2/3 的受访者提问，出示卡片】今后，您最希望参加的体育活动项目是：_____

第二希望参加的：_____ 第三希望参加的：_____【逐次追问，限选三项】

健步走(含快步走)	1	保龄球	15
跑步	2	地掷球	16
健身路径(路边的健身设施)	3	门球	17
力量练习(徒手、器械)	4	排舞、广场舞	18
乒乓球	5	健美操	19
羽毛球	6	交际舞、体育舞蹈、民间舞蹈	20
网球	7	体操(包括广播操、艺术体操、竞技体操等)	21
足球	8	健身气功(易筋经、八段锦、五禽戏、六字诀)	22
篮球	9	游泳	23
排球	10	摔跤	24
骑车	11	散打	25
柔力球	12	武术	26
毽球	13	太极拳、剑	27
跳绳	14	木兰扇	28

续表

瑜伽	29	空手道	37
轮滑	30	拳击	38
气排球	31	柔道	39
登山	32	其他【请注明】＿＿＿＿＿	40
冰球	33	无【不读出】	41
滑冰	34	拒答【不读出】	42
滑雪	35	说不清【不读出】	43
跆拳道	36		

A1c.【针对 A1 选择 2/8/9 的受访者提问，出示卡片】制约您参加体育活动的主要因素是什么：＿＿＿＿＿次要因素呢：＿＿＿＿＿第三个因素是：＿＿＿＿＿

【逐次追问，限选三项，答完本题跳答 A9 题】

没兴趣	1	经济条件限制	11
惰性	2	怕受嘲笑	12
身体很好,不用参加	3	认为没必要	13
身体弱,不宜参加	4	怕受伤	14
体力工作多,不必参加	5	没有指导	15
家务忙,缺少时间	6	没有同伴	16
工作忙缺少时间	7	年龄大了	17
缺乏场地设施	8	其他【请注明】＿＿＿＿＿	18
缺乏锻炼知识或健身技能	9	说不清【不读出】	19
缺乏组织	10	拒答【不读出】	20

A1d.【针对 A1 选择 1 的受访者提问，出示卡片】您的体育活动频度是：＿＿＿＿＿【单选】

平均每月不足 1 次	1	每天 1 次	6
平均每月 1 次以上,但每周不足 1 次	2	每天两次及以上	7
平均每周 1~2 次	3	说不清【不读出】	8
平均每周 3~4 次	4	拒答【不读出】	9
平均每周 5 次及以上	5		

A2. 【针对 A1 选择 1 的受访者提问】您平均每次锻炼时间为：_____
【单选】

30 分钟及以下	1	120 分钟以上	5
31~60 分钟	2	说不清【不读出】	6
61~90 分钟	3	拒答【不读出】	7
91~120 分钟	4		

A3. 【针对 A1 选择 1 的受访者提问，出示卡片】您平时参加体育活动的身体感受是：_____【单选】

呼吸、心跳与不锻炼时比,变化不大	1	说不清【不读出】	4
呼吸、心跳加快,微微出汗	2	拒答【不读出】	5
呼吸急促,心跳明显加快,出汗较多	3		

A4. 【针对 A1 选择 1 的受访者提问，出示卡片】您当前经常参加的体育活动项目有哪些？【多选，将答案圈选在 A4 列】

A4a. 【针对 A4 选择 01－38 和其他的受访者提问，出示卡片】在您当前经常参加的体育活动项目中，您最经常参加的体育活动项目是哪一项？【单选，将答案圈选在 A4a 列。请访员注意，本题选项必须包含在 A4 题选项中，若不在其中，须向受访者确认核实】

A4b. 【出示卡片】除了您已经参加的体育活动项目，今后，您最希望参加的体育活动项目是：_____其次是：_____第三是：_____

【请访员注意，此题答案不应包含在 A4 及 A4a 的选项中。逐项追问，限选三项】

	A4	A4a		A4	A4a
健步走(含快步走)	1	1	乒乓球	5	5
跑步	2	2	羽毛球	6	6
健身路径(路边的健身设施)	3	3	网球	7	7
力量练习(徒手、器械)	4	4	足球	8	8

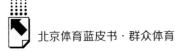

续表

	A4	A4a		A4	A4a
篮球	9	9	太极拳、剑	27	27
排球	10	10	木兰扇	28	28
骑车	11	11	瑜伽	29	29
柔力球	12	12	轮滑	30	30
毽球	13	13	气排球	31	31
跳绳	14	14	登山	32	32
保龄球	15	15	冰球	33	33
地掷球	16	16	滑冰	34	34
门球	17	17	滑雪	35	35
排舞、广场舞	18	18	跆拳道	36	36
健美操	19	19	空手道	37	37
交际舞、体育舞蹈、民间舞蹈	20	20	拳击	38	38
体操(包括广播操、艺术体操、竞技体操等)	21	21	柔道	39	39
健身气功(易筋经、八段锦、五禽戏、六字诀)	22	22	其他【请注明】_____	40	40
游泳	23	23	无【不读出】	41	41
摔跤	24	24	拒答【不读出】	42	42
散打	25	25	说不清【不读出】	43	43
武术	26	26			

A4c. 【针对 A4a 选择 01–38 和其他的受访者的选项提问，出示卡片】针对您最经常参加的这项体育活动项目，您的参加方式是? _____ 【多选】/a4c01–/a4c07

个人锻炼	1		
和家人一起	2	其他【请注明】_____	6
和朋友一起	3	说不清【不读出】	7
社区活动	4	拒答【不读出】	8
体育健身组织(如社区健身队、体育协会、健身俱乐部等)	5		

A4d.【针对 A4a 的选项提问，出示卡片】您刚才说您最经常参加的体育活动项目是【读出 A4a 的选项名称】，那么这项活动，您在平时的参与时段是？_____【多选，圈选在 A4d 列】/a4d01 - /a4d05

A4e.【针对 A4a 的选项提问，出示卡片】那您在周末或节假日这些休息日时的参与时段是？_____【多选，圈选在 A4e 列】/a4e01 - /a4e05

A4d. 平时(周一～周五)		A4e. 休息日(周末、节假日)	
9:00 之前	1	9:00 之前	1
9:01 至 11:30	2	9:01 至 11:30	2
11:31 至 14:00	3	11:31 至 14:00	3
14:01 至 18:00	4	14:01 至 18:00	4
18:00 之后	5	18:00 之后	5
说不清【不读出】	6	说不清【不读出】	6
拒答【不读出】	7	拒答【不读出】	7

A5. 您上述体育活动状态持续多少年了？_____年（四舍五入至年）【开放题，阿拉伯数字取整，例如 10 年】/a501

A6. 您参加体育活动是否中断过？_____（注：中断指连续半年或更长时间没有参加体育活动）【单选】/a601

是	1	否	2	说不清【不读出】	3	拒答【不读出】	4
➡【继续访问 A6a】			➡【跳答 A7 题】				

A6a.【针对 A6 选 1 的受访者】那中断过几次？_____次 说不清_____拒答_____【开放题，取整】/a6a01

A6b.【针对 A6 选 1 的受访者】出现最长一次中断时您的年龄是_____岁（如只中断一次，将该次中断视为最长中断）说不清_____拒答_____【开放题，取整】/a6b01

A6c.【针对 A6 选 1 的受访者提问，出示卡片】中断的最主要原因是：_____；次要原因呢：_____；第三个原因是：_____【逐次追问，限选三项】/a6c01 - /a6c03

运动损伤	1	对体育活动失去兴趣	11
工作忙	2	怕受伤	12
家务忙	3	经济条件限制	13
生病	4	突发事件的影响	14
惰性	5	认为没必要了	15
怀孕生育	6	更年期	16
住所、工作单位或家庭生活变动后没有找到合适的锻炼项目	7	其他【请注明】_____	17
失去锻炼场地	8	说不清【不读出】	18
失去锻炼同伴	9	拒答【不读出】	19
失去锻炼组织	10		

A7.【出示卡片】您参加体育活动的最主要目的是：_____次要目的呢：_____第三个目的是：_____【逐次追问，限选三项】/a701-/a703

消遣娱乐	1	提高运动技能、技巧	7
增强体力与健康	2	防病治病	8
减轻压力、调节情绪	3	陪伴子女共同锻炼	9
美容、减肥与塑身	4	其他【请注明】_____	10
健美	5	说不清【不读出】	11
社交的方式	6	拒答【不读出】	12

A8.【出示卡片】您受到哪方面的影响参加体育活动？最大的影响因素是：_____次要的影响因素是：_____第三个影响因素是：_____【逐次追问，限选三项】/a801-/a803

受学校体育影响	1	受体育明星、体育名人影响	6
受体育新闻及电视转播或体育广播的影响	2	其他【请注明】_____	7
受单位体育活动影响	3	说不清【不读出】	8
受家庭成员影响	4	拒答【不读出】	9
受同事或朋友影响	5		

A9.【针对所有被访者，出示卡片】您认为体育活动在您生活中的重要性如何？【单选】/a901

完全不重要	不太重要	一般【不读出】	比较重要	非常重要	说不清【不读出】	拒答【不读出】
1	2	3	4	5	6	7

接下来，我们聊下关于体育活动场地的话题。

B1.【出示卡片】您近一年经常使用哪些类型的体育场地？_____
【多选题，圈选在 B1 列，选 12、13、14 跳答至 B2】/b101－/b110

B1a.【出示卡片】那么其中，您最经常使用的体育场地类型是？
_____【单选，圈选在 B1a 列】/b1a01

	B1	B1a		B1	B1a
单位体育场地	1	1	公园	8	8
住宅小区体育场地	2	2	健身会所	9	9
自家庭院或室内	3	3	自然区域	10	10
公共体育场馆	4	4	其他【请注明】_____	11	11
公路旁	5	5	没有使用【不读出】	12	12
广场	6	6	拒答【不读出】	13	13
住宅小区空地	7	7	说不清【不读出】	14	14

B1a1.【针对 B1a 选择 1～10 或其他的受访者提问】针对您最经常使用的【读出受访者 B1a 选择】体育场地，您对这个体育场地的满意度是？
_____【单选】/b1a101

非常不满意	不太满意	一般【不读出】	比较满意	非常满意	说不清【不读出】	拒答【不读出】
1	2	3	4	5	6	7

B1a2.【针对受访者 B1a 最经常使用的体育场地】您通常是从哪里出发前往这个场所的？_____【单选】/b1a201

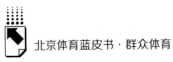

单位	1	拒答【不读出】	4
家	2	说不清【不读出】	5
其他【请注明】_____	3		

B1a3.【针对受访者 B1a 最经常使用的体育场地】您前往这个体育场地的主要交通方式是_____【单选】/b1a301

步行	1	慢跑	5
公交	2	拒答【不读出】	6
自行车	3	说不清【不读出】	7
驾车(出租车)	4		

B1a4.【针对受访者 B1a 最经常使用的体育场地】您前往这个体育场地通常需要花费多长时间?_____分钟。说不清_____拒答_____【开放题,数字取整】/b1a401

B1a5.【针对受访者 B1a 最经常使用的体育场地】您使用的这个场地是否收费?_____【单选】/b1a501

是	1	否	2	说不清【不读出】	3	拒答【不读出】	4

B2.【针对所有受访者】您觉得,您住所周边的体育活动场地是否能够满足您的健身需求?_____【单选】/b201

不能满足	基本不能满足	一般【不读出】	基本能满足	能满足	说不清【不读出】	拒答【不读出】
1	2	3	4	5	6	7

B3.【出示卡片】您住所周边的学校体育活动场地对居民开放程度如何?_____【单选】/b301

不开放	1	其他【请注明】_____	4
开放,但时间不能满足锻炼需要	2	拒答【不读出】	5
开放,其时间能够满足锻炼需要	3	说不清【不读出】	6

B4.【出示卡片】今后，您最希望增加哪些类型的体育活动场地？
_____【多选】/b401 - /b410

单位体育场地	1	公园	8
住宅小区体育场地	2	健身会所	9
自家庭院或室内	3	自然区域	10
公共体育场馆	4	其他【请注明】_____	11
公路旁	5	没有使用【不读出】	12
广场	6	拒答【不读出】	13
住宅小区空地	7	说不清【不读出】	14

下面，我们再聊聊关于参与体育健身组织状况。

B5.【出示卡片】您近一年参加了哪些类型的体育健身组织？
_____【多选】/b501 - /b510

B5a.【针对 B5 选择 1～8 和其他的受访者】您最经常参加的体育健身组织是哪个类型的？_____【单选】/b5a01

	B5	B5a		B5	B5a
由社区发起的组织	1	1	社区和单位联合组织的组织	7	7
社区的自发组织	2	2	社区单位之外的自发组织	8	8
由单位发起的组织	3	3	其他【不读出】	9	9
单位的自发组织	4	4	没有参加【不读出】	10	10
商业组织	5	5	拒答【不读出】	11	11
体育部门的组织	6	6	说不清【不读出】	12	12

B5b.【针对 B5a 选择 1～8 和其他的受访者】您最经常参加的体育健身组织叫什么？_____
【开放题，如实记录受访者答案，如果是非正式组织没有名称，请以大家能够明白的方式描述，如小区毽球队】说不清_____拒答_____
【开放题】/b5b01

B5c.【针对 B5a 选择 1～8 和其他的受访者】您对这个组织的综合满意程度是？_____【单选】/b5c01

非常不满意	不太满意	一般【不读出】	比较满意	非常满意	说不清【不读出】	拒答【不读出】
1	2	3	4	5	7	8

B5d.【针对 B5a 选择 1~8 和其他的受访者】据您所知，该体育健身组织是否需要政府支持？＿＿＿＿＿＿【单选】/b5d01

是	1	否	2	说不清【不读出】	3	拒答【不读出】	4
➡【继续访问 B5e】		➡【跳答 B6】					

B5e【针对 B5d 选择 1 的受访者，出示卡片】那您觉得该组织最需要哪种类型的支持？＿＿＿＿＿＿【单选】/b5e01

政策支持	1	其他【请注明】＿＿＿＿＿＿＿	5
资金支持	2	拒答【不读出】	6
场地支持	3	说不清【不读出】	7
人员培训	4		

B6.【针对所有受访者】您认为您目前住所周边的体育健身组织是否能够满足您的体育需求？＿＿＿＿＿＿【单选】/b601

不能满足	基本不能满足	一般【不读出】	基本能满足	能满足	说不清【不读出】	拒答【不读出】
1	2	3	4	5	6	7

B7.【针对所有受访者，出示卡片】您最希望增加和改善哪个类型的体育健身组织？＿＿＿＿＿＿【单选】/b701

由社区发起的组织	1	社区和单位联合组织的组织	7
社区的自发组织	2	社区单位之外的自发组织	8
由单位发起的组织	3	其他【不读出】	9
单位的自发组织	4	没有参加【不读出】	10
商业组织	5	拒答【不读出】	11
体育部门的组织	6	说不清【不读出】	12

接下来，我们谈一下大众体育比赛或展示活动的话题。这里的"大众比赛或展示活动"是指有组织方的、普通大众可参加的体育活动。

B8. 您近一年参加了几次大众体育比赛或展示活动？_____【单选】/b701

1~2次	1	无【不读出】	5	
3~5次	2	拒答【不读出】	6	➡【跳答 B11】
6~10次	3	说不清【不读出】	7	
10 次以上	4			

B9. 【针对 B8 选择 1~4 的受访者，出示卡片】您参加的大众体育比赛或展示活动是由哪些部门组织的？_____【多选，在 B9 列进行相应圈选】/b901-/b910

B10. 【针对 B9 选择 1~7 和其他的受访者，出示卡片】那么其中，您最喜欢的是由哪些部门组织的？_____【单选，在 B10 列圈选】/b1001

	B9	B10		B9	B10
体育行政部门	1	1	慈善组织	6	6
体育协会	2	2	草根体育组织	7	7
社区/(村)居委会	3	3	其他【请注明】_____	8	8
单位	4	4	说不清【不读出】	9	9
商业组织	5	5	拒答【不读出】	10	10

B11. 【针对所有受访者提问】您认为您住所周边的大众体育比赛或展示活动是否能够满足您的体育需求？_____【单选】/b1101

不能满足	基本不能满足	一般【不读出】	基本能满足	能满足	说不清【不读出】	拒答【不读出】
1	2	3	4	5	6	7

B12. 【出示卡片】您最希望由哪些组织来组织大众体育比赛或展示活动：_____【单选】/b1201

体育行政部门	1	慈善组织	6
体育协会	2	草根体育组织	7
社区/(村)居委会	3	其他【请注明】_____	8
单位	4	说不清【不读出】	9
商业组织	5	拒答【不读出】	10

下面是与科学健身知识、健身活动信息相关。

B13. 请问，近一年您是否关注过"科学健身知识、健身活动信息"？_____【单选】/b1301

| 是 | 1 | 否 | 2 | 说不清【不读出】 | 3 | 拒答【不读出】 | 4 |
| ➡【继续访问 B14】 | | ➡【跳答 B15】 | | | | | |

B14.【针对 B13 选择 1 的受访者，出示卡片】您近一年获取"科学健身知识、健身活动信息"的主要途径有哪些？主要途径：_____第二途径：_____第三途径：_____【逐次追问，限选三项】/b1401 - /b1410

纸质报刊	1	自媒体(微信、微博等)	7
电视	2	专业人士指导	8
电台	3	其他【请注明】_____	9
网站	4	说不清【不读出】	10
讲座	5	拒答【不读出】	11
社区宣传	6		

B15.【针对所有受访者】您认为目前的"科学健身知识、健身活动信息"是否能够满足您的体育需求？_____【单选】/b1501

不能满足	基本不能满足	一般【不读出】	基本能满足	能满足	说不清【不读出】	拒答【不读出】
1	2	3	4	5	6	7

B16.【针对所有受访者，出示卡片】您希望增加哪些途径的科学健身知识、健身活动信息？_____【限选三项】/b1601 – /b1603

纸质报刊	1	自媒体(微信、微博等)	7
电视	2	专业人士指导	8
电台	3	其他【请注明】_____	9
网站	4	说不清【不读出】	10
讲座	5	拒答【不读出】	11
社区宣传	6		

下面，我们谈谈您获得体育项目指导的情况。

B17.【针对所有受访者】您近一年是否接受过体育活动项目的指导？_____【单选】/b1701

是	1	否	2	说不清【不读出】	3	拒答【不读出】	4
➡【跳答 B20】		➡【继续答 B18】					

B18.【针对 B17 选择 2/3/4 的受访者】今后，您是否需要体育项目指导？_____【单选】/b1801

是	1	否	2	说不清【不读出】	3	拒答【不读出】	4
➡【继续访问 B19】		➡【跳答 B24】					

B19.【针对 B18 选择 1 的受访者，出示卡片。答完本题跳答 B25 题】今后，您最希望获得指导的体育项目是：_____第二希望：_____第三希望：_____【逐项追问，限选三项】/b1901 – /b1903

健步走(含快步走)	1	足球	8
跑步	2	篮球	9
健身路径(路边的健身设施)	3	排球	10
力量练习(徒手、器械)	4	骑车	11
乒乓球	5	柔力球	12
羽毛球	6	毽球	13
网球	7	跳绳	14

续表

保龄球	15	瑜伽	29
地掷球	16	轮滑	30
门球	17	气排球	31
排舞、广场舞	18	登山	32
健美操	19	冰球	33
交际舞、体育舞蹈、民间舞蹈	20	滑冰	34
体操(包括广播操、艺术体操、竞技体操等)	21	滑雪	35
健身气功(易筋经、八段锦、五禽戏、六字诀)	22	跆拳道	36
游泳	23	空手道	37
摔跤	24	拳击	38
散打	25	柔道	39
武术	26	其他【不读出,请注明】_____	40
太极拳、剑	27	无	41
木兰扇	28	拒答【不读出】	42
		说不清【不读出】	43

B20. 【针对 B17 选择 1 的受访者】近一年里，您接受的体育项目指导是否收费？【单选】/b2001

是	1	否	2	说不清【不读出】	3	拒答【不读出】	4

B21. 【针对 B17 选择 1 的受访者】近一年您接受指导的体育活动项目是？_____【多选】/b2101－/b2110

B22. 【针对 B17 选择 1 的受访者】除了您已经接受指导的项目以外，今后，您最希望获得哪些体育项目的指导？第一希望：_____第二希望：_____第三希望：_____

【请访员注意，此题答案不应包含在 B21 的选项中。逐项追问，限选三项】/b2201－/b2210

	B21		B21
健步走(含快步走)	1	健身气功(易筋经、八段锦、五禽戏、六字诀)	22
跑步	2	游泳	23
健身路径(路边的健身设施)	3	摔跤	24
力量练习(徒手、器械)	4	散打	25
乒乓球	5	武术	26
羽毛球	6	太极拳、剑	27
网球	7	木兰扇	28
足球	8	瑜伽	29
篮球	9	轮滑	30
排球	10	气排球	31
骑车	11	登山	32
柔力球	12	冰球	33
毽球	13	滑冰	34
跳绳	14	滑雪	35
保龄球	15	跆拳道	36
地掷球	16	空手道	37
门球	17	拳击	38
排舞、广场舞	18	柔道	39
健美操	19	其他【不读出,请注明】_____	40
交际舞、体育舞蹈、民间舞蹈	20	无	41
体操(包括广播操、艺术体操、竞技体操等)	21	拒答【不读出】	42
		说不清【不读出】	43

B23:【针对 B17 选择 1 的受访者,出示卡片】近一年,您接受过哪类人员的指导:_____【多选】/b2301-/b2306

体育教师	1	其他受过专业训练的人士	5
专业教练	2	其他【请注明】_____	6
健身教练	3	说不清【不读出】	7
社会体育指导员	4	拒答【不读出】	8

B24.【针对所有受访者】您认为目前您获得的体育项目指导是否能够满足您的体育需求?_____【单选】/b2401

不能满足	基本不能满足	一般	基本能满足	能满足	说不清【不读出】	拒答【不读出】
1	2	3	4	5	6	7

下面部分是关于国民体质监测的话题。

B25.【针对所有受访者】您是否参加过体质测量和评定：_____
【单选】/b2501

是	1	否	2	说不清【不读出】	3	拒答【不读出】	4
➡【继续访问 B26】			➡【跳答 B28】				

B26.【针对 B25 选择 1 的受访者，出示卡片】您参加的最近一次体质
测量和评定的情况是：_____ 【单选】/b2601

优秀	良好	合格	不合格	不知道	说不清【不读出】	拒答【不读出】
1	2	3	4	5	6	7

B27.【针对所有受访者，出示卡片】除了国家国民体质测试规定的项
目外，您希望增加哪些项目？第一希望：_____ 第二希望：_____
第三希望：_____ 【逐项追问，限选三项】/b2701 – /b2703

骨密度	1	糖基化(预测糖尿病)	8
体成分(测试人体水分/蛋白质/肌肉及脂肪含量)	2	肌力	9
骨龄	3	心肺功能	10
动脉硬化	4	其他【请注明】_____	11
柔韧性	5	说不清【不读出】	12
亚健康	6	拒答【不读出】	13
平衡能力	7		

B28.【针对所有受访者提问，出示卡片】总的来说，目前您最需要的
体育服务是：第一需要：_____ 第二需要：_____ 第三需要：
_____ 【逐项追问，限选三项】/b2801 – /b2803

体育活动场地	1	国民体质监测	6
体育健身组织	2	其他【请注明】_____	7
大众体育比赛或展示活动	3	说不清【不读出】	8
科学健身知识、健身活动信息	4	拒答【不读出】	9
体育技能指导	5		

现在，我们想了解您近一年的体育消费情况。

B29.【针对所有受访者提问，出示卡片】过去一年中，您是否进行过下列体育消费？_____（特指个人消费，家庭/其他人体育消费除外）【多选】/b2901 – /b2910

B30.【针对 B29 的选择，逐项追问】那您在这些体育消费上的消费金额分别是多少？首先【逐行读出受访者在 A12a 的选项】，您消费金额是_____【开放题，填写在 B30 对应处，取整】/b3001 – /b3010

	B29 栏 进行过的体育消费	B30 栏 消费金额(元)
1. 购买体育器材设备	1	
2. 购买运动服装鞋帽	2	
3. 购买体育知识信息(如订阅体育报刊、购买体育图书)	3	
4. 观看各类体育赛事(如购买门票、观赛期间购买餐饮和纪念品等)	4	
5. 付费参加体育健身活动(如购买健身俱乐部的会员卡、活动的指导费,如健身俱乐部中的私教费用、场地费、参赛报名费等)	5	
6. 参加体育培训班(如支付暑期游泳班的费用)	6	
其他(请注明内容和金额)_____		
以上都没有【不读出】	7	
拒答【不读出】	8	
说不清【不读出】	9	

最后，我们想了解下您日常体力活动状况。

C1.【针对所有受访者提问，出示卡片】您现在的工作状况（学生学习也等同于工作）：_____【单选】/c101

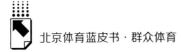
每日工作	1	不工作	6	➡【跳答 C4】
每日半天工作	2			
隔日工作	3	其他【请注明】＿＿＿＿	7	
每日工作并经常加班	4	说不清【不读出】	8	
有工作但不定时	5	拒答【不读出】	9	

C4.【针对所有受访者，逐项追问】请问您工作日时的工作（或学习）时间每周累计有多少个小时？休息日呢？【访员注意，如下列活动没有发生则统一记为 0，需计算总时长；特别注意，仅 C1 题选择 1～5 和其他的受访者填写 C401 及 C402 题】【开放题】/c4a01－/c4a10；/c4b01－/c4b10

内容	C4a 工作日（周一至周五）	C4b 休息日（周六、周日）
C401. 工作（或学习）时间	总计＿＿＿＿小时	总计＿＿＿＿小时
C402. 工作（或学习）中，持续不离开座位 30 分钟以上的累计时间	总计＿＿＿＿小时	总计＿＿＿＿小时
C403. 睡觉休息时间	总计＿＿＿＿小时	总计＿＿＿＿小时
C404. 体育活动【注意，请以分钟计算本题】	总计＿＿＿＿分钟	总计＿＿＿＿分钟
C405. 日常休闲活动（体育活动除外）	总计＿＿＿＿小时	总计＿＿＿＿小时
C406. 日常休闲活动中，持续不离开座位 30 分钟以上的累计时间（如长时间坐在沙发上看电视）	总计＿＿＿＿小时	总计＿＿＿＿小时
C407. 家务劳动	总计＿＿＿＿小时	总计＿＿＿＿小时
C408. 个人工作（或学习）时间	总计＿＿＿＿小时	总计＿＿＿＿小时
C409. 个人交通：步行	总计＿＿＿＿小时	总计＿＿＿＿小时
C410. 个人交通：自行车	总计＿＿＿＿小时	总计＿＿＿＿小时
C411. 个人交通：公共汽车、地铁	总计＿＿＿＿小时	总计＿＿＿＿小时
C412. 个人交通：小汽车、出租车、摩托车	总计＿＿＿＿小时	总计＿＿＿＿小时
C413. 个人培训、学习	总计＿＿＿＿小时	总计＿＿＿＿小时
说不清【不读出】		
拒答【不读出】		

D. 基本情况

为了研究不同群体的人在态度上有没有差别，我还想了解您个人的一些情况。请放心，您的资料我们只做统计分析使用，不会透露给任何人。

个人基本情况。

D2.【出示卡片】您现在的婚姻状况符合以下哪种情况：_____【单选】/d201

未婚(包括未婚同居)	1	丧偶	4
已婚	2	说不清【不读出】	5
离异	3	拒答【不读出】	6

D3.【针对所有受访者，出示卡片】您的职业是：_____【单选】/d301

国家机关、党群组织、企业、事业单位负责人	1	军人	8
专业技术人员	2	失业/无业	9
办事人员和有关人员	3	有工作但不固定	10
商业、服务业人员	4	其他	11
农、林、牧、渔、水利业生产人员	5	说不清【不读出】	12
生产、运输设备操作人员及有关人员	6	拒答【不读出】	13
学生	7		

D4.【针对 D5 选择 1～8 和其他的受访者提问】您单位所在街道的地址是：_____

拒答【不读出】【开放题，着实记录，只需填写街道地址。】/d401

D5. 您的受教育程度是（包括同等学力）：_____【单选】/d501

研究生及以上	1	小学(含私塾)	5
大学(含大专)	2	文盲或识字不多	6
高中(含中专)	3	说不清【不读出】	7
初中	4	拒答【不读出】	8

D9. 您的民族是：1. 汉族　　　　2. _____族【开放题，根据受访者的答案如实填写】/d901－/d9a01

个人健康情况。

D10.【出示卡片】请问您是否有吸烟的习惯：_____【单选】/0

没有	1	经常吸烟	4
以前有,现在戒了	2	说不清【不读出】	5
偶尔吸烟	3	拒答【不读出】	6

D11.【出示卡片】您是否有喝酒的习惯:_____【单选】/d1101

没有	1	经常喝	4
以前有,现在戒了	2	说不清【不读出】	5
偶尔喝	3	拒答【不读出】	6

D12.【出示卡片】您打麻将的频度是:_____【单选】/d1201

平均每月不足1次	1	每天1次	6
平均每月1次以上,但每周不足1次	2	每天两次及以上	7
平均每周1~2次	3	不打麻将	8
平均每周3~4次	4	说不清【不读出】	9
平均每周5次及以上	5	拒答【不读出】	10

D13.【出示卡片】您平均每次打麻将的持续时间为:_____【单选】/d1301-/d1310

30分钟及以下	1	120分钟以上	5
31~60分钟	2	说不清【不读出】	6
61~90分钟	3	拒答【不读出】	7
91~120分钟	4		

D14.【出示卡片】您患有以下慢性疾病吗(经医院确诊)_____【多选】/d1401-/d1410

无疾病	1	高血脂症	8
脑血管疾病	2	高血压	9
呼吸系统疾病	3	心脏病	10
消化系统疾病	4	职业病	11
泌尿生殖系统疾病	5	其他【请注明】_____	12
糖尿病	6	说不清【不读出】	13
运动器官疾病	7	拒答【不读出】	14

D15.【出示卡片】您的健康状况符合以下哪种情况：_____【单选】/d1501

很不好(生病较严重)	1	很好（没有疾病）	5
不好（经常得病）	2	说不清【不读出】	6
无所谓好不好	3	拒答【不读出】	7
好（偶尔得病）	4		

D16.【出示卡片】与同龄人相比，您觉得自己的健康状况怎么样？_____【单选】/d1601

非常不好	不太好	一般【不读出】	比较好	非常好	说不清【不读出】	拒答【不读出】
1	2	3	4	5	6	7

D17.【出示卡片】对于个人健康状况，您是否觉得满意？_____【单选】/d1701

非常不满意	不太满意	一般【不读出】	比较满意	非常满意	说不清【不读出】	拒答【不读出】
1	2	3	4	5	6	7

D19.【出示卡片】为了改善自身的健康，您比较注意什么：_____【限选三项】/d1901 – /d1903

注意改善自己的饮食	1	改掉不良的生活习惯	6
经常保障充足的睡眠	2	没有精力和时间顾及此类事情	7
参加体育活动	3	其他【请注明】_____	8
有规律的生活	4	说不清【不读出】	9
补充营养保健品	5	拒答【不读出】	10

家庭基本情况。

D20.【出示卡片】您的居住地属于哪类社区：_____【单选】/d2001

261

单位居住社区	1	村改居社区	7
老城区居住社区	2	农村社区	8
商品房居住社区	3	其他社区【请注明】_____	9
经适房、廉租房社区	4	说不清【不读出】	10
拆迁回迁社区	5	拒答【不读出】	11
别墅区	6		

D21.【出示卡片】您的家庭类型属于以下哪种?_____【单选】/d2101

单身	1	联合家庭(父母、已婚子女、未婚子女、孙子女、曾孙子女等几代居住在一起)	6
夫妇家庭	2	其他【请注明】_____	7
单亲家庭	3	说不清【不读出】	8
核心家庭(已婚夫妇和未婚子女或收养子女两代组成的家庭)	4	拒答【不读出】	9
主干家庭(两代或两代以上夫妻组成)	5		

D22.【针对所有受访者】请问您是否有不满 16 岁的未成年子女:_____【单选,选择 4、5、6 跳答至 D25】/d2201

有,一个	1	没有	4
有,两个	2	说不清【不读出】	5
有,三个以上	3	拒答【不读出】	6

D23.【针对 D22 选 1~3 的受访者】您的未成年孩子(多子女的追问最小孩子)的性别是_____【单选】/d2301

男孩	1	没有	3
女孩	2	说不清【不读出】	4

D24.【针对 D22 选 1~3 的受访者】这个孩子是哪一年出生的:_____年拒答【开放题,直接记录四位数字】/d2401

D25.【出示卡片】过去一年里，您个人月均收入（含奖金和其他收入）是_____【单选】/d2501

1000 元及以下	1	10001 ~ 12000 元	10
1001 ~ 2000 元	2	12001 ~ 15000 元	11
2001 ~ 3000 元	3	15001 ~ 20000 元	12
3001 ~ 4000 元	4	20000 元以上	13
4001 ~ 5000 元	5	无收入【不读出】	14
5001 ~ 6000 元	6	无固定收入【不读出】	15
6001 ~ 7000 元	7	说不清【不读出】	16
7001 ~ 8000 元	8	拒答【不读出】	17
8001 ~ 10000 元	9		

访问到此结束，感谢您的配合！

二 北京市民体育活动参与和体育需求现状调查数据分析表

ID 题：ID002 频数

		Count（人）	Col（%）
取样类型	普通入户样本	2970	82.1
	配额样本	648	17.9
Total		3618	100.0

ID 题：ID003 频数

		Count（人）	Col（%）
访问样本类型	城镇	3004	83.0
	农村	614	17.0
Total		3618	100.0

ID 题：ID004 频数

		Count（人）	Col（%）
行政区	东城区	278	7.7
	西城区	344	9.5
	朝阳区	452	12.5
	丰台区	296	8.2
	石景山区	156	4.3
	海淀区	533	14.7
	房山区	178	4.9
	通州区	162	4.5
	顺义区	152	4.2
	昌平区	146	4.0
	大兴区	153	4.2
	门头沟区	111	3.1
	怀柔区	114	3.2
	平谷区	119	3.3
	密云区	123	3.4
	延庆区	100	2.8
	燕山开发区	93	2.6
	亦庄开发区	108	3.0
Total		3618	100.0

D26 题：D2601 频数

		Count（人）	Col（%）
D26. 请问您是城镇户口还是农村户口？	城镇	3004	83.0
	农村	614	17.0
Total		3618	100.0

G2 题：G201 频数

		Count（人）	Col（%）
G2.【针对所有受访者提问,包括拦截老年人】请问您是北京市户口吗？	是	3618	100.0
Total		3618	100.0

G3 题：G302 频数

		Count（人）	Col（%）
G3. 请问您的年龄是____周岁【录选项】	16~24 周岁	388	10.7
	25~34 周岁	634	17.5
	35~44 周岁	564	15.6
	45~59 周岁	975	26.9
	60~70 周岁	813	22.5
	71~80 周岁	244	6.7
Total		3618	100.0

G4 题：G401 频数

		Count（人）	Col（%）
G4. 您在这个社区居住多久了？	半年及以上	648	100.0
Total		648	100.0

A1 题：A101 频数

		Count（人）	Col（%）
A1. 您近一年来是否参加过体育活动？	是	2857	79.0
	否	752	20.8
	说不清	9	0.2
Total		3618	100.0

A1a 题：A1A01 频数

		Count（人）	Col（%）
A1a. 您是否考虑在：	未来 3 个月内参加体育活动	52	6.8
	未来 3~6 个月内参加体育活动	26	3.4
	未来 6 个月到 1 年内参加体育活动	92	12.1
	没有考虑在未来参加体育活动	483	63.5
	说不清	94	12.4
	拒答	14	1.8
Total		761	100.0

A1b 题：A1B01 多选题频数

		Cases（人）	Col Response（%）
	健步走（含快步走）	73	42.9
	跑步	56	32.9
	健身路径（路边的健身设施）	38	22.4
	力量练习（徒手、器械）	11	6.5
	乒乓球	13	7.6
	羽毛球	44	25.9
	网球	7	4.1
	足球	3	1.8
	篮球	4	2.4
	排球	2	1.2
	骑车	13	7.6
	柔力球	3	1.8
	毽球	1	0.6
	跳绳	2	1.2
	保龄球	3	1.8
	门球	2	1.2
A1b. 今后，您最希望参加的体育活动项目是：	排舞、广场舞	33	19.4
	健美操	12	7.1
	交际舞、体育舞蹈、民间舞蹈	11	6.5
	体操（包括广播操、艺术体操、竞技体操等）	1	0.6
	健身气功（易筋经、八段锦、五禽戏、六字诀）	3	1.8
	游泳	31	18.2
	武术	2	1.2
	太极拳、剑	6	3.5
	木兰扇	1	0.6
	瑜伽	13	7.6
	气排球	1	0.6
	登山	14	8.2
	滑冰	2	1.2
	滑雪	1	0.6
	跆拳道	2	1.2
	拳击	2	1.2
	柔道	2	1.2
	拒答	14	8.2
	说不清	1	0.6

A1c 题：A1C01 多选题频数

		Cases（人）	Col Response（%）
A1c. 制约您参加体育活动的主要因素是什么：	没兴趣	296	38.9
	惰性	264	34.7
	身体很好,不用参加	160	21.0
	身体弱,不宜参加	103	13.5
	体力工作多,不必参加	70	9.2
	家务忙,缺少时间	166	21.8
	工作忙缺少时间	297	39.0
	缺乏场地设施	76	10.0
	缺乏锻炼知识或健身技能	37	4.9
	缺乏组织	50	6.6
	经济条件限制	28	3.7
	怕受嘲笑	7	0.9
	认为没必要	73	9.6
	怕受伤	28	3.7
	没有指导	19	2.5
	没有同伴	27	3.5
	年龄大了	66	8.7
	刚刚怀孕	3	0.4
	在家复习要考研	1	0.1
	照顾孩子	5	0.7
	没人组织	1	0.1
	种地	1	0.1
	学习没时间	1	0.1
	说不清	1	0.1
	拒答	39	5.1

A1d 题：A1D01 频数

		Count（人）	Col Response（%）
A1d. 您的体育活动频度是：	平均每月不足 1 次	43	1.5
	平均每月 1 次以上,但每周不足 1 次	74	2.6
	平均每周 1~2 次	496	17.4
	平均每周 3~4 次	435	15.2
	平均每周 5 次及以上	408	14.3
	每天 1 次	1109	38.8
	每天两次及以上	287	10.0
	说不清	5	0.2
Total		2857	100.0

A2 题：A201 频数

		Count（人）	Col Response（%）
A2. 您平均每次锻炼时间为：	30 分钟及以下	244	8.5
	31~60 分钟	1562	54.7
	61~90 分钟	623	21.8
	91~120 分钟	315	11.0
	120 分钟以上	106	3.7
	说不清	5	0.2
	拒答	2	0.1
Total		2857	100.0

A3 题：A301 频数

		Count（人）	Col Response（%）
A3. 您平时参加体育活动的身体感受是：	呼吸、心跳与不锻炼时比,变化不大	861	30.1
	呼吸、心跳加快,微微出汗	1457	51.0
	呼吸急促,心跳明显加快,出汗较多	388	13.6
	说不清	42	1.5
	拒答	109	3.8
Total		2857	100.0

A4 题：A401 多选题频数

		Cases（人）	Col Response（%）
A4. 您当前经常参加的体育活动项目有哪些?	健步走（含快步走）	1859	65.1
	跑步	908	31.8
	健身路径	896	31.4
	力量练习（徒手、器械）	152	5.3
	乒乓球	320	11.2
	羽毛球	644	22.5
	网球	45	1.6
	足球	105	3.7
	篮球	220	7.7
	排球	17	0.6
	骑车	350	12.3
	柔力球	41	1.4
	毽球	108	3.8

		Cases(人)	Col Response(%)
	跳绳	163	5.7
	保龄球	27	0.9
	地掷球	3	0.1
	门球	18	0.6
	排舞、广场舞	378	13.2
	健美操	131	4.6
	交际舞、体育舞蹈、民间舞蹈	127	4.4
	体操(包括广播操、艺术体操、竞技体操等)	60	2.1
	健身气功(易筋经、八段锦、五禽戏、六字诀)	18	0.6
	游泳	258	9.0
	摔跤	3	0.1
	散打	5	0.2
	武术套路	12	0.4
	太极拳、剑	71	2.5
	木兰扇	16	0.6
	瑜伽	72	2.5
A4. 您当前经常参加的体育活动项目有哪些?	轮滑	9	0.3
	气排球	1	0.0
	登山	207	7.2
	冰球	3	0.1
	滑冰	14	0.5
	滑雪	17	0.6
	跆拳道	10	0.4
	拳击	6	0.2
	柔道	3	0.1
	踢毽子	2	0.1
	哑铃	1	0.0
	趣味扔包	1	0.0
	台球	11	0.4
	唱歌	2	0.1
	桌球	1	0.0
	单杠、双杠	1	0.0
	助力车	1	0.0
	下棋	1	0.0
	公园健身设施	1	0.0

续表

		Cases(人)	Col Response(%)
A4. 您当前经常参加的体育活动项目有哪些?	钓鱼	2	0.1
	打牌	1	0.0
	全身拍打	1	0.0
	呼啦圈	1	0.0
	跳远	1	0.0
	老年保健操	2	0.1
	更专业的舞蹈	1	0.0
	通背拳	1	0.0
	骑车	1	0.0
	康姿百德健身楼	1	0.0
	轮滑	1	0.0
	划龙舟	2	0.1
	慢步走	1	0.0
	散步	2	0.1
	拒答	12	0.4

A4a 题: A4A01 频数

		Count(人)	Col Response(%)
A4a. 在您当前经常参加的体育活动项目中,您最经常参加的体育活动项目是哪一项?	健步走(含快步走)	1203	42.3
	跑步	359	12.6
	健身路径(路边的健身设施)	181	6.4
	力量练习(徒手、器械)	36	1.3
	乒乓球	90	3.2
	羽毛球	205	7.2
	网球	7	0.2
	足球	25	0.9
	篮球	93	3.3
	排球	2	0.1
	骑车	108	3.8
	柔力球	12	0.4
	毽球	29	1.0
	跳绳	24	0.8
	保龄球	4	0.1

续表

		Count（人）	Col Response（%）
A4a. 在您当前经常参加的体育活动项目中，您最经常参加的体育活动项目是哪一项？	门球	4	0.1
	排舞、广场舞	194	6.8
	健美操	32	1.1
	交际舞、体育舞蹈、民间舞蹈	35	1.2
	体操（包括广播操、艺术体操、竞技体操等）	17	0.6
	健身气功（易筋经、八段锦、五禽戏、六字诀）	5	0.2
	游泳	54	1.9
	散打	2	0.1
	武术	5	0.2
	太极拳、剑	39	1.4
	木兰扇	4	0.1
	瑜伽	27	0.9
	轮滑	2	0.1
	气排球	1	0.0
	登山	31	1.1
	滑冰	1	0.0
	跆拳道	3	0.1
	拳击	1	0.0
	柔道	1	0.0
	踢毽子	1	0.0
	台球	2	0.1
	呼啦圈	1	0.0
	通背拳	1	0.0
	骑车	1	0.0
	康姿百德健身楼	1	0.0
	轮滑	1	0.0
	慢步走	1	0.0
Total		2845	100.0

A4b 题：A4B01 多选题频数

		Cases（人）	Col Response（%）
A4b. 除了您已经参加的体育活动项目外，今后，您最希望参加的体育活动项目是：	健步走（含快步走）	170	6.0
	跑步	297	10.4
	健身路径（路边的健身设施）	263	9.2
	力量练习（徒手、器械）	179	6.3

续表

		Cases(人)	Col Response(%)
A4b. 除了您已经参加的体育活动项目外，今后，您最希望参加的体育活动项目是：	乒乓球	329	11.5
	羽毛球	403	14.1
	网球	148	5.2
	足球	89	3.1
	篮球	104	3.6
	排球	27	0.9
	骑车	146	5.1
	柔力球	131	4.6
	毽球	95	3.3
	跳绳	93	3.3
	保龄球	85	3.0
	地掷球	20	0.7
	门球	65	2.3
	排舞、广场舞	277	9.7
	健美操	162	5.7
	交际舞、体育舞蹈、民间舞蹈	170	6.0
	体操(包括广播操、艺术体操、竞技体操等)	94	3.3
	健身气功(易筋经、八段锦、五禽戏、六字诀)	95	3.3
	游泳	564	19.7
	摔跤	34	1.2
	散打	46	1.6
	武术	36	1.3
	太极拳、剑	208	7.3
	木兰扇	60	2.1
	瑜伽	130	4.6
	轮滑	29	1.0
	气排球	8	0.3
	登山	262	9.2
	冰球	15	0.5
	滑冰	55	1.9
	滑雪	67	2.3
	跆拳道	21	0.7
	空手道	15	0.5
	拳击	16	0.6
	柔道	9	0.3

续表

		Cases(人)	Col Response(%)
A4b. 除了您已经参加的体育活动项目外,今后,您最希望参加的体育活动项目是:	踢毽子	1	0.0
	台球	4	0.1
	唱歌	1	0.0
	体操	1	0.0
	游泳	2	0.1
	无	138	4.8
	拒答	389	13.6
	说不清	114	4.0

A4c 题：A4C01 多选题频数

		Cases(人)	Col Response(%)
A4c. 针对您最经常参加的这项体育活动项目,您的参加方式是?	个人锻炼	1772	62.0
	和家人一起	848	29.7
	和朋友一起	1344	47.0
	社区活动	199	7.0
	参加体育健身组织(如社区健身队、体育协会、健身俱乐部等)	37	1.3
	说不清	1	0.0
	拒答	14	0.5
	学校	10	0.4
	同学	3	0.1

A4d 题：A4D01 多选题频数

		Cases(人)	Col Response(%)
A4d. 您刚才说您最经常参加的体育活动项目是?【读出 A4a 的选项名称】,那么这项活动,您在平时的参与时段是?	9:00 之前	1154	40.4
	9:01 至 11:30	118	4.1
	11:31 至 14:00	57	2.0
	14:01 至 18:00	181	6.3
	18:00 之后	1882	65.9
	说不清	212	7.4
	拒答	49	1.7

A4e 题：A4E01 多选题频数

		Cases(人)	Col Response(%)
A4e. 那您在周末或节假日这些休息日时的参与时段是？	9:00 之前	1047	36.6
	9:01 至 11:30	157	5.5
	11:31 至 14:00	52	1.8
	14:01 至 18:00	301	10.5
	18:00 之后	1663	58.2
	说不清	314	11.0
	拒答	67	2.3

A5 题：A501 频数

		Count(人)	Col Response(%)
A5. 您上述体育活动状态持续多少年了？	1	147	5.1
	2	403	14.1
	3	388	13.6
	4	170	6.0
	5	572	20.0
	6	140	4.9
	7	67	2.3
	8	99	3.5
	9	10	0.4
	10	460	16.1
	11	7	0.2
	12	30	1.1
	13	8	0.3
	14	3	0.1
	15	105	3.7
	16	7	0.2
	17	2	0.1
	18	9	0.3
	20	97	3.4
	23	1	0.0
	27	1	0.0
	30	22	0.8
	35	3	0.1
	40	12	0.4
	45	1	0.0
	50	3	0.1
	60	2	0.1
	不到一年	88	3.1
Total		2857	100.0

A6 题：A601 频数

		Count(人)	Col Response(%)
A6. 您参加体育活动是否中断过(指连续半年或更长时间没有参加体育活动)?	是	301	10.5
	否	2382	83.4
	说不清	151	5.3
	拒答	23	0.8
Total		2857	100.0

A6a 题：A6A01 频数

	次数	Count(人)	Col Response(%)
	1	62	20.6
	2	57	18.9
	3	22	7.3
	4	9	3.0
	5	10	3.3
A6a. 如果中断过那么中断过几次?	6	1	0.3
	7	1	0.3
	8	1	0.3
	9	2	0.7
	10	5	1.7
	12	1	0.3
	说不清	123	40.9
	拒答	7	2.3
Total		301	100.0

A6c 题：A6C01 多选题频数

		Cases(人)	Col Response(%)
	运动损伤	29	9.6
	工作忙	155	51.5
	家务忙	117	38.9
A6c. 中断的最主要原因是:	生病	92	30.6
	惰性	43	14.3
	怀孕生育	14	4.7
	住所、工作单位或家庭生活变动后没有找到合适的锻炼项目	15	5.0

续表

		Cases（人）	Col Response（%）
	失去锻炼场地	17	5.6
	失去锻炼同伴	19	6.3
	失去锻炼组织	9	3.0
	对体育活动失去兴趣	10	3.3
	怕受伤	4	1.3
	经济条件限制	2	0.7
	突发事件的影响	53	17.6
A6c. 中断的最主要原因是：	认为没必要了	7	2.3
	更年期	5	1.7
	冬天太冷	2	0.7
	出差家中有事	3	1.0
	学习忙	8	2.7
	去外地居住	1	0.3
	照顾孩子	1	0.3
	外地旅游	2	0.7
	拒答	8	2.7

A7 题：A701 多选题频数

		Cases（人）	Col Response（%）
	消遣娱乐	1614	56.5
	增强体力与健康	2549	89.2
	减轻压力、调节情绪	1002	35.1
	美容、减肥与塑身	507	17.7
	健美	246	8.6
	社交的方式	333	11.7
A7. 您参加体育活动的最主要目的是：	提高运动技能、技巧	236	8.3
	防病治病	1260	44.1
	陪伴子女共同锻炼	110	3.9
	喜欢	1	0.0
	考试	2	0.1
	学校强制	3	0.1
	跑步	1	0.0
	拒答	20	0.7

A8 题：A801 多选题频数

		Cases（人）	Col Response（%）
A8. 您受到哪方面的影响参加体育活动？	受学校体育的影响	604	21.1
	受体育新闻及电视转播或体育广播影响	919	32.2
	受单位体育活动影响	580	20.3
	受家庭成员的影响	1543	54.0
	受同事或朋友的影响	1920	67.2
	受体育明星、体育名人的影响	329	11.5
	锻炼	12	0.4
	受部队影响	4	0.1
	个人素质的需要	7	0.2
	自己想锻炼	9	0.3
	不受任何影响	2	0.1
	单位体检	1	0.0
	个人爱好	67	2.3
	医生	2	0.1
	说不清	123	4.3
	拒答	101	3.5

A9 题：A901 频数

		Count（人）	Col Response（%）
A9. 您认为体育活动在您生活中的重要性如何？	完全不重要	13	0.4
	不太重要	94	2.6
	一般	378	10.4
	比较重要	1847	51.1
	非常重要	1190	32.9
	说不清	12	0.3
	拒答	84	2.3
Total		3618	100.0

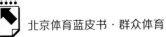

B1a 题：B1A01 频数

		Count（人）	Col Response（%）
	单位体育场地	138	4.8
	住宅小区体育场地	511	17.6
	自家庭院或室内	33	1.1
	公共体育场馆	169	5.8
	公路旁	237	8.2
	广场	244	8.4
	住宅小区空地	674	23.2
B1a. 您最经常使用的体育场地类型是？	公园	475	16.4
	健身会所	133	4.6
	自然区域	272	9.4
	学校	11	0.4
	水库边	1	0.0
	山坡	1	0.0
	冶仙塔	1	0.0
	体委	1	0.0
Total		2901	100.0

B1 题：B101 多选题频数

		Cases（人）	Col Response（%）
	单位体育场地	288	8.0
	住宅小区体育场地	990	27.4
	自家庭院或室内	117	3.2
	公共体育场馆	377	10.4
	公路旁	609	16.8
	广场	569	15.7
	住宅小区空地	1137	31.4
B1. 您近一年经常使用哪些类型的体育场地？	公园	1075	29.7
	健身会所	243	6.7
	自然区域	649	17.9
	离家近	2	0.1
	学校	17	0.5
	水库边	3	0.1
	家里	2	0.1
	山坡	4	0.1

		Cases（人）	Col Response（%）
B1. 您近一年经常使用哪些类型的体育场地？	儿童中心	1	0.0
	冶仙塔	1	0.0
	村委会空地	1	0.0
	体委	1	0.0
	没有使用	688	19.0
	拒答	23	0.6
	说不清	6	0.2

B1a1 题：B1A101 频数

		Count（人）	Col Response（%）
B1a1. 针对您最经常使用的【读出受访者B1a 选择】体育场地，您对这个体育场地的满意度是？	非常不满意	40	1.4
	不太满意	188	6.5
	一般	447	15.4
	比较满意	1835	63.3
	非常满意	311	10.7
	说不清	14	0.5
	拒答	66	2.3
	Total	2901	100.0

B1a2 题：B1A201 频数

		Count（人）	Col Response（%）
B1a2. 您通常是从哪里出发前往这个场所的？	单位	151	5.2
	家	2656	91.6
	拒答	53	1.8
	说不清	25	0.9
	学校	10	0.3
	公共场所	3	0.1
	宿舍	1	0.0
	课堂	1	0.0
	健身场所	1	0.0
	Total	2901	100.0

B1a3 题：B1A301 频数

		Count(人)	Col Response(%)
B1a3. 您前往这个体育场地的主要交通方式是?	步行	2361	81.4
	公交	138	4.8
	自行车	156	5.4
	驾车(或出租车)	102	3.5
	慢跑	62	2.1
	拒答	58	2.0
	说不清	24	0.8
Total		2901	100.0

B1a4 题：B1A401 频数

		Count(人)	Col Response(%)
B1a4. 您前往这个体育场地通常需要花费多长时间?	1	37	1.3
	2	159	5.5
	3	218	7.5
	4	14	0.5
	5	718	24.8
	6	42	1.4
	7	37	1.3
	8	42	1.4
	9	3	0.1
	10	839	28.9
	12	14	0.5
	13	4	0.1
	14	3	0.1
	15	269	9.3
	16	1	0.0
	17	2	0.1
	20	201	6.9
	21	1	0.0
	24	2	0.1

		Count(人)	Col Response(%)
B1a4. 您前往这个体育场地通常需要花费多长时间?	25	11	0.4
	30	119	4.1
	35	3	0.1
	40	25	0.9
	45	2	0.1
	50	4	0.1
	60	25	0.9
	80	1	0.0
	90	1	0.0
	说不清	39	1.3
	拒答	65	2.2
Total		2901	100.0

B1a5 题: B1A501 频数

		Count(人)	Col Response(%)
B1a5. 您使用的这个场地是否收费?	是	249	8.6
	否	2563	88.3
	说不清	25	0.9
	拒答	64	2.2
Total		2901	100.0

B2 题: B201 频数

		Count(人)	Col Response(%)
B2. 您觉得,您住所周边的体育活动场地是否能够满足您的健身需求?	不能满足	181	5.0
	基本不能满足	285	7.9
	一般	554	15.3
	基本能满足	1908	52.7
	能满足	563	15.6
	说不清	107	3.0
	拒答	20	0.6
Total		3618	100.0

B3 题：B301 频数

		Count（人）	Col Response（%）
B3. 您住所周边的学校体育活动场地对居民开放程度如何？	不开放	2394	66.2
	开放，但时间不能满足锻炼需要	167	4.6
	开放，其时间能够满足锻炼需要	246	6.8
	没有学校	34	0.9
	离学校远	1	0.0
	开放收费	3	0.1
	拒答	122	3.4
	说不清	651	18.0
Total		3618	100.0

B4 题：B401 多选题频数

		Cases（人）	Col Response（%）
B4. 今后，您最希望增加哪些类型的体育活动场地？	单位体育场地	505	14.0
	住宅小区体育场地	1555	43.0
	自家庭院或室内	163	4.5
	公共体育场馆	1041	28.8
	公路旁	290	8.0
	广场	659	18.2
	住宅小区空地	1079	29.8
	公园	1277	35.3
	健身会所	712	19.7
	自然区域	862	23.8
	离家近	2	0.1
	学校	4	0.1
	残疾人的活动场地	2	0.1
	山坡	3	0.1
	物业地下室	2	0.1
	增加体育设施	2	0.1
	村委会空地	1	0.0
	常营	2	0.1
	没有使用	109	3.0
	拒答	31	0.9
	说不清	41	1.1

B5 题：B501 多选题频数

		Cases（人）	Col Response（%）
B5. 您近一年参加了哪些类型的体育健身组织?	由社区发起的组织	173	4.8
	社区的自发组织	223	6.2
	由单位发起的组织	121	3.3
	单位的自发组织	67	1.9
	商业组织	30	0.8
	体育部门的组织	37	1.0
	社区和单位联合组成的组织	26	0.7
	社区单位之外的自发组织	126	3.5
	其他	19	0.5
	没有参加	2981	82.4
	拒答	2	0.1
	说不清	13	0.4

B5a 题：B5A01 频数

		Count（人）	Col Response（%）
B5a. 您最经常参加的体育健身组织是哪个类型的?	由社区发起的组织	116	18.6
	社区的自发组织	171	27.5
	由单位发起的组织	84	13.5
	单位的自发组织	48	7.7
	商业组织	17	2.7
	体育部门的组织	7	1.1
	社区和单位联合组成的组织	15	2.4
	社区单位之外的自发组织	88	14.1
	其他	11	1.8
	说不清	65	10.5
	Total	622	100.0

B5c 题：B5C01 频数

		Count（人）	Col Response（%）
B5c. 您对这个组织的综合满意程度?	非常不满意	3	0.5
	不太满意	15	2.4
	一般	54	8.7
	比较满意	410	65.9
	非常满意	107	17.2
	说不清	1	0.2
	拒答	32	5.1
	Total	622	100.0

B5d 题：B5D01 频数

		Count(人)	Col Response(%)
B5d. 据您所知,该体育健身组织是否需要政府支持?	是	354	56.9
	否	178	28.6
	说不清	59	9.5
	拒答	31	5.0
Total		622	100.0

B5e 题：B5E01 频数

		Count(人)	Col Response(%)
B5e. 那您觉得该组织最需要哪种类型的支持?	政策支持	54	14.0
	资金支持	152	39.5
	场地支持	117	30.4
	人员培训	22	5.7
	器材	1	0.3
	以上全部需要	6	1.6
	拒答	31	8.1
	说不清	1	0.3
	根据国家条件	1	0.3
Total		385	100.0

B6 题：B601 频数

		Count(人)	Col Response(%)
B6. 您认为您目前住所周边的体育健身组织是否能够满足您的体育需求?	不能满足	145	4.0
	基本不能满足	325	9.0
	一般	608	16.8
	基本能满足	1808	50.0
	能满足	433	12.0
	说不清	223	6.2
	拒答	76	2.1
Total		3618	100.0

B7 题：B701 频数

		Count（人）	Col Response（%）
B7. 您最希望增加和改善哪个类型的体育健身组织？	由社区发起的组织	975	26.9
	社区的自发组织	990	27.4
	由单位发起的组织	374	10.3
	单位的自发组织	123	3.4
	商业组织	50	1.4
	体育部门的组织	340	9.4
	社区和单位联合组成的组织	222	6.1
	社区单位之外的自发组织	80	2.2
	其他	6	0.2
	没有参加	304	8.4
	拒答	53	1.5
	说不清	101	2.8
Total		3618	100.0

B8 题：B801 频数

		Count（人）	Col Response（%）
B8. 您近一年参加了几次大众体育比赛或展示活动？	1~2 次	329	9.1
	3~5 次	59	1.6
	6~10 次	8	0.2
	10 次以上	7	0.2
	无	3146	87.0
	拒答	49	1.4
	说不清	20	0.6
Total		3618	100.0

B9 题：B901 多选题频数

		Cases（人）	Col Response（%）
B9. 您参加的大众体育比赛或展示活动是由哪些部门组织的？	体育行政部门	41	10.2
	体育协会	59	14.6
	社区/（村）居委会	212	52.6
	单位	150	37.2
	商业组织	23	5.7
	慈善组织	15	3.7

续表

		Cases(人)	Col Response(%)
B9. 您参加的大众体育比赛或展示活动是由哪些部门组织的?	草根体育组织	35	8.7
	残联	1	0.2
	自家组织	1	0.2
	学校	13	3.2
	办事处	2	0.5
	镇组织	5	1.2
	怀柔总工会	1	0.2
	说不清	1	0.2

B10 题: B1001 频数

		Count(人)	Col Response(%)
B10. 那么其中,您最喜欢的是由哪些部门组织的?	体育行政部门	20	4.9
	体育协会	28	6.9
	社区/(村)居委会	152	37.5
	单位	109	26.9
	商业组织	9	2.2
	慈善组织	2	0.5
	草根体育组织	20	4.9
	自家组织	1	0.2
	学校	10	2.5
	办事处	1	0.2
	镇组织	2	0.5
	说不清	2	0.5
	拒答	49	12.1
Total		405	100.0

B11 题: B1101 频数

		Count(人)	Col Response(%)
B11. 您认为您住所周边的大众体育比赛或展示活动是否能够满足您的体育需求?	不能满足	173	4.8
	基本不能满足	365	10.1
	一般	651	18.0
	基本能满足	1637	45.2
	能满足	415	11.5
	说不清	314	8.7
	拒答	63	1.7
Total		3618	100.0

B12 题：B1201 频数

		Count（人）	Col Response（%）
	体育行政部门	440	12.2
	体育协会	414	11.4
	社区/(村)居委会	1836	50.7
	单位	411	11.4
	商业组织	49	1.4
	慈善组织	68	1.9
B12. 您最希望由哪些组织来组织大众体育比赛或展示活动？	草根体育组织	143	4.0
	无所谓,没时间参加	1	0.0
	自家组织	2	0.1
	自己锻炼	1	0.0
	学校	2	0.1
	市政府	1	0.0
	说不清	182	5.0
	拒答	68	1.9
Total		3618	100.0

B13 题：B1301 频数

		Count（人）	Col Response（%）
B13. 请问,近一年您是否关注过"科学健身知识、健身活动信息"？	是	1284	35.5
	否	2206	61.0
	说不清	115	3.2
	拒答	13	0.4
Total		3618	100.0

B14 题：B1401 多选题频数

		Cases（人）	Col Response（%）
	纸质报刊	481	37.5
	电视	1085	84.5
B14. 您近一年获取"科学健身知识、健身活动信息"的主要途径有哪些？	电台	179	13.9
	网站	374	29.1
	讲座	168	13.1
	社区宣传	364	28.3
	自媒体(微信、微博等)	213	16.6

		Cases（人）	Col Response（%）
B14. 您近一年获取"科学健身知识、健身活动信息"的主要途径有哪些？	专业人士指导	76	5.9
	买书	1	0.1
	朋友	4	0.3
	单位活动	1	0.1
	现场	1	0.1
	拒答	1	0.1

B15 题：B1501 频数

		Count（人）	Col Response（%）
B15. 您认为目前的"科学健身知识、健身活动信息"是否能够满足您的体育需求？	不能满足	94	2.6
	基本不能满足	258	7.1
	一般	754	20.8
	基本能满足	1868	51.6
	能满足	404	11.2
	说不清	201	5.6
	拒答	39	1.1
	Total	3618	100.0

B16 题：B1601 多选题频数

		Cases（人）	Col Response（%）
B16. 您希望增加哪些途径的科学健身知识、健身活动信息？	纸质报刊	918	25.4
	电视	2438	67.4
	电台	497	13.7
	网站	934	25.8
	讲座	865	23.9
	社区宣传	1737	48.0
	自媒体（微信、微博等）	554	15.3
	专业人士指导	582	16.1
	自家组织	1	0.0
	稳做自己的事情	1	0.0
	宣传册	1	0.0
	村委会	1	0.0
	说不清	52	1.4
	拒答	24	0.7

B17 题：B1701 频数

		Count（人）	Col Response（%）
B17. 您近一年是否接受过体育活动项目的指导？	是	264	7.3
	否	3309	91.5
	说不清	39	1.1
	拒答	6	0.2
Total		3618	100.0

B18 题：B1801 频数

		Count（人）	Col Response（%）
B18.【针对 B17 选择 2/3/4 的受访者】今后，您是否需要体育项目指导？	是	694	20.7
	否	2379	70.9
	说不清	270	8.1
	拒答	11	0.3
Total		3354	100.0

B19 题：B1901 多选题频数

		Cases（人）	Col Response（%）
B19. 今后，您最希望获得指导的体育项目是：	健步走（含快步走）	128	18.4
	跑步	78	11.2
	健身路径（路边的健身设施）	102	14.7
	力量练习（徒手、器械）	51	7.3
	乒乓球	107	15.4
	羽毛球	152	21.9
	网球	60	8.6
	足球	15	2.2
	篮球	37	5.3
	排球	3	0.4
	骑车	9	1.3
	柔力球	15	2.2
	毽球	17	2.4
	跳绳	10	1.4
	保龄球	16	2.3
	地掷球	2	0.3
	门球	7	1.0

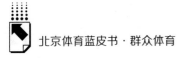
续表

		Cases（人）	Col Response（%）
B19. 今后，您最希望获得指导的体育项目是：	排舞、广场舞	114	16.4
	健美操	60	8.6
	交际舞、体育舞蹈、民间舞蹈	51	7.3
	体操（包括广播操、艺术体操、竞技体操等）	14	2.0
	健身气功（易筋经、八段锦、五禽戏、六字诀）	54	7.8
	游泳	185	26.7
	摔跤	10	1.4
	散打	8	1.2
	武术	8	1.2
	太极拳、剑	86	12.4
	木兰扇	20	2.9
	瑜伽	69	9.9
	轮滑	4	0.6
	气排球	5	0.7
	登山	34	4.9
	冰球	4	0.6
	滑冰	16	2.3
	滑雪	19	2.7
	跆拳道	8	1.2
	空手道	3	0.4
	拳击	6	0.9
	柔道	7	1.0
	踢毽子	19	2.7
	台球	1	0.1
	唱歌	1	0.1
	轮滑	1	0.1
	拒答	6	0.9
	说不清	2	0.3

B20 题：B2001 频数

		Count（人）	Col Response（%）
B20. 近一年里，您接受的体育项目指导是否收费？	是	76	28.8
	否	160	60.6
	说不清	4	1.5
	拒答	24	9.1
Total		264	100.0

B21 题：B2101 多选题频数

		Cases（人）	Col Response（%）
	健步走（含快步走）	16	6.1
	跑步	31	11.7
	健身路径（路边的健身设施）	10	3.8
	力量练习（徒手、器械）	26	9.8
	乒乓球	18	6.8
	羽毛球	27	10.2
	网球	7	2.7
	足球	8	3.0
	篮球	26	9.8
	排球	1	0.4
	骑车	4	1.5
	柔力球	10	3.8
	毽球	3	1.1
	跳绳	2	0.8
	保龄球	13	4.9
	门球	6	2.3
B21. 近一年您接受指导的体育活动项目是?	排舞、广场舞	33	12.5
	健美操	26	9.8
	交际舞、体育舞蹈、民间舞蹈	27	10.2
	体操（包括广播操、艺术体操、竞技体操等）	15	5.7
	健身气功（易筋经、八段锦、五禽戏、六字诀）	10	3.8
	游泳	38	14.4
	散打	1	0.4
	武术	1	0.4
	太极拳、剑	26	9.8
	木兰扇	2	0.8
	瑜伽	28	10.6
	轮滑	5	1.9
	气排球	1	0.4
	登山	4	1.5
	滑冰	1	0.4
	滑雪	2	0.8
	跆拳道	1	0.4
	拳击	3	1.1
	柔道	1	0.4

续表

		Cases（人）	Col Response（%）
B21. 近一年您接受指导的体育活动项目是？	踢毽	1	0.4
	拓展训练	1	0.4
	跳远	1	0.4
	投球	1	0.4
	划龙舟	1	0.4
	拒答	35	13.3

B22 题：B2201 多选题频数

		Cases（人）	Col Response（%）
B22. 除了您已经接受指导的项目以外，今后，您最希望获得哪些体育项目的指导？	健步走（含快步走）	20	7.6
	跑步	9	3.4
	健身路径（路边的健身设施）	13	4.9
	力量练习（徒手、器械）	12	4.5
	乒乓球	24	9.1
	羽毛球	26	9.8
	网球	12	4.5
	足球	5	1.9
	篮球	13	4.9
	排球	2	0.8
	骑车	3	1.1
	柔力球	11	4.2
	毽球	5	1.9
	跳绳	3	1.1
	保龄球	6	2.3
	地掷球	1	0.4
	门球	3	1.1
	排舞、广场舞	7	2.7
	健美操	18	6.8
	交际舞、体育舞蹈、民间舞蹈	11	4.2
	体操（包括广播操、艺术体操、竞技体操等）	9	3.4
	健身气功（易筋经、八段锦、五禽戏、六字诀）	9	3.4
	游泳	49	18.6
	摔跤	4	1.5

		Cases（人）	Col Response（%）
	散打	1	0.4
	武术	4	1.5
	太极拳、剑	14	5.3
	木兰扇	4	1.5
	瑜伽	17	6.4
	轮滑	8	3.0
	气排球	1	0.4
B22. 除了您已经接受指导的项目以外，今后，您最希望获得哪些体育项目的指导？	登山	7	2.7
	冰球	5	1.9
	滑冰	10	3.8
	滑雪	13	4.9
	跆拳道	4	1.5
	空手道	2	0.8
	拳击	5	1.9
	柔道	2	0.8
	踢毽子	7	2.7
	拒答	50	18.9
	说不清	42	15.9

B23 题：B2301 多选题频数

		Cases（人）	Col Response（%）
	体育教师	46	17.4
	专业教练	52	19.7
	健身教练	69	26.1
B23. 近一年，您接受过哪类人员的指导？	社会体育指导员	62	23.5
	其他受过专业训练的人士	44	16.7
	说不清	5	1.9
	拒答	24	9.1
	自发的	1	0.4

B24 题：B2401 频数

		Count（人）	Col Response（%）
B24. 您认为目前您获得的体育项目指导是否能够满足您的体育需求？	不能满足	187	5.2
	基本不能满足	293	8.1
	一般	698	19.3
	基本能满足	1692	46.8
	能满足	371	10.3
	说不清	336	9.3
	拒答	41	1.1
Total		3618	100.0

B25 题：B2501 频数

		Count（人）	Col Response（%）
B25. 您是否参加过体质测量和评定：	是	660	18.2
	否	2868	79.3
	说不清	71	2.0
	拒答	19	0.5
Total		3618	100.0

B26 题：B2601 频数

		Count（人）	Col Response（%）
B26. 您参加的最近一次体质测量和评定的情况是：	优秀	77	11.7
	良好	243	36.8
	合格	265	40.2
	不合格	55	8.3
	不知道	7	1.1
	说不清	8	1.2
	拒答	5	0.8
Total		660	100.0

B27 题：B2701 多选题频数

		Cases（人）	Col Response（%）
	骨密度	1829	50.6
	体成分（测试人体水分/蛋白质/肌肉及脂肪含量）	889	24.6
	骨龄	744	20.6
	动脉硬化	1166	32.2
	柔韧性	853	23.6
	亚健康	1480	40.9
B27. 除了国家国民体质测试规定的项目外，您希望增加哪些项目？	平衡能力	802	22.2
	糖基化（预测糖尿病）	759	21.0
	肌力	338	9.3
	心肺功能	1099	30.4
	全身体检	3	0.1
	血脂	1	0.0
	念佛	1	0.0
	说不清	158	4.4
	拒答	47	1.3

B28 题：B2801 多选题频数

		Cases（人）	Col Response（%）
	体育活动场地	2635	72.8
	体育健身组织	1484	41.0
	大众体育比赛或展示活动	1107	30.6
	科学健身知识、健身活动信息	1386	38.3
	体育技能指导	1152	31.8
B28. 总的来说，目前您最需要的体育服务是：	国民体质监测	1424	39.4
	残疾人的活动场地	5	0.1
	增加体育设备	10	0.3
	社区组织	3	0.1
	网球场地	1	0.0
	自然的	1	0.0
	说不清	134	3.7
	拒答	23	0.6

B29 题：B2901 多选题频数

		Cases（人）	Col Response（%）
B29. 过去一年中，您是否进行过下列体育消费？	购买体育器材设备	689	19.0
	购买运动服装鞋帽	1700	47.0
	购买体育知识信息（如订阅体育报刊、购买体育图书）	69	1.9
	观看各类体育赛事（如购买门票、观赛期间购买餐饮及纪念品等）	143	4.0
	付费参加体育健身活动（如购买健身俱乐部的会员卡、活动的指导）	196	5.4
	参加体育培训班（如支付暑期游泳班的费用）	14	0.4
	以上都没有	1686	46.6
	拒答	21	0.6
	说不清	20	0.6

B30 题：B3001 频数

	余额（元）	Count（人）	Col Response（%）
B30. 那您在这些体育消费上的消费金额分别是多少？1. 购买体育器材设备	5	1	0.1
	10	3	0.4
	15	1	0.1
	20	6	0.9
	30	3	0.4
	40	3	0.4
	45	1	0.1
	50	33	4.8
	60	3	0.4
	70	2	0.3
	78	1	0.1
	80	6	0.9
	100	90	13.1
	115	1	0.1
	120	4	0.6
	124	1	0.1
	130	2	0.3

	余额(元)	Count(人)	Col Response(%)
	150	17	2.5
	160	2	0.3
	180	7	1.0
	200	127	18.4
	230	1	0.1
	232	1	0.1
	235	1	0.1
	240	1	0.1
	250	1	0.1
	260	4	0.6
	300	76	11.0
	350	3	0.4
	360	1	0.1
	400	11	1.6
	450	3	0.4
	480	1	0.1
B30. 那您在这些体育消费上的消费金额分别是多少? 1. 购买体育器材设备	500	98	14.2
	600	9	1.3
	700	2	0.3
	800	20	2.9
	850	1	0.1
	900	2	0.3
	1000	54	7.8
	1100	2	0.3
	1200	5	0.7
	1300	2	0.3
	1500	18	2.6
	1980	1	0.1
	2000	30	4.4
	2080	1	0.1
	2400	1	0.1
	3000	8	1.2
	3500	1	0.1
	3700	1	0.1
	4000	2	0.3

	余额(元)	Count(人)	Col Response(%)
B30. 那您在这些体育消费上的消费金额分别是多少？ 1. 购买体育器材设备	4300	1	0.1
	5000	8	1.2
	6000	1	0.1
	8000	2	0.3
	13000	1	0.1
Total		689	100.0

B30 题：B3002 频数

	余额(元)	Count(人)	Col Response(%)
	20	1	0.1
	30	4	0.2
	50	2	0.1
	70	1	0.1
	80	1	0.1
	100	40	2.4
	120	8	0.5
	130	1	0.1
	150	27	1.6
	160	1	0.1
	168	1	0.1
B30. 那您在这些体育消费上的消费金额分别是多少？ 2. 购买运动服装鞋帽	180	5	0.3
	190	1	0.1
	200	178	10.5
	210	1	0.1
	220	2	0.1
	230	1	0.1
	240	3	0.2
	250	4	0.2
	258	1	0.1
	260	10	0.6
	280	5	0.3
	298	1	0.1
	299	1	0.1
	300	211	12.4

	余额(元)	Count(人)	Col Response(%)
	350	8	0.5
	356	1	0.1
	360	1	0.1
	380	2	0.1
	400	73	4.3
	420	1	0.1
	439	1	0.1
	450	4	0.2
	480	1	0.1
	500	313	18.4
	530	1	0.1
	535	1	0.1
	540	1	0.1
	550	2	0.1
	560	3	0.2
B30. 那您在这些体育	600	84	4.9
消费上的消费金额分	650	4	0.2
别是多少?	680	1	0.1
2. 购买运动服装鞋帽	700	34	2.0
	750	5	0.3
	760	1	0.1
	780	2	0.1
	800	101	5.9
	820	2	0.1
	845	1	0.1
	850	1	0.1
	860	1	0.1
	900	6	0.4
	936	1	0.1
	950	2	0.1
	1000	266	15.6
	1050	2	0.1
	1100	1	0.1
	1150	2	0.1
	1200	27	1.6

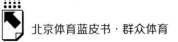
续表

	余额(元)	Count(人)	Col Response(%)
	1260	1	0.1
	1300	6	0.4
	1350	1	0.1
	1400	1	0.1
	1500	69	4.1
	1600	6	0.4
	1680	2	0.1
	1700	1	0.1
	1800	8	0.5
	2000	75	4.4
	2100	3	0.2
	2200	3	0.2
	2300	1	0.1
	2400	2	0.1
	2600	2	0.1
B30. 那您在这些体育	2800	6	0.4
消费上的消费金额分	2900	3	0.2
别是多少?	3000	11	0.6
2. 购买运动服装鞋帽	3100	3	0.2
	3200	3	0.2
	3400	1	0.1
	3500	1	0.1
	3800	3	0.2
	4000	2	0.1
	4200	1	0.1
	4500	1	0.1
	4600	2	0.1
	4800	1	0.1
	4900	1	0.1
	5000	7	0.4
	7000	2	0.1
	8000	1	0.1
	10000	1	0.1
	拒答	1	0.1
Total		1700	100.0

B30 题：B3003 频数

	余额(元)	Count(人)	Col Response(%)
	20	1	1.4
	30	1	1.4
	40	1	1.4
	50	9	13.0
	60	1	1.4
	80	1	1.4
B30. 那您在这些体育消费上的消费金额分别是多少？	100	15	21.7
	108	1	1.4
	120	2	2.9
3. 购买体育报刊书籍	180	2	2.9
	200	15	21.7
	205	1	1.4
	300	7	10.1
	400	3	4.3
	500	8	11.6
	700	1	1.4
Total		69	100.0

B30 题：B3004 频数

	余额(元)	Count(人)	Col Response(%)
	80	2	1.4
	100	11	7.7
	150	5	3.5
	200	15	10.6
B30. 那您在这些体育消费上的消费金额分别是多少？	248	1	0.7
	260	2	1.4
4. 观看各类体育赛事（如购买门票、观赛期间购买餐饮、纪念品等）	300	17	12.0
	400	9	6.3
	450	1	0.7
	499	1	0.7
	500	26	18.3
	560	1	0.7
	600	7	4.9
	700	5	3.5

	余额(元)	Count(人)	Col Response(%)
	800	9	6.3
	900	1	0.7
B30. 那您在这些体育消费上的消费金额分别是多少? 4. 观看各类体育赛事(如购买门票、观赛期间购买餐饮、纪念品等)	1000	16	11.3
	1200	2	1.4
	1600	1	0.7
	2000	4	2.8
	2500	1	0.7
	3000	3	2.1
	5000	1	0.7
	6000	1	0.7
Total		142	100.0

B30 题:B3005 频数

	余额(元)	Count(人)	Col Response(%)
	10	2	1.0
	50	1	0.5
	150	3	1.5
	200	7	3.6
	300	6	3.1
B30. 那您在这些体育消费上的消费金额分别是多少? 5. 付费参加体育健身活动(如购买健身俱乐部的会员卡、活动的指导费、健身俱乐部中的私教费用、场地费、参赛报名费等)	400	3	1.5
	500	12	6.1
	600	1	0.5
	680	1	0.5
	700	3	1.5
	800	8	4.1
	900	3	1.5
	980	1	0.5
	1000	24	12.2
	1100	1	0.5
	1190	1	0.5

	余额(元)	Count(人)	Col Response(%)
	1200	7	3.6
	1290	1	0.5
	1300	5	2.6
	1400	3	1.5
	1500	14	7.1
	1600	3	1.5
	1680	1	0.5
	1688	1	0.5
	1800	8	4.1
	1980	2	1.0
	1999	1	0.5
B30. 那您在这些体育	2000	19	9.7
消费上的消费金额分	2400	1	0.5
别是多少?	2500	2	1.0
5. 付费参加体育健身	2600	2	1.0
活动(如购买健身俱	2700	1	0.5
乐部的会员卡、活动的	2800	4	2.0
指导费、健身俱乐部中	3000	22	11.2
的私教费用、场地费、	3500	5	2.6
参赛报名费等)	3600	2	1.0
	3800	1	0.5
	4000	3	1.5
	4900	1	0.5
	5000	3	1.5
	6000	1	0.5
	7000	1	0.5
	8000	1	0.5
	10000	1	0.5
	30000	1	0.5
	拒答	2	1.0
Total		196	100.0

B30 题：B3006 频数

		Count（人）	Col Response（%）
B30. 您在这些体育消费上的消费金额分别是多少钱？ 6. 参加体育培训班（如支付暑期游泳班的费用）	100	1	7.1
	500	4	28.6
	600	1	7.1
	1000	5	35.7
	1700	1	7.1
	2000	1	7.1
	3000	1	7.1
Total		14	100.0

C1 题：C101 频数

		Count（人）	Col Response（%）
C1. 您现在的工作状况（学生学习也等同于工作）：	每日工作	2009	55.5
	每日半天工作	35	1.0
	隔日工作	39	1.1
	每日工作并经常加班	42	1.2
	有工作但不定时	240	6.6
	不工作	1202	33.2
	退休	31	0.9
	种地	1	0.0
	学习	1	0.0
	农民	1	0.0
	学生	5	0.1
	个体户	1	0.0
	说不清	4	0.1
	拒答	7	0.2
Total		3618	100.0

C4 题：C4A01 频数

		Count（人）	Col Response（%）
C4. 请问您工作（或学习）的时间每周累计有多少个小时？ 1. 工作（或学习）时间	活动没有发生	31	1.3
	10.0	14	0.6
	12.0	1	0.0
	15.0	14	0.6

		Count（人）	Col Response（%）
	16.0	3	0.1
	18.0	3	0.1
	20.0	94	3.9
	23.0	1	0.0
	24.0	5	0.2
	25.0	21	0.9
	26.0	2	0.1
	28.0	1	0.0
	29.0	1	0.0
	30.0	148	6.1
	32.0	3	0.1
	35.0	71	2.9
	36.0	18	0.7
	37.0	1	0.0
C4. 请问您工作（或学习）的时间每周累计有多少个小时？ 1. 工作（或学习）时间	38.0	12	0.5
	39.0	1	0.0
	40.0	1478	61.2
	41.0	3	0.1
	42.0	11	0.5
	43.0	1	0.0
	44.0	47	1.9
	45.0	98	4.1
	46.0	6	0.2
	48.0	40	1.7
	49.0	2	0.1
	50.0	126	5.2
	55.0	7	0.3
	60.0	14	0.6
	70.0	2	0.1
	说不清	135	5.6
	拒答	1	0.0
Total		2416	100.0

C4 题：C4A01 均值

	Valid N	Mean	Std Deviation
C4. 请问您工作（或学习）的时间每周累计有多少个小时？	2280	38. 38	8. 336

C4 题：C4A02 频数

	时间（分钟）	Count（人）	Col Response（%）
	活动没有发生	379	15. 7
	0. 5	1	0. 0
	1. 0	10	0. 4
	1. 5	1	0. 0
	2. 0	61	2. 5
	2. 5	1	0. 0
	3. 0	67	2. 8
	4. 0	61	2. 5
	5. 0	116	4. 8
	6. 0	25	1. 0
C4. 请问您工作（或学习）的时间每周累计有多少个小时？	7. 0	11	0. 5
2. 工作（或学习）中，持续不离开座位30分钟以上的累计时间	8. 0	73	3. 0
	9. 0	35	1. 4
	10. 0	250	10. 3
	11. 0	2	0. 1
	12. 0	12	0. 5
	13. 0	5	0. 2
	14. 0	7	0. 3
	15. 0	70	2. 9
	16. 0	9	0. 4
	18. 0	19	0. 8
	19. 0	3	0. 1
	20. 0	266	11. 0
	21. 0	2	0. 1
	22. 0	2	0. 1
	23. 0	2	0. 1

续表

	时间(分钟)	Count(人)	Col Response(%)
	24.0	11	0.5
	25.0	58	2.4
	26.0	7	0.3
	28.0	6	0.2
	29.0	1	0.0
	30.0	308	12.7
	31.0	1	0.0
	32.0	10	0.4
C4. 请问您工作(或学习)的时间每周累计有多少个小时?	33.0	1	0.0
2. 工作(或学习)中,	35.0	75	3.1
持续不离开座位30分钟以上的累计时间	36.0	33	1.4
	37.0	2	0.1
	38.0	10	0.4
	40.0	177	7.3
	42.0	1	0.0
	45.0	4	0.2
	48.0	1	0.0
	50.0	9	0.4
	60.0	1	0.0
	说不清	208	8.6
	拒答	2	0.1
Total		2416	100.0

C4 题: C4A02 均值

	Valid N	Mean	Std Deviation
C4. 请问您工作(或学习)的时间每周累计有多少个小时? 2. 工作(或学习)中, 持续不离开座位30分钟以上的累计时间	2206	16.32	13.560

C4 题：C4A03 频数

	时间（小时）	Count（人）	Col Response（%）
	20.0	9	0.2
	22.0	1	0.0
	24.0	2	0.1
	25.0	20	0.6
	28.0	3	0.1
	30.0	288	8.0
	32.0	17	0.5
	33.0	9	0.2
	34.0	1	0.0
	35.0	656	18.1
	36.0	49	1.4
	37.0	26	0.7
	38.0	77	2.1
	39.0	10	0.3
C4. 请问您工作（或学习）的时间每周累计有多少个小时？	40.0	2007	55.5
	41.0	6	0.2
3. 睡觉休息时间	42.0	49	1.4
	43.0	12	0.3
	44.0	16	0.4
	45.0	192	5.3
	46.0	7	0.2
	47.0	6	0.2
	48.0	31	0.9
	49.0	3	0.1
	50.0	96	2.7
	55.0	3	0.1
	56.0	4	0.1
	60.0	5	0.1
	70.0	1	0.0
	说不清	10	0.3
	拒答	2	0.1
Total		3618	100.0

C4 题：C4A03 均值

	Valid N	Mean	Std Deviation
C4. 请问您工作（或学习）的时间每周累计有多少个小时？3. 睡觉休息时间	3606	38.71	4.525

C4 题：C4A04 频数

	时间（分钟）	Count（人）	Col Response（%）
	活动没有发生	761	21.0
	2.0	1	0.0
	10.0	11	0.3
	12.0	5	0.1
	13.0	1	0.0
	16.0	1	0.0
	18.0	3	0.1
	20.0	14	0.4
	24.0	1	0.0
	25.0	3	0.1
	28.0	1	0.0
C4. 请问您工作（或学习）的时间每周累计有多少小时？4. 体育活动【注意,请以分钟计算本题】	30.0	39	1.1
	34.0	1	0.0
	40.0	12	0.3
	42.0	1	0.0
	45.0	1	0.0
	46.0	1	0.0
	48.0	1	0.0
	50.0	28	0.8
	55.0	1	0.0
	60.0	75	2.1
	70.0	2	0.1
	72.0	1	0.0
	80.0	25	0.7
	90.0	7	0.2
	100.0	196	5.4
	102.0	1	0.0

	时间(分钟)	Count(人)	Col Response(%)
	105.0	1	0.0
	110.0	1	0.0
	120.0	146	4.0
	125.0	1	0.0
	130.0	9	0.2
	140.0	19	0.5
	145.0	2	0.1
	150.0	113	3.1
	160.0	26	0.7
	170.0	3	0.1
	180.0	96	2.7
	190.0	1	0.0
	200.0	299	8.3
	210.0	6	0.2
	220.0	12	0.3
C4. 请问您工作(或学习)的时间每周累计有多少个小时? 4. 体育活动【注意,请以分钟计算本题】	230.0	7	0.2
	240.0	87	2.4
	250.0	53	1.5
	260.0	26	0.7
	270.0	3	0.1
	280.0	26	0.7
	290.0	4	0.1
	300.0	625	17.3
	305.0	1	0.0
	310.0	2	0.1
	320.0	10	0.3
	330.0	1	0.0
	340.0	6	0.2
	345.0	1	0.0
	350.0	53	1.5
	360.0	49	1.4
	380.0	14	0.4
	390.0	6	0.2
	400.0	115	3.2
	410.0	2	0.1

	时间(分钟)	Count(人)	Col Response(%)
	420.0	12	0.3
	430.0	5	0.1
	440.0	8	0.2
	450.0	110	3.0
	460.0	10	0.3
	470.0	2	0.1
	480.0	22	0.6
	490.0	1	0.0
	500.0	72	2.0
	510.0	1	0.0
	520.0	6	0.2
	540.0	3	0.1
	550.0	4	0.1
	560.0	1	0.0
	600.0	194	5.4
	606.0	1	0.0
C4. 请问您工作(或学习)的时间每周累计有多少个小时?	620.0	7	0.2
	650.0	8	0.2
	660.0	2	0.1
4. 体育活动【注意,请以分钟计算本题】	680.0	2	0.1
	700.0	18	0.5
	720.0	7	0.2
	750.0	1	0.0
	760.0	1	0.0
	780.0	1	0.0
	800.0	18	0.5
	820.0	2	0.1
	840.0	1	0.0
	870.0	1	0.0
	880.0	1	0.0
	900.0	17	0.5
	920.0	2	0.1
	930.0	1	0.0
	950.0	3	0.1
	1000.0	6	0.2
	1200.0	8	0.2
	说不清	39	1.1
Total		3618	100.0

C4 题：C4A04 均值

	Valid N	Mean	Std Deviation
C4. 请问您工作(或学习)的时间每周累计有多少个小时？ 4. 体育活动【注意,请以分钟计算本题】	3579	228.46	201.133

C4 题：C4A05 频数

	时间(小时)	Count(人)	Col Response(%)
	活动没有发生	54	1.5
	0.5	1	0.0
	1.0	11	0.3
	1.5	1	0.0
	2.0	56	1.5
	2.5	6	0.2
	3.0	72	2.0
	4.0	161	4.4
	5.0	434	12.0
	6.0	210	5.8
	6.5	1	0.0
C4. 请问您工作(或学习)的时间每周累计有多少个小时？ 5. 日常休闲活动(体育活动除外)	7.0	52	1.4
	7.5	2	0.1
	8.0	321	8.9
	8.5	1	0.0
	9.0	34	0.9
	9.5	1	0.0
	10.0	747	20.6
	11.0	5	0.1
	12.0	149	4.1
	12.5	2	0.1
	13.0	67	1.9
	13.5	1	0.0
	14.0	81	2.2
	15.0	311	8.6
	16.0	86	2.4

	时间(小时)	Count(人)	Col Response(%)
	17.0	22	0.6
	17.5	1	0.0
	18.0	99	2.7
	18.5	1	0.0
	19.0	2	0.1
	20.0	258	7.1
	21.0	4	0.1
	22.0	1	0.0
	23.0	5	0.1
	24.0	11	0.3
	25.0	38	1.1
C4. 请问您工作(或学	26.0	4	0.1
习)的时间每周累计	28.0	17	0.5
有多少个小时?	30.0	82	2.3
5. 日常休闲活动(体	32.0	2	0.1
育活动除外)	33.0	2	0.1
	34.0	3	0.1
	36.0	3	0.1
	38.0	1	0.0
	40.0	25	0.7
	43.0	1	0.0
	45.0	1	0.0
	48.0	1	0.0
	50.0	20	0.6
	60.0	3	0.1
	说不清	142	3.9
	拒答	2	0.1
Total		3618	100.0

C4 题：C4A05 均值

	Valid N	Mean	Std Deviation
C4. 请问您工作(或学习)的时间每周累计有多少个小时? 5. 日常休闲活动(体育活动除外)	3474	11.42	7.579

C4 题: C4A06 频数

	时间(小时)	Count(人)	Col Response(%)
	活动没有发生	254	7.0
	0.5	2	0.1
	1.0	57	1.6
	1.5	8	0.2
	2.0	268	7.4
	2.5	10	0.3
	3.0	257	7.1
	3.5	6	0.2
	4.0	265	7.3
	5.0	688	19.0
	6.0	242	6.7
	6.5	2	0.1
	7.0	85	2.3
C4. 请问您工作(或学习)的时间每周累计有多少个小时?	7.5	4	0.1
	8.0	238	6.6
	8.5	1	0.0
6. 日常休闲活动中,持续不离开座位30分钟以上的累计时间(如长时间坐在沙发上看电视)	9.0	37	1.0
	10.0	592	16.4
	11.0	3	0.1
	12.0	90	2.5
	13.0	33	0.9
	14.0	23	0.6
	15.0	101	2.8
	16.0	19	0.5
	17.0	5	0.1
	18.0	8	0.2
	20.0	74	2.0
	21.0	1	0.0
	25.0	6	0.2
	28.0	1	0.0
	30.0	15	0.4
	40.0	4	0.1
	说不清	217	6.0
	拒答	2	0.1
Total		3618	100.0

C4 题：C4A06 均值

	Valid N	Mean	Std Deviation
C4. 请问您工作（或学习）的时间每周累计有多少个小时？ 6. 日常休闲活动中，持续不离开座位30分钟以上的累计时间（如长时间坐在沙发上看电视）	3399	6.58	4.788

C4 题：C4A07 频数

		Count（人）	Col Response（%）
C4. 请问您工作（或学习）的时间每周累计有多少个小时？ 7. 家务劳动	活动没有发生	435	12.0
	0.5	3	0.1
	1.0	82	2.3
	1.5	4	0.1
	1.6	1	0.0
	2.0	215	5.9
	2.5	54	1.5
	3.0	189	5.2
	4.0	195	5.4
	5.0	762	21.1
	6.0	259	7.2
	7.0	59	1.6
	7.5	4	0.1
	8.0	200	5.5
	9.0	9	0.2
	10.0	669	18.5
	11.0	5	0.1
	12.0	72	2.0
	13.0	27	0.7
	14.0	17	0.5
	15.0	144	4.0
	16.0	13	0.4
	17.0	1	0.0

续表

		Count（人）	Col Response（%）
	18.0	3	0.1
	20.0	75	2.1
	21.5	1	0.0
	24.0	3	0.1
C4. 请问您工作（或学习）的时间每周累计有多少个小时？ 7. 家务劳动	25.0	11	0.3
	27.0	1	0.0
	29.0	1	0.0
	30.0	12	0.3
	35.0	1	0.0
	40.0	6	0.2
	说不清	83	2.3
	拒答	2	0.1
Total		3618	100.0

C4 题：C4A07 均值

	Valid N	Mean	Std Deviation
C4. 请问您工作（或学习）的时间每周累计有多少个小时？ 7. 家务劳动	3533	6.42	5.061

C4 题：C4A08 频数

		Count（人）	Col Response（%）
	活动没有发生	2424	67.0
	0.5	1	0.0
	1.0	44	1.2
	1.5	1	0.0
C4. 请问您工作（或学习）的时间每周累计有多少个小时？ 8. 个人工作（或学习）时间	2.0	139	3.8
	2.5	5	0.1
	3.0	81	2.2
	3.5	1	0.0
	4.0	84	2.3
	4.5	1	0.0

		Count(人)	Col Response(%)
	5.0	194	5.4
	6.0	28	0.8
	7.0	11	0.3
	8.0	28	0.8
	9.0	3	0.1
	10.0	122	3.4
	11.0	2	0.1
	12.0	4	0.1
	13.0	2	0.1
	14.0	2	0.1
	15.0	15	0.4
	18.0	1	0.0
	20.0	46	1.3
C4. 请问您工作(或学习)的时间每周累计有多少个小时?	21.0	1	0.0
8. 个人工作(或学习)时间	24.0	1	0.0
	25.0	3	0.1
	30.0	28	0.8
	32.0	1	0.0
	35.0	8	0.2
	36.0	1	0.0
	40.0	201	5.6
	41.0	1	0.0
	44.0	1	0.0
	45.0	2	0.1
	46.0	1	0.0
	48.0	1	0.0
	50.0	9	0.2
	60.0	3	0.1
	说不清	115	3.2
	拒答	2	0.1
Total		3618	100.0

C4 题：C4A08 均值

	Valid N	Mean	Std Deviation
C4. 请问您工作（或学习）的时间每周累计有多少个小时？ 8. 个人工作（或学习）时间	3501	4.33	10.539

C4 题：C4A09 频数

		Count（人）	Col Response（%）
C4. 请问您工作（或学习）的时间每周累计有多少个小时？ 9. 个人交通：步行	活动没有发生	702	19.4
	0.5	58	1.6
	1.0	201	5.6
	1.5	19	0.5
	2.0	545	15.1
	2.5	58	1.6
	3.0	451	12.5
	3.5	11	0.3
	4.0	258	7.1
	4.5	7	0.2
	5.0	665	18.4
	6.0	159	4.4
	7.0	21	0.6
	8.0	69	1.9
	9.0	8	0.2
	10.0	213	5.9
	11.0	3	0.1
	12.0	11	0.3
	12.5	1	0.0
	13.0	1	0.0
	14.0	4	0.1
	15.0	22	0.6
	16.0	4	0.1
	20.0	11	0.3
	21.0	1	0.0
	25.0	1	0.0
	30.0	5	0.1
	35.0	1	0.0
	40.0	3	0.1
	45.0	1	0.0
	说不清	102	2.8
	拒答	2	0.1
Total		3618	100.0

C4 题：C4A09 均值

	Valid N	Mean	Std Deviation
C4. 请问您工作（或学习）的时间每周累计有多少个小时？ 9. 个人交通:步行	3514	3.52	3.555

C4 题：C4A10 频数

		Count（人）	Col Response（%）
	活动没有发生	2263	62.5
	0.5	20	0.6
	1.0	129	3.6
	1.2	1	0.0
	1.5	9	0.2
	2.0	272	7.5
	2.5	43	1.2
	3.0	210	5.8
	3.5	1	0.0
C4. 请问您工作（或学习）的时间每周累计有多少个小时？ 10. 个人交通:自行车	4.0	115	3.2
	5.0	294	8.1
	6.0	46	1.3
	7.0	7	0.2
	8.0	15	0.4
	9.0	2	0.1
	10.0	64	1.8
	12.0	3	0.1
	13.0	1	0.0
	14.0	1	0.0
	15.0	7	0.2
	说不清	113	3.1
	拒答	2	0.1
Total		3618	100.0

C4 题：C4A10 均值

	Valid N	Mean	Std Deviation
C4. 请问您工作(或学习)的时间每周累计有多少个小时？10. 个人交通:自行车	3503	1.32	2.289

C4 题：C4A11 频数

		Count(人)	Col Response(%)
	活动没有发生	1330	36.8
	0.5	8	0.2
	1.0	162	4.5
	1.1	1	0.0
	1.5	7	0.2
	2.0	330	9.1
	2.5	19	0.5
	3.0	247	6.8
	3.5	1	0.0
	4.0	210	5.8
	4.5	1	0.0
	5.0	468	12.9
	6.0	135	3.7
C4. 请问您工作(或学习)的时间每周累计有多少个小时？11. 个人交通:公共汽车、地铁	6.5	1	0.0
	7.0	27	0.7
	7.5	10	0.3
	8.0	108	3.0
	9.0	8	0.2
	10.0	302	8.3
	11.0	14	0.4
	12.0	26	0.7
	13.0	2	0.1
	14.0	8	0.2
	15.0	25	0.7
	16.0	5	0.1
	18.0	2	0.1
	20.0	14	0.4
	30.0	1	0.0
	40.0	2	0.1
	说不清	142	3.9
	拒答	2	0.1
Total		3618	100.0

C4 题：C4A11 均值

	Valid N	Mean	Std Deviation
C4. 请问您工作（或学习）的时间每周累计有多少个小时？ 11. 个人交通:公共汽车、地铁	3474	3.26	3.836

C4 题：C4A12 频数

		Count（人）	Col Response（%）
	活动没有发生	2692	74.4
	0.5	12	0.3
	0.8	1	0.0
	1.0	163	4.5
	1.5	9	0.2
	2.0	168	4.6
	2.5	7	0.2
	3.0	73	2.0
	4.0	68	1.9
C4. 请问您工作（或学习）的时间每周累计有多少个小时？ 12. 个人交通:小汽车、出租车、摩托车	5.0	151	4.2
	5.5	1	0.0
	6.0	35	1.0
	7.0	8	0.2
	7.5	1	0.0
	8.0	15	0.4
	9.0	3	0.1
	10.0	63	1.7
	15.0	9	0.2
	20.0	3	0.1
	30.0	2	0.1
	说不清	132	3.6
	拒答	2	0.1
Total		3618	100.0

C4 题：C4A12 均值

	Valid N	Mean	Std Deviation
C4. 请问您工作（或学习）的时间每周累计有多少个小时？ 12. 个人交通：小汽车、出租车、摩托车	3484	0.89	2.270

C4 题：C4A13 频数

		Count（人）	Col Response（%）
	活动没有发生	3302	91.3
	1.0	40	1.1
	1.5	2	0.1
	2.0	61	1.7
	2.5	5	0.1
	3.0	21	0.6
	4.0	18	0.5
	5.0	50	1.4
	6.0	6	0.2
C4. 请问您工作（或学习）的时间每周累计有多少个小时？ 13. 个人培训、学习	7.0	4	0.1
	7.5	1	0.0
	8.0	8	0.2
	10.0	17	0.5
	14.0	1	0.0
	15.0	3	0.1
	20.0	3	0.1
	30.0	3	0.1
	40.0	4	0.1
	50.0	1	0.0
	说不清	66	1.8
	拒答	2	0.1
Total		3618	100.0

C4 题：C4A13 均值

	Valid N	Mean	Std Deviation
C4. 请问您工作(或学习)的时间每周累计有多少个小时？ 13. 个人培训、学习	3550	0.36	2.248

C4 题：C4B01 频数

		Count(人)	Col Response(%)
C4. 休息日呢？ 1. 工作(或学习)时间	活动没有发生	1644	68.0
	1.0	6	0.2
	2.0	38	1.6
	3.0	7	0.3
	4.0	39	1.6
	5.0	28	1.2
	6.0	32	1.3
	7.0	6	0.2
	8.0	131	5.4
	9.0	8	0.3
	10.0	103	4.3
	11.0	2	0.1
	12.0	40	1.7
	14.0	10	0.4
	15.0	10	0.4
	16.0	105	4.3
	17.0	3	0.1
	18.0	8	0.3
	20.0	38	1.6
	22.0	1	0.0
	24.0	5	0.2
	25.0	1	0.0
	说不清	149	6.2
	拒答	2	0.1
Total		2416	100.0

C4 题：C4B01 均值

	Valid N	Mean	Std Deviation
C4. 休息日呢？ 1. 工作（或学习）时间	2265	2.82	5.321

C4 题：C4B02 频数

		Count（人）	Col Response（%）
	活动没有发生	1878	77.7
	1.0	29	1.2
	2.0	121	5.0
	3.0	28	1.2
	4.0	49	2.0
	5.0	49	2.0
	6.0	27	1.1
C4. 休息日呢？	7.0	3	0.1
2. 工作（或学习）中，	8.0	38	1.6
持续不离开座位 30 分	9.0	3	0.1
钟以上的累计时间	10.0	35	1.4
	12.0	9	0.4
	14.0	2	0.1
	15.0	3	0.1
	16.0	13	0.5
	18.0	2	0.1
	说不清	124	5.1
	拒答	3	0.1
Total		2416	100.0

C4 题：C4B02 均值

	Valid N	Mean	Std Deviation
C4. 休息日呢？ 2. 工作（或学习）中， 持续不离开座位 30 分 钟以上的累计时间	2289	0.91	2.518

C4 题：C4B03 频数

		Count（人）	Col Response（%）
	8.0	12	0.3
	9.0	4	0.1
	10.0	142	3.9
	11.0	4	0.1
	12.0	213	5.9
	13.0	22	0.6
	14.0	465	12.9
	14.5	1	0.0
	15.0	196	5.4
	16.0	1666	46.0
	17.0	73	2.0
C4. 休息日呢?	18.0	329	9.1
3. 睡觉休息时间	19.0	22	0.6
	20.0	335	9.3
	21.0	1	0.0
	22.0	5	0.1
	24.0	6	0.2
	25.0	11	0.3
	26.0	1	0.0
	27.0	2	0.1
	32.0	1	0.0
	说不清	104	2.9
	拒答	3	0.1
Total		3618	100.0

C4 题：C4B03 均值

	Valid N	Mean	Std Deviation
C4. 休息日呢? 3. 睡觉休息时间	3511	15.81	2.431

C4 题：C4B04 频数

		Count(人)	Col Response(%)
	活动没有发生	830	22.9
	2.0	2	0.1
	3.0	2	0.1
	4.0	3	0.1
	5.0	2	0.1
	6.0	2	0.1
	8.0	2	0.1
	10.0	35	1.0
	12.0	2	0.1
	13.0	1	0.0
	15.0	4	0.1
	16.0	2	0.1
	18.0	2	0.1
	20.0	112	3.1
	25.0	2	0.1
	30.0	110	3.0
C4. 休息日呢？	35.0	2	0.1
4. 体育活动【注意,请	39.0	1	0.0
以分钟计算本题】	40.0	120	3.3
	42.0	1	0.0
	45.0	2	0.1
	48.0	1	0.0
	50.0	91	2.5
	60.0	402	11.1
	65.0	1	0.0
	66.0	1	0.0
	70.0	17	0.5
	80.0	102	2.8
	90.0	43	1.2
	100.0	344	9.5
	105.0	1	0.0
	108.0	1	0.0
	110.0	2	0.1
	120.0	614	17.0

		Count(人)	Col Response(%)
	130. 0	20	0. 6
	140. 0	42	1. 2
	145. 0	1	0. 0
	150. 0	89	2. 5
	160. 0	36	1. 0
	170. 0	2	0. 1
	180. 0	120	3. 3
	190. 0	4	0. 1
	200. 0	123	3. 4
	210. 0	3	0. 1
	220. 0	8	0. 2
	230. 0	2	0. 1
	240. 0	159	4. 4
	250. 0	6	0. 2
	260. 0	9	0. 2
C4. 休息日呢?	270. 0	1	0. 0
4. 体育活动【注意,请	280. 0	2	0. 1
以分钟计算本题】	300. 0	17	0. 5
	340. 0	3	0. 1
	350. 0	1	0. 0
	360. 0	12	0. 3
	380. 0	1	0. 0
	400. 0	4	0. 1
	420. 0	1	0. 0
	440. 0	2	0. 1
	480. 0	15	0. 4
	600. 0	4	0. 1
	620. 0	1	0. 0
	720. 0	1	0. 0
	800. 0	1	0. 0
	说不清	68	1. 9
	拒答	1	0. 0
Total		3618	100. 0

C4 题：C4B04 均值

	Valid N	Mean	Std Deviation
C4. 休息日呢？ 4. 体育活动【注意,请以分钟计算本题】	3549	86.87	82.455

多选题

C4 题：C4B05 频数

		Count（人）	Col Response（%）
C4. 休息日呢？ 5. 日常休闲活动(体育活动除外)	活动没有发生	77	2.1
	0.5	6	0.2
	1.0	125	3.5
	2.0	704	19.5
	2.5	2	0.1
	3.0	238	6.6
	4.0	990	27.4
	4.5	1	0.0
	5.0	318	8.8
	6.0	296	8.2
	6.5	3	0.1
	7.0	35	1.0
	8.0	255	7.0
	8.5	1	0.0
	9.0	39	1.1
	10.0	224	6.2
	12.0	45	1.2
	13.0	8	0.2
	14.0	20	0.6
	15.0	22	0.6
	16.0	17	0.5
	18.0	6	0.2
	20.0	55	1.5
	21.0	4	0.1
	22.0	1	0.0
	23.0	3	0.1
	说不清	120	3.3
	拒答	3	0.1
Total		3618	100.0

C4 题：C4B05 均值

	Valid N	Mean	Std Deviation
C4. 休息日呢？ 5. 日常休闲活动（体育活动除外）	3495	4.98	3.612

C4 题：C4B06 频数

		Count（人）	Col Response（%）
	活动没有发生	346	9.6
	0.5	5	0.1
	1.0	479	13.2
	1.5	6	0.2
	2.0	1169	32.3
	2.5	1	0.0
	3.0	318	8.8
	3.5	1	0.0
	4.0	594	16.4
C4. 休息日呢？ 6. 日常休闲活动中，持续不离开座位30分钟以上的累计时间（如长时间坐在沙发上看电视）	5.0	180	5.0
	6.0	113	3.1
	6.5	1	0.0
	7.0	25	0.7
	8.0	80	2.2
	9.0	11	0.3
	10.0	49	1.4
	12.0	11	0.3
	13.0	3	0.1
	14.0	1	0.0
	15.0	6	0.2
	16.0	4	0.1
	说不清	212	5.9
	拒答	3	0.1
Total		3618	100.0

C4 题：C4B06 均值

	Valid N	Mean	Std Deviation
C4. 休息日呢? 6. 日常休闲活动中,持续不离开座位30分钟以上的累计时间(如长时间坐在沙发上看电视)	3403	2.79	2.201

C4 题：C4B07 频数

		Count(人)	Col Response(%)
C4. 休息日呢? 7. 家务劳动	活动没有发生	512	14.2
	0.5	31	0.9
	1.0	415	11.5
	1.5	5	0.1
	2.0	1082	29.9
	2.5	1	0.0
	3.0	291	8.0
	4.0	703	19.4
	4.5	1	0.0
	5.0	135	3.7
	6.0	191	5.3
	7.0	8	0.2
	8.0	70	1.9
	9.0	6	0.2
	10.0	58	1.6
	12.0	15	0.4
	13.0	1	0.0
	14.0	1	0.0
	16.0	4	0.1
	说不清	85	2.3
	拒答	3	0.1
Total		3618	100.0

C4 题：C4B07 均值

	Valid N	Mean	Std Deviation
C4. 休息日呢? 7. 家务劳动	3530	2.73	2.215

C4 题：C4B08 频数

		Count(人)	Col Response(%)
	活动没有发生	2902	80.2
	0.5	7	0.2
	0.6	1	0.0
	1.0	149	4.1
	2.0	213	5.9
	3.0	31	0.9
	4.0	73	2.0
	5.0	41	1.1
C4. 休息日呢?	6.0	24	0.7
8. 个人工作(或学习)	7.0	2	0.1
时间	8.0	27	0.7
	9.0	2	0.1
	10.0	19	0.5
	12.0	1	0.0
	13.0	1	0.0
	16.0	6	0.2
	说不清	116	3.2
	拒答	3	0.1
Total		3618	100.0

C4 题：C4B08 均值

	Valid N	Mean	Std Deviation
C4. 休息日呢? 8. 个人工作(或学习) 时间	3499	0.54	1.611

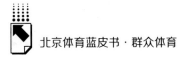
C4 题：**C4B09 频数**

		Count（人）	Col Response（％）
C4. 休息日呢? 9. 个人交通:步行	活动没有发生	1051	29.0
	0.3	1	0.0
	0.4	1	0.0
	0.5	241	6.7
	0.6	1	0.0
	1.0	883	24.4
	1.2	2	0.1
	1.5	17	0.5
	2.0	910	25.2
	3.0	95	2.6
	3.5	1	0.0
	4.0	194	5.4
	5.0	33	0.9
	6.0	56	1.5
	7.0	1	0.0
	8.0	9	0.2
	9.0	3	0.1
	10.0	6	0.2
	12.0	1	0.0
	说不清	109	3.0
	拒答	3	0.1
Total		3618	100.0

C4 题：**C4B09 均值**

	Valid N	Mean	Std Deviation
C4. 休息日呢? 9. 个人交通:步行	3506	1.31	1.416

C4 题：C4B10 频数

		Count（人）	Col Response（%）
	活动没有发生	2532	70.0
	0.3	1	0.0
	0.5	118	3.3
	1.0	448	12.4
	1.5	7	0.2
	2.0	302	8.3
	2.5	1	0.0
C4. 休息日呢？	3.0	35	1.0
10. 个人交通：自行车	4.0	31	0.9
	5.0	7	0.2
	6.0	14	0.4
	7.0	1	0.0
	8.0	7	0.2
	9.0	3	0.1
	10.0	3	0.1
	说不清	105	2.9
	拒答	3	0.1
Total		3618	100.0

C4 题：C4B10 均值

	Valid N	Mean	Std Deviation
C4. 休息日呢？ 10. 个人交通：自行车	3510	0.45	1.001

C4 题：C4B11 频数

		Count（人）	Col Response（%）
	活动没有发生	2087	57.7
	0.1	1	0.0
C4. 休息日呢？	0.5	91	2.5
11. 个人交通：公共汽	1.0	532	14.7
车、地铁	1.5	12	0.3
	2.0	500	13.8
	2.5	1	0.0

续表

		Count(人)	Col Response(%)
C4. 休息日呢? 11. 个人交通:公共汽车、地铁	3.0	70	1.9
	4.0	126	3.5
	5.0	29	0.8
	6.0	21	0.6
	8.0	5	0.1
	9.0	4	0.1
	10.0	5	0.1
	说不清	131	3.6
	拒答	3	0.1
Total		3618	100.0

C4 题：C4B11 均值

	Valid N	Mean	Std Deviation
C4. 休息日呢? 11. 个人交通:公共汽车、地铁	3484	0.78	1.285

C4 题：C4B12 频数

		Count(人)	Col Response(%)
C4. 休息日呢? 12. 个人交通:小汽车、出租车、摩托车	活动没有发生	2831	78.2
	0.5	45	1.2
	1.0	297	8.2
	1.5	3	0.1
	2.0	199	5.5
	3.0	31	0.9
	4.0	43	1.2
	5.0	14	0.4
	6.0	12	0.3
	7.0	1	0.0
	8.0	4	0.1
	9.0	1	0.0
	10.0	4	0.1
	说不清	130	3.6
	拒答	3	0.1
Total		3618	100.0

C4 题：C4B12 均值

	Valid N	Mean	Std Deviation
C4. 休息日呢? 12. 个人交通:小汽车、出租车、摩托车	3485	0.35	0.962

C4 题：C4B13 频数

		Count(人)	Col Response(%)
C4. 休息日呢? 13. 个人培训、学习	活动没有发生	3367	93.1
	0.5	2	0.1
	1.0	48	1.3
	2.0	71	2.0
	3.0	9	0.2
	4.0	38	1.1
	5.0	7	0.2
	6.0	7	0.2
	8.0	4	0.1
	9.0	2	0.1
	10.0	2	0.1
	11.0	1	0.0
	说不清	57	1.6
	拒答	3	0.1
Total		3618	100.0

C4 题：C4B13 均值

	Valid N	Mean	Std Deviation
C4. 休息日呢? 13. 个人培训、学习	3558	0.15	0.770

D1 题：D101 频数

		Count(人)	Col Response(%)
D1. 受访者性别:【访员直接记录】	男	1738	48.0
	女	1880	52.0
Total		3618	100.0

D2 题：D201 频数

		Count（人）	Col Response（%）
	未婚（包括未婚同居）	579	16.0
	已婚	2773	76.6
D2. 您现在的婚姻状况符合以下哪种情况：	离异	89	2.5
	丧偶	156	4.3
	说不清	1	0.0
	拒答	20	0.6
Total		3618	100.0

D5 题：D501 频数

		Count（人）	Col Response（%）
	研究生及以上	88	2.4
	大学（含大专）	1292	35.7
	高中（含中专）	1165	32.2
D5. 您的受教育程度是（包括同等学力）：	初中	823	22.7
	小学（含私塾）	213	5.9
	文盲或识字不多	24	0.7
	说不清	1	0.0
	拒答	12	0.3
Total		3618	100.0

D9 题：D901 频数

		Count（人）	Col Response（%）
	汉族	3555	98.3
	壮族	5	0.1
	回族	14	0.4
	满族	36	1.0
D9. 您的民族是	苗族	1	0.0
	蒙古族	5	0.1
	珞巴族	1	0.0
	达斡尔族	1	0.0
Total		3618	100.0

D10 题：D1001 频数

		Count(人)	Col Response(%)
D10. 请问您是否有吸烟的习惯：	没有	2484	68.7
	以前有,现在戒了	115	3.2
	偶尔吸烟	327	9.0
	经常吸烟	691	19.1
	拒答	1	0.0
Total		3618	100.0

D11 题：D1101 频数

		Count(人)	Col Response(%)
D11. 您是否有喝酒的习惯：	没有	2339	64.6
	以前有,现在戒了	51	1.4
	偶尔喝	851	23.5
	经常喝	376	10.4
	拒答	1	0.0
Total		3618	100.0

D12 题：D1201 频数

		Count(人)	Col Response(%)
D12. 您打麻将的频度是：	平均每月不足 1 次	177	4.9
	平均每月 1 次以上,但每周不足 1 次	93	2.6
	平均每周 1~2 次	125	3.5
	平均每周 3~4 次	65	1.8
	平均每周 5 次及以上	19	0.5
	每天 1 次	58	1.6
	每天两次及以上	6	0.2
	不打麻将	3019	83.4
	说不清	52	1.4
	拒答	4	0.1
Total		3618	100.0

D13 题：D1301 频数

		Count(人)	Col Response(%)
D13. 您平均每次打麻将的持续时间为：	30 分钟及以下	43	6.2
	31~60 分钟	80	11.6
	61~90 分钟	97	14.0
	91~120 分钟	127	18.4
	120 分钟以上	163	23.6
	说不清	31	4.5
	拒答	151	21.8
Total		692	100.0

D14 题：D1401 多选题频数

		Cases(人)	Col Response(%)
D14. 您患有以下慢性疾病吗(经医院确诊)	无疾病	2523	69.7
	脑血管疾病	95	2.6
	呼吸系统疾病	82	2.3
	消化系统疾病	77	2.1
	泌尿生殖系统疾病	28	0.8
	糖尿病	210	5.8
	运动器官疾病	56	1.5
	高血脂症	266	7.4
	高血压	535	14.8
	心脏病	132	3.6
	职业病	23	0.6
	肝炎	1	0.0
	腰椎骨质增生	2	0.1
	骨关节炎	1	0.0
	精神系统疾病	2	0.1
	乳腺增生	1	0.0
	颈椎不太好	2	0.1
	腿疼	4	0.1
	脂肪肝	3	0.1
	青光眼	2	0.1
	腿静脉曲张	1	0.0
	身体虚弱	1	0.0
	低血压	1	0.0

续表

		Cases(人)	Col Response(%)
D14. 您患有以下慢性疾病吗(经医院确诊)	骨质疏松	1	0.0
	腰间盘突出	1	0.0
	胃炎	2	0.1
	过敏	1	0.0
	耳鸣	1	0.0
	喉癌	1	0.0
	说不清	54	1.5
	拒答	24	0.7
Total		3618	114.2

D15 题：D1501 频数

		Count(人)	Col Response(%)
D15. 您的健康状况符合以下哪种情况：	很不好(生病较严重)	30	0.8
	不好(经常得病)	203	5.6
	无所谓好不好	372	10.3
	好(偶尔得病)	1360	37.6
	很好(没有疾病)	1608	44.4
	说不清	35	1.0
	拒答	10	0.3
Total		3618	100.0

D16 题：D1601 频数

		Count(人)	Col Response(%)
D16. 与同龄人相比，您觉得自己的健康状况怎么样？	非常不好	22	0.6
	不太好	162	4.5
	一般	597	16.5
	比较好	1929	53.3
	非常好	898	24.8
	说不清	2	0.1
	拒答	8	0.2
Total		3618	100.0

D17 题：D1701 频数

		Count(人)	Col Response(%)
D17. 对于个人健康来说,您是否觉得满意?	非常不满意	28	0.8
	不太满意	209	5.8
	一般	565	15.6
	比较满意	1968	54.4
	非常满意	835	23.1
	说不清	2	0.1
	拒答	11	0.3
Total		3618	100.0

D19 题：D1901 多选题频数

		Cases(人)	Col Response(%)
D19. 为了改善自身的健康,您比较留心注意:	改善自己的饮食	2340	64.7
	经常保障充足的睡眠	2176	60.1
	参加体育活动	1712	47.3
	有规律的生活	1815	50.2
	补充营养保健品	688	19.0
	改掉生活的不良习惯	598	16.5
	没有精力和时间顾及此类事情	160	4.4
	食品安全	1	0.0
	都关心	1	0.0
	说不清	35	1.0

D21 题：D2101 频数

		Count(人)	Col Response(%)
D21. 您的家庭类型属于右下哪种?	单身	460	12.7
	夫妇家庭	1531	42.3
	单亲家庭	78	2.2
	核心家庭(已婚夫妇和未婚子女或收养子女两代组成的家庭)	1199	33.1
	主干家庭(两代或两代以上夫妻组成)	103	2.8
	联合家庭(父母、已婚子女、未婚子女、孙子女、曾孙子女等几代居住在一起)	229	6.3

		Count(人)	Col Response(%)
D21. 您的家庭类型属于右下哪种?	和弟弟住在一起	1	0.0
	同代家庭	1	0.0
	姐弟家庭	1	0.0
	说不清	11	0.3
	拒答	4	0.1
	Total	3618	100.0

D22 题：D2201 频数

		Count(人)	Col Response(%)
D22. 请问您是否有不满 16 岁的未成年子女：	有,一个	614	17.0
	有,两个	47	1.3
	没有	2903	80.2
	拒答	54	1.5
	Total	3618	100.0

D23 题：D2301 频数

		Count(人)	Col Response(%)
D23. 您的未成年孩子（多子女的追问最小孩子）的性别是：	男孩	371	56.1
	女孩	277	41.9
	拒答	13	2.0
	Total	661	100.0

D24 题：D2401 频数

	年份	Count(人)	Col Response(%)
D24. 这个孩子是哪一年出生的：	1997	3	0.5
	1998	10	1.5
	1999	39	5.9
	2000	59	8.9
	2001	25	3.8
	2002	35	5.3
	2003	17	2.6
	2004	40	6.1
	2005	34	5.1

	年份	Count（人）	Col Response（%）
D24. 这个孩子是哪一年出生的：	2006	41	6.2
	2007	25	3.8
	2008	43	6.5
	2009	45	6.8
	2010	51	7.7
	2011	39	5.9
	2012	62	9.4
	2013	37	5.6
	2014	33	5.0
	拒答	23	3.5
Total		661	100.0

D25 题：D2501 频数

		Count（人）	Col Response（%）
D25. 过去一年里，您个人月均收入（含奖金和其他收入）是：	1000 元及以下	199	5.5
	1001～2000 元	337	9.3
	2001～3000 元	857	23.7
	3001～4000 元	818	22.6
	4001～5000 元	450	12.4
	5001～6000 元	254	7.0
	6001～7000 元	133	3.7
	7001～8000 元	110	3.0
	8001～10000 元	127	3.5
	10001～12000 元	77	2.1
	12001～15000 元	20	0.6
	15001～20000 元	14	0.4
	20000 元以上	16	0.4
	无收入	142	3.9
	无固定收入	32	0.9
	说不清	12	0.3
	拒答	20	0.6
Total		3618	100.0

Qiangdu 题：Qiangdu 频数

		Count(人)	Col(%)
达到体育人口标准状况	达到标准	1360	37.6
	有体育活动但没有达到标准	1497	41.4
	近一年没有体育活动	761	21.0
Total		3618	100.0

Abstract

Annual Report on Development of Mass Sports in Beijing (2016 – 2017) is the first blue book on mass sports in Beijing. Adopting the method of literature review, expert interviews, questionnaires, mathematical statistics, logical reasoning, field survey, the report has made all-round, three-dimensional survey, problem analysis, and theoretical advice for the Mass Sport in 2016 in Beijing Municipal Area, covering 16 districts and 2 development zones Yanshan and Yizhuang. It consists of four parts: general report, public service, Grassroot organizations and participation survey. General report points out the remarkable achievements in the mass sports in Beijing and puts forward effective solutions to the existing problems on a macroscale. In the second part the Report on Government Public Services Supply of Mass Sport in Beijing elaborates its present situations of the supply in Mass Sport in Beijing Municipal while Beijing National Fitness Program (2011 – 2015) Implementation Effect Evaluation Report illustrates the implementation of Mass Sports in this area as an direct evidence accordingly. Grassroot organizations survey is about the survey results from the promotion of mass sports in social sports organizations in different levels ranging from districts, counties, streets to townships. The fourth part is mainly about the survey of mass sport participation in Beijing and the present situation of public service and its further demands.

Report on Development of Mass Sports in Beijing Municipal is based on the research with the same name which lasts over a year. It has been leaded by Beijing Municipal Bureau of Sports and suppored by scholars and researchers from Capital Univerisity of Physical Education and Sports. The remarkable achievements are revealed with the most complete survey of mass sports from the statistics, analysis and recommendations respectively. The Big Mass Sport concept is gradually forming into shape by emphasizing government-led, departmental cooperation, and participation of the whole society under the guidance of principle "people first and government for the people" . With the Public sports service supply system continuously improved, a relatively healthy diversified national fitness public service system in a complete coverage of urban and rural areas is increasingly developed. The report also points out that the development of mass sports in Beijing should be based on the standardization and equalization of basic public culture services and the basic public services for the nationwide fitness. The top-level design and strategic deployment of public service provision should be promoted to support the mass sports supply reform in an all-round way and to satisfy the people's cultural needs and physical fitness needs , further enhancing people's cultural and physical quality.

Contents

I General Report

Abstract: Adopting the method of literature review, expert interviews, questionnaires, mathematical statistics, logical reasoning, field survey, the report has made all－round, three－dimensional survey, problem analysis, and theoretical advice for the Mass Sport in 2016 in Beijing Municipal Area, covering 16 districts and 2 development zones Yanshan and Yizhuang. The Big Mass Sport concept is gradually forming into shape by emphasizing government－led, departmental cooperation, and participation of the whole society under the guidance of principle "people first and government for the people". With the Public sports service supply system continuously improved, a relatively healthy diversified national fitness public service system in a complete coverage of urban and rural areas is increasingly developed. The report also points out that the development of mass sports in Beijing should be based on the standardization and equalization of basic public culture services and the basic public services for the nationwide fitness. The top-level design and strategic deployment of public service provision should be promoted to support the mass sports supply reform in an all－round way and to satisfy the people's cultural needs and physical fitness needs, further enhancing people's cultural and physical quality.

Keywords: Beijing; Mass Sports; Public Sports Service Supply

Ⅱ   Public Services

Abstract: Mass sports public service supply of Beijing city was mainly investigated in three aspects: policy support, expenditure and supply structure. Research found that the mass sports public service in Beijing run orderly in a good policy environment; Funding supply is still dominated by government and financial investment increased significantly; Sports public service supply of the 6 major systems, although the development of the city is not balanced, but the growth trend is obvious. So Beijing mass sports public service needs to expand the supply of public services, introduce the performance evaluation theory and practical techniques, build a service platform for the whole people, strengthen scientific fitness guidance and services.

Keywords: Beijing; Mass Sports; Government; Public Service Supply

Abstract: According to "National Fitness Plan (2011 −2015)", "Trial Implementation Evaluation Criteria of ' National Fitness Plan (2011 − 2015) '", "Beijing Fitness Implementation Program (2011 −2015)" and "Task Decomposition Program of ' Beijing Fitness Implementation Program (2011 − 2015) '", mainly through the questionnaire investigation, the report evaluates the performance of each goal and task of "National Fitness Plan (2011 − 2015)" and "Beijing Fitness Implementation Program (2011 −

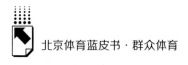

2015）" in Beijing.

Keywords：The National Fitness Program；Beijing Fitness Implementation Plan；Effect Assessment

Ⅲ Grassroots Reports

B. 4 Investigation of Current Situation on Sports Social

Organizations at the County Level in Beijing *Wang Liu* / 074

Abstract：Sports social organizations are the structural support for mass sports development. In the overall framework of China's sports social organizations, the sports organizations at the county level are important platforms for organizing mass sports activities. Using the methods of social investigation, literature and logic, this paper makes a survey of the basic situation of sports social organizations at the county level in Beijing, in order to provide theoretical reference for the development of sports social organizations in Beijing. The research findings show that, a large progress has been made in the reform of sports socialization in Beijing, but to realize the separation of politics and society has a long way to go; sports social organization has a strong dependence on the government, the ability to access resources from social should be improved, the system of government procurement of services needs to be further improved. Relevant suggestions were put forward for the government, social organizations themselves and the Sports Federation.

Keywords：Social Sports Organization in Beijing；Current Situation Survey；Social Governance

B. 5 The Status Quo of Social Organization of Sports in Street

（Villages and Towns） in Beijing *Li Jie* / 105

Abstract：By means of questionnaire and case study, the research has been conducted on the status quo of social organization of sport in street (villages and towns) in Beijing. It has been found out that such social organizations of sports as community sport federation, sport federation, sports fitness teams play a vital role in the national fitness in Beijing. However, the issues like lack of venue and facilities as well as organizing management staff, and slack management, imperfect system development are impacting the stable development of social organization. Therefore, social organizations of sports in Beijing are proven to be in the beginning stage.

Keywords: Beijing; Social Sports Organization; Townships and Urban Sub-Districs; Mass Sports

Ⅳ   Research Reports

B. 6   Analysis of Beijing Citizens' Participation in Physical Activities

Li Xiaotian / 122

Abstract: The status quo of citizen participation in sports activities what kind of characteristics and trends have drawn much attention after Beijing 2008 Olympic Games. A questionnaire surveyand mathematical statistics were used to sample the registered permanent residents of two economic development zones in 16 districts and counties of Beijing. The following aspects were analyzed from the perspective of demography and physical education. The first is the gender, age , Educational level, regional and professional residents'participation in sports activities, ways of participation, time of attendance; secondly, the factors influencing Beijing residents' participation in sports activities and the sports activities they are most willing to participate in; thirdly, the reason why Beijing residents interrupted their sports activities . The study found that 49. 8% of permanent residents of Beijing registered permanent residents participate in physical activity and that women often take more physical exercises than men. The participation rate of residents of different ages who regularly participate in physical exercise showed a trend of first increasing and then decreasing. Non − city six districts often participate in physical

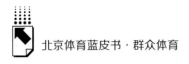

activity participation rate is higher, secondary education often participate in physical activity in Beijing citizens to participate in physical activity is mainly walking, running, fitness path. The participation of Beijing residents in sports activities is influenced by their colleagues or friends, affected by family members and participating in sports activities under the influence of sports news and television programs or sports broadcasts. Lack of interest, inertia, lack of time to work hard to restrict the main reason for participation.

Keywords: Beijing; Residents; Participation in Sports Activities

B. 7   Analysis Report on Citizens' Usage and Need for the Sports
        Fitness Service in Beijing

Xing Xiaoyan, Li Xiaotian and Wang Kaizhen / 156

Abstract: Using the dataset from the 2014 Beijing Resident Sport Activity Participation and Sport Need Survey, this study analyzed Beijing residents' usages of services from sport activity facilities, sport/fitness organizations, sport events, exercise knowledge/information provides, sport and fitness instruction professionals, and fitness monitoring agencies, as well as satisfactions with these services and their future needs. Policy recommendations were made based on the analyses. In terms of needs for sport services, at the primary level, the top need was for sport activity facilities, followed by fitness monitoring and sport/fitness organizations. At the secondary level, the top need was for sport/fitness organizations, followed by sport activity facilities and exercise knowledge/information.

Keywords: Residents in Beijing; Usage of Sport Service; Need for Sport Service; National Fitness

B. 8   Appendix   / 238

❖ 皮书起源 ❖

"皮书"起源于十七、十八世纪的英国，主要指官方或社会组织正式发表的重要文件或报告，多以"白皮书"命名。在中国，"皮书"这一概念被社会广泛接受，并被成功运作、发展成为一种全新的出版形态，则源于中国社会科学院社会科学文献出版社。

❖ 皮书定义 ❖

皮书是对中国与世界发展状况和热点问题进行年度监测，以专业的角度、专家的视野和实证研究方法，针对某一领域或区域现状与发展态势展开分析和预测，具备原创性、实证性、专业性、连续性、前沿性、时效性等特点的公开出版物，由一系列权威研究报告组成。

❖ 皮书作者 ❖

皮书系列的作者以中国社会科学院、著名高校、地方社会科学院的研究人员为主，多为国内一流研究机构的权威专家学者，他们的看法和观点代表了学界对中国与世界的现实和未来最高水平的解读与分析。

❖ 皮书荣誉 ❖

皮书系列已成为社会科学文献出版社的著名图书品牌和中国社会科学院的知名学术品牌。2016年，皮书系列正式列入"十三五"国家重点出版规划项目；2013~2018年，重点皮书列入中国社会科学院承担的国家哲学社会科学创新工程项目；2018年，59种院外皮书使用"中国社会科学院创新工程学术出版项目"标识。

中国皮书网

（网址：www.pishu.cn）

发布皮书研创资讯，传播皮书精彩内容
引领皮书出版潮流，打造皮书服务平台

栏目设置

关于皮书：何谓皮书、皮书分类、皮书大事记、皮书荣誉、
　　　　　皮书出版第一人、皮书编辑部
最新资讯：通知公告、新闻动态、媒体聚焦、网站专题、视频直播、下载专区
皮书研创：皮书规范、皮书选题、皮书出版、皮书研究、研创团队
皮书评奖评价：指标体系、皮书评价、皮书评奖
互动专区：皮书说、社科数托邦、皮书微博、留言板

所获荣誉

2008年、2011年，中国皮书网均在全
国新闻出版业网站荣誉评选中获得"最具
商业价值网站"称号；

2012年，获得"出版业网站百强"称号。

网库合一

2014年，中国皮书网与皮书数据库端
口合一，实现资源共享。

权威报告·一手数据·特色资源

皮书数据库
ANNUAL REPORT(YEARBOOK)
DATABASE

当代中国经济与社会发展高端智库平台

所获荣誉

- 2016年，入选"'十三五'国家重点电子出版物出版规划骨干工程"
- 2015年，荣获"搜索中国正能量 点赞2015""创新中国科技创新奖"
- 2013年，荣获"中国出版政府奖·网络出版物奖"提名奖
- 连续多年荣获中国数字出版博览会"数字出版·优秀品牌"奖

成为会员

通过网址www.pishu.com.cn访问皮书数据库网站或下载皮书数据库APP，进行手机号码验证或邮箱验证即可成为皮书数据库会员。

会员福利

- 使用手机号码首次注册的会员，账号自动充值100元体验金，可直接购买和查看数据库内容（仅限PC端）。
- 已注册用户购书后可免费获赠100元皮书数据库充值卡。刮开充值卡涂层获取充值密码，登录并进入"会员中心"—"在线充值"—"充值卡充值"，充值成功后即可购买和查看数据库内容（仅限PC端）。
- 会员福利最终解释权归社会科学文献出版社所有。

数据库服务热线：400-008-6695
数据库服务QQ：2475522410
数据库服务邮箱：database@ssap.cn
图书销售热线：010-59367070/7028
图书服务QQ：1265056568
图书服务邮箱：duzhe@ssap.cn

社会科学文献出版社
SOCIAL SCIENCES ACADEMIC PRESS (CHINA) 皮书系列
卡号：754974663812
密码：

S 基本子库
UB DATABASE

中国社会发展数据库（下设 12 个子库）

全面整合国内外中国社会发展研究成果，汇聚独家统计数据、深度分析报告，涉及社会、人口、政治、教育、法律等 12 个领域，为了解中国社会发展动态、跟踪社会核心热点、分析社会发展趋势提供一站式资源搜索和数据分析与挖掘服务。

中国经济发展数据库（下设 12 个子库）

基于"皮书系列"中涉及中国经济发展的研究资料构建，内容涵盖宏观经济、农业经济、工业经济、产业经济等 12 个重点经济领域，为实时掌控经济运行态势、把握经济发展规律、洞察经济形势、进行经济决策提供参考和依据。

中国行业发展数据库（下设 17 个子库）

以中国国民经济行业分类为依据，覆盖金融业、旅游、医疗卫生、交通运输、能源矿产等 100 多个行业，跟踪分析国民经济相关行业市场运行状况和政策导向，汇集行业发展前沿资讯，为投资、从业及各种经济决策提供理论基础和实践指导。

中国区域发展数据库（下设 6 个子库）

对中国特定区域内的经济、社会、文化等领域现状与发展情况进行深度分析和预测，研究层级至县及县以下行政区，涉及地区、区域经济体、城市、农村等不同维度。为地方经济社会宏观态势研究、发展经验研究、案例分析提供数据服务。

中国文化传媒数据库（下设 18 个子库）

汇聚文化传媒领域专家观点、热点资讯，梳理国内外中国文化发展相关学术研究成果、一手统计数据，涵盖文化产业、新闻传播、电影娱乐、文学艺术、群众文化等 18 个重点研究领域。为文化传媒研究提供相关数据、研究报告和综合分析服务。

世界经济与国际关系数据库（下设 6 个子库）

立足"皮书系列"世界经济、国际关系相关学术资源，整合世界经济、国际政治、世界文化与科技、全球性问题、国际组织与国际法、区域研究 6 大领域研究成果，为世界经济与国际关系研究提供全方位数据分析，为决策和形势研判提供参考。

法律声明

"皮书系列"（含蓝皮书、绿皮书、黄皮书）之品牌由社会科学文献出版社最早使用并持续至今，现已被中国图书市场所熟知。"皮书系列"的相关商标已在中华人民共和国国家工商行政管理总局商标局注册，如LOGO（▨）、皮书、Pishu、经济蓝皮书、社会蓝皮书等。"皮书系列"图书的注册商标专用权及封面设计、版式设计的著作权均为社会科学文献出版社所有。未经社会科学文献出版社书面授权许可，任何使用与"皮书系列"图书注册商标、封面设计、版式设计相同或者近似的文字、图形或其组合的行为均系侵权行为。

经作者授权，本书的专有出版权及信息网络传播权等为社会科学文献出版社享有。未经社会科学文献出版社书面授权许可，任何就本书内容的复制、发行或以数字形式进行网络传播的行为均系侵权行为。

社会科学文献出版社将通过法律途径追究上述侵权行为的法律责任，维护自身合法权益。

欢迎社会各界人士对侵犯社会科学文献出版社上述权利的侵权行为进行举报。电话：010-59367121，电子邮箱：fawubu@ssap.cn。

社会科学文献出版社